Het vliegende tapijt

HALA JABER

Het vliegende tapijt

SIJTHOFF

Oorspronkelijke titel: *The Flying Carpet to Baghdad*
Vertaling: Marga Blankestijn
Omslagontwerp: Studio Jan de Boer
Omslagfotografie: Steve Bent
Foto auteur: Steve Bent

ISBN 978 90 218 0217 6
NUR 320

www.boekenwereld.com
www.sijthoff.nl

INHOUD

In liefdevolle herinnering aan Zahra en Marla;
en hoopvol opgedragen aan Lara en Hawra.

PROLOOG

4 april 2003, Bagdad

Pas toen de ramen sprongen, beseften Ali en Rasmiyeh Kathem dat ze weg moesten. Urenlang hadden ze hun zeven kinderen tegen zich aangeklemd terwijl de vuurstorm naderde. Hoe feller de hete, witte lichtflitsen buiten waren, hoe kouder hun zweet in de handen waarmee ze de ogen van hun kleintjes beschermden. Hoe harder de knallen weerklonken rond hun betonnen huis van één verdieping, hoe zachter de geruststellende woordjes die ze hun doodsbange meisjes in de oren fluisterden. Het bangst was misschien wel de drie jaar oude Zahra, want een kind van die leeftijd is oud genoeg om te weten dat er iets verschrikkelijks aan de hand is, en te jong om haar angst te beheersen. Hawra, de baby, kon tenminste weer in slaap worden gewiegd in de armen van haar moeder als ze wakker werd door het beven van de grond.

Ali hield zich goed voor zijn zonen, maar innerlijk werd hij gekweld door wisselende visioenen van de hel. Als ze hier in huis bleven, zou zijn gezin aan flarden kunnen worden geblazen door een verdwaalde bom, bedoeld voor de nabijgelegen barakken. Als ze in zijn taxi vluchtten, zouden ze verteerd kunnen worden door een vlammenzee op de openbare weg. Toen er glas naar binnen vloog, boven op een paar matrassen die de oudere kinderen tegen elkaar aan hadden gelegd op de vloer van de huiskamer, bracht hun gegil hem tot een besluit.

Hij blafte bevelen en stopte papieren in een map. Rasmiyeh stapelde kleren op elkaar en bond ze bijeen in een grote lap, waarna ze de weinige gouden sieraden die ze bezat in een tas gooide. Vervolgens verzamelden ze hun kostbare vracht zo snel mogelijk in Ali's auto buiten op straat: Muntather, hun zoon van achttien, nam zijn drie jongere broertjes en een zusje onder zijn hoede op de achterbank, en Rasmiyeh nam haar beide jongste dochters op schoot op de voorbank en begon te bidden.

Toen hij achter het stuur plaatsnam en de motor startte, declameerde ook Ali de eerste verzen van de koran. Hij begreep dat de oorlog zich op deze wijk had gestort omdat er veel militaire faciliteiten stonden en er gezinnen van militairen woonden. Om zijn kinderen in veiligheid te brengen, hoefde hij alleen maar naar het huis van zijn moeder te rijden aan de andere kant van de stad, zoals hij al honderden keren had gedaan. Het viel hem echter moeilijk zich te concentreren op de weg, nu er in de lucht zoveel gebeurde. Hij stak zijn hoofd uit het raampje om te zien waar al het lawaai vandaan kwam. Als grote zwarte roofvogels vlogen de helikopters door de dageraad. Wat zou er gebeuren als ze hun raketten afschoten op de rijbaan? Ali trapte het gaspedaal diep in. Voor hem uit reden twee vrachtwagens in konvooi. Hij keek naar de hoge zijkanten en dacht dat die zijn auto zouden beschermen tegen de inslag van een explosie. Hij passeerde de tweede vrachtauto en voegde in achter de eerste.

Als hij ook maar even had vermoed dat deze vrachtwagens het doelwit van de helikopters zouden kunnen vormen, was hij er nooit tussen gaan rijden, met één oog op zijn vijf oudste kinderen in de achteruitkijkspiegel en een blik op zijn jongste kinderen, Zahra en Hawra, op de voorbank in de armen van zijn vrouw.

Geen van de inzittenden kon vermoeden dat de vuurstorm waarvoor zij op de vlucht waren, onstuitbaar op hen afsnelde. Binnen een halve seconde sloeg hij toe, met een plotselinge, withete bliksemschicht. Tegen de tijd dat het donderende gebrul van de ontploffende raket was verstomd, waren Ali en Rasmiyeh Kethem dood, en hun zeven kostbare schatten stervende, op twee na.

HOOFDSTUK EEN

Zahra zoeken

Als ik dat vreemde verzoek van mijn hoofdkantoor niet had ontvangen, had ik nooit het spoor gevolgd dat mij door een krioelende, doodsbange stad in oorlog naar het ziekenhuis leidde waar ik Zahra vond.

'We hebben een weeskind nodig,' zei mijn baas. 'Niet zomaar een weeskind. Een bijzonder kind.'

Zijn instructies waren even nauwkeurig als verrassend. Ik moest niet zomaar het eerste gewonde weeskind nemen dat ik tegenkwam, beval hij me ferm. Ik moest alle ziekenhuizen met kinderafdelingen afzoeken naar dat ene, bijzondere kind. Geen baby, omdat baby's niet echt expressieve gezichtjes hebben. Het weeskind dat wij nodig hadden moest wat ouder zijn, maar nog jong genoeg om er weerloos uit te zien. Een meisje was het beste, want meisjes lijken kwetsbaarder dan jongens. In het ideale geval zou ze ernstig gewond zijn maar nog steeds mooi: ze moest een prachtige foto opleveren.

Kortom, ik zocht een gewond meisje, tussen de één en de vijf jaar oud, met overleden ouders en een mooi, min of meer ongeschonden gezichtje.

'Oké,' zei ik.

Ik herhaalde de details tegen mijn echtgenoot Steve, die tevens de fotograaf was van mijn opdracht, en waarschuwde onze chauffeur dat hij over vijf minuten klaar moest staan. Even vroeg ik me af of iemand op kantoor in Londen zich kon voorstellen wat het betekende om door Bagdad te rijden, tussen geweerschoten en plunderingen, met de opdracht om gewonde kinderen van ontroostbare families te selecteren en af te wijzen voor een artikel op de binnenpagina's van onze krant.

Toch bezwaarde het cynisme van mijn opdracht me niet. Ik wist dat het voor een goed doel was. De krant wilde een campagne opzetten om fondsen te werven voor de kinderen die het ergst getroffen waren door de oorlog. Het was mijn taak om het gezicht van die campagne te vinden, en het verhaal te schrijven dat de campagne zou lanceren. Dat gezichtje en het bijbehorende verhaal moesten onze lezers ontroeren, anders zouden ze geen geld geven. Omdat ik mijn baas had gesmeekt om deze oproep te organiseren, was ik niet in een positie om te klagen. Integendeel, ik had zoveel kinderen gewond zien raken door het bombardement, dat ik alles wel wilde doen om te helpen.

❧

Ik stelde voor de chauffeur een lijst op van ziekenhuizen. Het was verontrustend te bedenken dat het doorzoeken van die ziekenhuizen naar ons 'ideale weeskind' nu moeilijker zou zijn dan het drie weken eerder zou zijn geweest, aan het begin van de oorlog.

Overal werden barricades opgeworpen om alle medische voorzieningen te versterken tegen aanvallen. Gewapende bewakers werden met honderden tegelijk aangenomen om rovende bendes te weerstaan. Deuren werden gebarricadeerd om plunderaars tegen te houden die zich langs de bewakers drongen om de zieken en zwakken te bestelen. Ik had gehoord dat zelfs artsen, die toch plechtig gezworen hadden om het leven te beschermen, nu geweren droegen voor het geval ze uit zelfverdediging zouden moeten doden. Het ziekenhuispersoneel werd niet alleen overweldigd door de vloedgolf van burgers die gewond waren geraakt tijdens het Amerikaanse bombardement, maar de angst voor het geweld dat hen plotseling werd aangedaan door hun medeburgers, had hen tot burgerwachten op hun eigen ziekenhuisafdelingen gemaakt. Als er ooit een waarschuwingsteken was dat de val van het nationale veiligheidsapparaat de opkomst van een buitengewoon meedogenloze anarchie met zich mee zou brengen, was dit het wel.

Vanuit ons hotel in de binnenstad reden we in een gehuurde Mercedes langzaam langs ministeries die ooit bekendstonden om hun wrede agressie en die zich niet hadden weten te verdedigen tegen de slimme bommen van de Amerikanen. Hun daken waren ingestort en hun interieurs met de grond gelijkgemaakt, zodat er weinig meer overbleef dan de afbrokkelende gevels van hun voormalige glorie. Het ministerie van Informatie, de propagandistische spreekbuis van de gevallen dictator Saddam Hoessein, was in een enorme stofwolk teloorgegaan. Uit het puin van een van de paleizen van de dictator steeg nog rook op.

Verder reden we, naar ons eerste ziekenhuis, langs rijen verkoolde en uitgebrande bussen, auto's en bestelwagens, die elk een verborgen verhaal van persoonlijk verlies vertegenwoordigden voor eigenaren zonder vervoer, in een stad die iedereen – behalve de plunderaars – leek te willen ontvluchten. Honderden toeterende automobilisten stonden in de rij voor brandstof bij de weinige garages die nog open waren sinds dieven de tankers hadden gevorderd.

Vanaf een van de grote wegen zag ik dat de toegang tot straten in woonwijken afgesloten werd met barricades van autobanden, planken en schroot – wat er ook maar voorhanden was – om de milities buiten te houden die zich snel vormden en aanspraak maakten op straten en wijken die zij van plan waren te regeren, nu het leger en de politie van de dictator waren verpletterd. Sommige milities begonnen al te strijden voor hun grondgebied.

'Het doet me denken aan Beiroet, net voor de burgeroorlog,' zei ik tegen Steve die door een van zijn lenzen tuurde. 'Maar goed, laten we ons geen zorgen maken. Zolang we de granaten, de gijzelnemers en de geweerschoten weten te ontwijken, gaat het goed.'

Hij schonk me een brede grijns en ging verder met het controleren van zijn camera.

❧

Op onze eerste bestemming, een academisch ziekenhuis dat we aan het begin van de oorlog dagelijks hadden bezocht, bleken de operatiekamers leeg en was een evacuatie aan de gang. Een arts met wie we vriendschap hadden gesloten begroette ons met een waarschuwing om te vertrekken.

'Er zijn veel gewapende mannen in de buurt,' zei hij. 'Niemand weet wie iemand is. Ik kan zelfs mijn patiënten hier niet meer beschermen. Gaan jullie alsjeblieft weg. Trouwens,' zei hij verbitterd, 'er zijn geen gewonde kinderen meer in dit ziekenhuis. Er zijn alleen nog lijken van kinderen.'

Onze route naar het tweede ziekenhuis voerde ons door een sloppenwijk waar twee miljoen sjiieten woonden, bekend als Saddam City tot de dictator werd verdreven. Op verkeersborden was de oude naam zwartgemaakt en de nieuwe – Sadr City – eroverheen geschilderd. Leden van de sjiitische militie verdreven de loyalisten van de door soennieten gedomineerde Ba'ath-partij die Saddam had aangevoerd. Het dreunen van raketgestuurde granaten en het gekraak van machinegeweervuur weerklonk in de smalle straten, en onze chauffeur zocht zijn weg door smalle steegjes om dat te vermijden.

Toen we op de kinderafdeling van het plaatselijke ziekenhuis aankwamen, troffen we een meisje aan dat huilde omdat ze haar been had verloren toen een raket haar huis raakte. Ze was echter al elf jaar oud, en ik wist dat de krant haar niet zou kunnen gebruiken.

We gingen verder naar het Saddam Kinderziekenhuis, waar een jongetje schreeuwde terwijl verpleegsters hem vasthielden zodat de artsen een gapende wond in zijn linkerbeen konden schoonmaken. Zijn kuitspier was weggescheurd door granaatscherven van een andere raketaanval. Maar hoewel zijn vader gedood was, was zijn moeder nog in leven. Onze jacht op een weeskind ging verder.

Het vierde ziekenhuis, een modern gebouw van één verdieping omringd door een mooie tuin vol geurige bloemen en vogelgezang, leek op het eerste gezicht nutteloos. Toen we de beveiliging hadden overgehaald om het hek te openen, troffen we artsen in witte jassen aan die hun ronde op de afdelingen deden met AK-47 Kalasjnikovs over hun schouders, net als ons was voorspeld. Ze bewaakten echter geen kinderen. Dit ziekenhuis was alleen voor volwassenen. Ik begon al te wanhopen, toen een van de uitgeputte artsen ons uitnodigde voor een kop thee. We legden uit waar we naar op zoek waren. Hij dacht even na en vertelde ons toen over een jongeman van achttien die in dit ziekenhuis was opgenomen toen de strijd om Bagdad op zijn hoogtepunt was. De jongeman was van top tot teen verbrand en had weinig kans gehad om te overleven. Hij was na vier dagen een pijnlijke dood gestorven, maar eerst had hij een verhaal verteld waardoor de dokter zo getroffen was dat hij het mij wilde laten horen.

'Het gaat over een klein meisje,' vertelde hij. 'Ze heeft zeven familieleden verloren, waaronder haar ouders en haar broers. Zelf raakte ze ernstig verbrand.'

Ik keek de arts indringend aan, met het idee dat het einde van mijn zoektocht in zicht was.

'Hoe weet u dat het verhaal waar is?' De hysterie was op dat moment zo algemeen, dat veel verhalen die aan journalisten werden verteld sterk overdreven bleken te zijn.

'Ik weet het omdat mijn patiënt een van de broers van het kleine meisje was,' antwoordde hij. 'Als haar brandwonden op de zijne lijken, zou ze kunnen sterven.'

'Waar is ze?'

'Dat zou ik u niet kunnen zeggen,' zei hij. 'Maar er zijn er velen zoals zij.'

Op dat moment interesseerden die 'velen zoals zij' me niet. Misschien omdat ik moe was, of misschien omdat dit meisje zoveel mensen van wie ze hield in één keer verloren had, werd ik onverwacht ontroerd en gefascineerd door haar verhaal. De koele, professionele afstandelijkheid waarvan ik die dag doordrongen was, verdween. Ik raakte geboeid door dit kind en werd gegrepen door de drang om haar te vinden. Het enige wat ik nodig had, waren de namen van andere ziekenhuizen waar ik zou kunnen zoeken. De arts moet mijn opwinding hebben bemerkt toen ik hem ernaar vroeg. Zodra hij klaar was met zijn lijst sprong ik overeind. Wat moet hij me onbeleefd hebben gevonden toen ik zijn kantoor uitstormde. Steve keek me met grote ogen aan, met de blik die hij bewaart voor momenten waarop hij denkt dat ik me laat meeslepen.

De late middagzon ging onder toen we uit het ziekenhuis kwamen. Ik wist dat de tijd van het uitgaansverbod bijna aangebroken was, maar ik wilde niet nog een dag wachten om dit meisje te vinden. Het was al woensdag en vrijdag moest ik mijn verhaal inleveren voor de krant van dat weekend. Ik liep in de richting van de hekken, waar de chauffeur stond te wachten.

'Mevrouw, stop...! Wacht!'

Toen ik over mijn schouder keek, zag ik een oudere verpleegster op me afrennen. Ik dacht dat ik wist wat ze wilde. Journalisten van westerse media waren erg in trek vanwege hun satelliettelefoons. Omdat de vaste telefoonlijnen niet langer werkten en er geen mobiele telefoons waren, was er, waar we ook gingen, altijd wel iemand die ons smeekte om geliefden in het buitenland te mogen bellen, al was het maar een paar minuutjes, om te vertellen dat ze veilig waren. Meestal vond ik het onmogelijk om zulke verzoeken te weigeren; als het hoofdkantoor boos op me werd omdat ik astronomische telefoonrekeningen opbouwde, zou ik dat later wel merken. Maar omdat me die middag zo weinig tijd restte om mijn kleine meisje te vinden, wilde ik niet rondhangen terwijl deze verpleegster met haar kleinkinderen babbelde. Ik haastte me verder.

'Mevrouw,' riep ze weer. 'Wacht, ik weet waar het meisje is!' Bij die woorden stond ik meteen stil. Ze had mijn gesprek met de dokter gehoord.

'Verspil uw tijd niet door in het wilde weg te gaan zoeken,' zei de verpleegster. 'Ga rechtstreeks naar het Karameh Ziekenhuis. Daar ligt ze.'

Ik bedankte, omhelsde en kuste haar en snelde weg.

In de auto bespraken Steve en ik wat de dokter had verteld. Steve bekeek het vanuit een zuiver professioneel oogpunt. Een gewonde peuter die zeven familieleden had verloren was een geweldig goed verhaal, redeneerde hij, vooral als zij de enige overlevende was. Ik was het met hem eens. Toch werd ik nog door iets anders aangetrokken dan alleen door het meisje, een raadselachtige kracht die ik voorlopig liever voor mezelf hield. Toen onze chauffeur mopperde dat het ziekenhuis te ver weg was en dat we de reis moesten uitstellen tot morgen, snauwde ik tegen hem.

'Nee, we gaan nu. Alsjeblieft, het kan me niet schelen hoe, breng ons erheen – nu meteen.'

❧

Het was al bijna avond toen we er aankwamen. Bovendien konden we de brandwondenafdeling eerst niet vinden. De tijd voor deze opdracht werd steeds krapper en ik raakte steeds meer gespannen.

Uiteindelijk werden we begroet door een streng ogende arts bij de ingang van de afdeling.

'Trek alstublieft uw schoenen en jassen uit, en laat uw tassen buiten staan,' zei hij. 'Trek deze schorten aan. Draag deze maskers over uw mond en kom op blote voeten binnen.' Hij verontschuldigde zich voor het feit dat hij ons geen slippers kon aanbieden.

Toen we door een gedesinfecteerde gang draafden, zwollen vlagen bange verwachting aan in mijn buik en strekten zich uit naar mijn op hol geslagen hart. Dat kwam niet alleen omdat ik me zorgen maakte of we wel voor de avondklok terug zouden zijn in het hotel; ik wilde me schrap zetten voor de schok die me op de zaal te wachten stond. Mijn hele lichaam verstrakte toen we achter de dokter aan door een deur aan het einde van de gang liepen.

Ik zag haar meteen: een klein figuurtje in die enorme kamer, omzwachteld met verband als een miniatuurmummie en slapend op haar zij, onder een deken die over een tunnel van latwerk gedrapeerd was, zodat hij haar huid niet zou raken.

Ze was zich niet bewust van de pijn van de verbrande vrouwen in de bedden naast haar, maar iets stoorde het kind. In haar slaap knipperden haar bleke oogleden, zoals bij peuters die nachtmerries hebben. Ze jammerde zachtjes, alsof ze te uitgeput was door de pijn om echt te kunnen huilen. Naast haar bed stond haar grootmoeder haar met een stukje karton koelte toe te waaien. Langs het gezicht van de oude vrouw stroomden de tranen. Ze zag eruit alsof ze al dagenlang aan het huilen was.

Ik durfde nauwelijks adem te halen toen ik dichterbij kwam, uit angst om microben uit te ademen die zo'n broos kindje zouden kunnen schaden. Toen ik bij het bed stond, zag ik dat haar armen onophoudelijk beefden en hoewel ze bewusteloos leek, kon ik een paar woorden verstaan.

'Koud... koud,' jammerde ze. Ik keek even naar de arts met het idee dat hij iets zou doen om haar op de een of andere manier warmer te maken, maar hij keek onbewogen toe. Ik veronderstelde dat het normaal was dat iemand die verbrand is het koud heeft.

'Dek me toe, mamma,' zei het kleine meisje. '*Baba*, waar ben je? Ik heb het zo koud.' Steeds weer diezelfde woorden. Of ze bij bewustzijn was of niet, ze had haar moeder nog nooit zo wanhopig nodig gehad, en toch was ze een weeskind.

De arts was zakelijk. Deze drie jaar oude patiënte had ernstige tweede- en derdegraads brandwonden aan haar gezicht en de achterkant van haar armen en benen, en kneuzingen aan de rechterarm en beide benen. Er waren al tekenen van bloedvergiftiging, voegde hij er koeltjes aan toe. Als ze niet binnen een paar dagen uit deze niet-steriele zaal werd overgeplaatst naar een geschiktere omgeving, zou ze sterven. Zo eenvoudig was het, zei de dokter. Hij beschikte niet over de voorzieningen die ze nodig had en hij kon haar niet de zorg bieden die ze nodig had. Zijn woorden waren gespeend van emotie, maar tegen de tijd dat hij uitgepraat was, was ik in tranen.

Steve legde een hand op mijn schouder en ik keek hem aan. Alleen hij besefte werkelijk waarom ik me zo liet gaan. Hij wist dat ik geneigd was tot extreem wisselende stemmingen als ik erg moe werd en dat ik, net als heel veel buitenlandse correspondenten, altijd moeite had met het zien van een kind dat gewond was geraakt in de oorlog. Hij begreep ook waarom deze ontmoeting bijzonder aangrijpend voor me was. Dit kleine meisje riep om een moeder die nooit meer bij haar zou komen. En ik had gesnakt naar een dochter zoals zij, die ook nooit zou komen. Ik was niet voorbereid op mijn reactie als kinderloze vrouw op dit moederloze kind.

De heftigheid ervan deed me huiveren. Het zou zelfzuchtig zijn om op een dergelijk moment medelijden met mezelf te hebben, en dat had ik ook niet. Maar ik had geen weerstand meer tegen alle emoties die op me afkwamen. Ik was overweldigd.

Mijn reactie maakte echter iets los bij de grootmoeder van het meisje. Ze wenkte me naar de gang en daar verhaalde ze de familietragedie. Dit kind heette Zahra – bloem, in het Arabisch – en ze was drieënhalf jaar oud. Ze kende de vreselijke waarheid nog niet: dat haar moeder, haar vader, haar vier broers en een zus die ze aanbad, waren gedood door een raket uit een Amerikaans oorlogsvliegtuig die hun auto had getroffen op de ochtend van vier april. Alleen Zahra en haar babyzusje Hawra van drie maanden hadden het overleefd.

'Zahra is te jong om te begrijpen wat het voor haar moeder moet zijn geweest om in die brandende auto te zitten, terwijl haar kinderen naast haar omkwamen,' zei de grootmoeder. 'Maar misschien dat ze op een dag, als ze zelf kinderen heeft, zal weten hoe moeilijk het voor haar moeder moet zijn geweest om te kiezen welk kind ze moest redden.'

Ze had Hawra door een van de gebroken ramen van de auto naar buiten gegooid en de baby had haar val vrijwel ongedeerd overleefd. Maar toen ze slechts enkele seconden later Zahra naar buiten wierp, was die al gegrepen door de vlammen. Daarom was Zahra zo ernstig verbrand.

Daarna was een van de jongens nog aan de auto ontsnapt, maar zijn kleren hadden in lichterlaaie gestaan en niemand had verwacht dat hij langer dan een paar dagen zou leven. Hun vader Ali, hun moeder Rasmiyeh en de andere kinderen waren binnen enkele seconden gestorven waar ze zaten, of al snel daarna in het ziekenhuis.

Ik kon geen woord uitbrengen.

'Helpt u mijn kleine Zahra alstublieft,' zei de grootmoeder terwijl ze mijn hand vastklemde. Ze had me zien huilen op de zaal, had mijn bezorgdheid om het kind gezien en dacht dat ik alles goed kon maken.

'Laat haar alstublieft niet sterven, maak haar alstublieft beter voor me,' smeekte ze. 'U mag haar niet laten sterven. Ze heeft iedereen verloren. U bent het haar verschuldigd om haar te laten leven. Ik smeek u haar te helpen.' Daarop begonnen mijn tranen weer te vloeien.

Ik heb een hekel aan grote beloften. Toch kon ik geen nee zeggen tegen deze oude vrouw. Ik wilde helpen. Dus keek ik haar recht in de ogen en gaf haar mijn woord.

'Uw kleindochter zal blijven leven,' vertelde ik haar plechtig. 'Ik zal zorgen dat ze de behandeling krijgt die ze nodig heeft, wat het ook kost.'

De oude vrouw snikte weer, uitgeput van het smeken en opgebeurd door opluchting om mijn antwoord. Ze klemde mijn hand nog vaster in de hare en bracht haar gezicht dicht bij het mijne.

'Nu is Zahra van u,' zei ze zachtjes.

Het was een manier van zeggen, dat nam ik tenminste aan. Wat ze bedoelde was immers dat het nu mijn taak was om te zorgen dat Zahra de behandeling kreeg die haar kon redden. In die zin was Zahra mijn verantwoordelijkheid geworden.

Ze zou blijven leven, bezwoer ik. Ze zou hoop hebben. Ze zou een toekomst hebben. Niemand kon vastbeslotener zijn dan ik om daarvoor te zorgen.

❧

Later, in het midden van de nacht, kon ik alleen nog denken aan de redding van Zahra. Ik was niet onverschillig voor de andere kinderen: ik had ze het liefst allemaal willen helpen. Mijn opdracht was echter om één kind te vinden, een weeskind dat geschikt was voor een liefdadigheidscampagne van de krant. Ik had mijn best gedaan om onpartijdig te blijven zoals het een goed journalist betaamt, omdat ik mijn zoektocht anders nooit zou hebben volbracht. Toch had de ontdekking van een meisje dat het lijden van alle anderen omvatte, mij deze gewonde onschuldigen in een ander licht laten zien. Hun lijden was meer dan een sterk nieuwsbericht om de tragedie van de oorlog te laten zien. Dit ging veel verder dan verkoopcijfers van kranten. Sommige getraumatiseerde kinderen in die ziekenhuizen zouden het niet overleven, andere waren voor het leven getekend. Ik kon hier niet alleen maar reportages over maken. Ik besloot dat ik de campagne van mijn krant zowel zou gebruiken om Zahra te redden als om geld in te zamelen voor de anderen. God weet dat Zahra harder hulp nodig had dan al die anderen.

Zolang als ik me kan herinneren, heb ik al in bed liggen fantaseren over een vliegend tapijt dat me wegvoert van de spanningen van de voorbije dag naar een exotische, verafgelegen toekomst waar al mijn wensen moeiteloos bewaarheid worden. Toen ik een klein meisje was, steeg het tapijt sereen op boven mijn gebombardeerde geboortestad Beiroet terwijl ik sliep. Het vloog met mij weg van de oorlog naar een hooggelegen sprookjeskasteel waar een aanbiddende menigte wachtte om de betoverende prinses Hala te verwelkomen. Als tiener gleed ik erop van mijn saaie Britse kostschool naar glamoureuze modeshows in New York, Parijs en Milaan. Toen ik na mijn twintigste verslaggever werd, toonde het tapijt me een gelukzalig huwelijk, intelligente, knappe zonen en slimme, mooie dochters. Dat leek in die tijd tastbaarder dan mijn andere dromen, maar bleek uiteindelijk even moeilijk te verwezenlijken.

Die eerste nacht dat ik van Zahra droomde, waren mijn verlangens echter niet voor mij. Het tapijt nam haar mee, en liet mij achter om te bidden dat ze een modern ziekenhuis zou bereiken, met een steriele zaal en bekwame specialisten.

Vanaf het begin wist ik dat Zahra redden een beetje tovenarij en een heleboel medische deskundigheid zou vergen. Ik besloot haar naar de beste dokters te laten vliegen. Dat was haar enige kans om in leven te blijven, en mijn enige hoop om mijn belofte aan haar familie te kunnen vervullen.

Waarom, vraagt u zich af, raakte ik zo bezeten van het lot van een enkel oorlogsweesje, te midden van zo velen? Welke waanzin dreef me ertoe voor haar te vechten, terwijl er ontelbare, vergelijkbare gevechten verloren werden in deze belegerde stad? Waarom geloofde ik, een dwaze journaliste, in vredesnaam dat ik meer kon doen dan Zahra's chirurg, zozeer zelfs dat ik haar het leven beloofde, terwijl hij haar dood voorspelde? Om dat uit te leggen, moet ik u meenemen naar een andere tijd in een ander oorlogsgebied, waar ik verliefd werd en voor het eerst het hevige verlangen kende naar een kind wiens lotsbestemming ik met mijn toewijding vorm zou kunnen geven.

HOOFDSTUK TWEE

Deze vrouw zal nooit een kind dragen

Ik ben twee keer in de echt verbonden met Steve Bent: één keer door een ambtenaar in Londen met zijn familie en vrienden, en een paar weken later in Beiroet met die van mij. De meeste jaren negeer ik de datum van die kille ceremonie in oktober toen wij officieel in het huwelijk traden en mijn nieuwe schoonmoeder zo blij was dat ze de hele tijd zat te huilen. Ik vier mijn huwelijksdag op de eerste december, toen mijn beminde vader aan de beurt was om tranen te plengen terwijl hij met mij de trappen afdaalde van een uitbundig versierd Libanees restaurant, naar een bruidegom omringd door lijfwachten en geweren.

Het was een bruiloft om nooit te vergeten. Hij vond plaats in 1988, toen de Libanese burgeroorlog woedde en Beiroet vooral voor westerlingen gevaarlijk was. De afgezant van de anglicaanse kerk, Terry Waite, was gekomen om drie westerse gijzelaars te bevrijden, Terry Anderson, Brian Keenan en John McCarthy, maar werd zelf ontvoerd. Boven het hoofd van elke Britse bezoeker hing de dreiging van ontvoering tot het moment dat hij incheckte voor de vlucht naar huis. Steve kon zijn familieleden dus niet vragen om een vliegtuig te nemen naar een oorlogsgebied om hem te zien trouwen. Maar hij bracht wel zijn beste vrienden uit Groot-Brittannië mee, doorgewinterde oorlogsfotografen en verslaggevers die de gevaren van Libanon kenden en toch het feest niet wilden missen.

Als verslaggever bij het nieuwsagentschap Reuters werd ik op de dag van hun aankomst getipt dat kidnapbendes de weg naar het vliegveld in de gaten hielden. Ze hoopten kennelijk verse slachtoffers te kunnen grijpen uit wraak voor een westerse politieke verklaring waar ze woedend over waren. Om de zaken nog te verergeren, waren er gevechten uitgebroken op de weg door een sjiitische buitenwijk in het zuiden van Beiroet die wij wilden nemen naar de relatieve veiligheid van het christelijke oosten van de stad, waar Steve en zijn zes 'getuigen' zouden logeren.

Iedereen had instructies gekregen om geen aandacht te trekken nadat hun vliegtuig geland was. Ze mochten geen woord Engels spreken als ik hen begroette, als hun reisdocumenten gestempeld werden of als ze hun bagage ophaalden. Maar er was geen ontsnappen aan het feit dat zij er westers uitzagen, en de militante groepen hadden spionnen op het vliegveld. Zodra de laatste van Steve's vrienden dan ook in het konvooi van voertuigen stapte dat ik buiten had opgesteld, snelden de chauffeurs weg aan de verkeerde kant van de straat. Lijfwachten hingen uit de voorste ramen van de auto's, wild zwaaiend met hun pistolen en in de lucht schietend om de weg vrij te maken. Onze bewakers wilden iedereen laten denken dat ze Libanese politici beschermden, in plaats van Britse feestgangers.

De haast en het geweervuur hielden ononderbroken aan tot het konvooi de Groene Lijn bereikte die de toegang tot de christelijke sector markeerde. Na een snelle wisseling van voertuigen om eventuele koppige achtervolgers een rad voor ogen te draaien, bereikten we het oosten van Beiroet, duizelig maar uitgelaten.

'Dat noem ik nog eens rijden,' zei een van de fotografenvrienden van Steve. 'Kun je me zo niet ook door het Londense verkeer krijgen?'

Onze bruiloft duurde twee dagen. Eerst was er een religieuze ceremonie en de volgende avond een complete huwelijksviering. Op advies van de beveiliging werd de eerste ceremonie uitgevoerd in het appartement van mijn ouders. Dat werd veiliger gevonden dan een moskee, waar we de aandacht van de militanten hadden kunnen trekken. Steve bekeerde zich tot de islam en de islamitische leermeester vergastte onze Britse bezoekers op een lezing van een uur over het belang van mij toe te staan mijn moslimgeloof te behouden. Ter afsluiting bekeek hij hen van top tot teen met een gulzige blik.

'Zeven Engelse mannen, een miljoen dollar per stuk – ik zou gelijk met pensioen kunnen,' zei hij.

Het werd in scherts gezegd, maar dat deed niets af aan de nervositeit van mijn arme ouders. Net zomin als een elektriciteitsstoring waardoor ik in een lift tussen twee verdiepingen gevangen kwam te zitten toen ik mijn make-up had laten bijwerken bij een schoonheidssalon in de buurt. Onze vrienden maakten er een grapje van door de deuren open te breken en achter elkaar foto's te maken vanaf de verdieping eronder.

'Kijk eens naar beneden, schatje, draai eens deze kant op – ja, prima zo,' riepen ze me toe, tot ik schreeuwde dat ze me eruit moesten halen.

Toen de sjeik vertrok, zagen we af van de traditionele rozen met gesuikerde amandelen en limonade. De wijn vloeide en de tafel werd gedekt voor een schitterend diner van gevulde wijnbladeren, lamsvlees, kip en *fattoush*, een lievelingssalade van mij met radijs en zoete paprika in een granaatappelsiroop.

Ik begeleidde onze gasten naar hun logies voor de nacht en liet ze achter met strenge instructies om onder geen enkele voorwaarde het terrein van het hotel te verlaten.

❧

Ik had Steve ontmoet toen ik de Libanese burgeroorlog versloeg en hij die fotografeerde. Kort nadat ik het verhaal van de ontvoering van Terry Waite bekend had gemaakt, verscheen hij met een verslaggever in Beiroet om er meer over te horen. Een van mijn collega's vroeg me om iets met hem te gaan drinken, maar ik had al tweeënzeventig uur vastgezeten op kantoor vanwege gevechten buiten, en was niet in een al te best humeur. Toen ik zag hoe Steve's lange blonde haar en druipende snor zijn knappe gezicht bedierven, was ik bepaald niet onder de indruk.

'Voor wie werk je?' vroeg ik.

'Voor de *Mail on Sunday*,' zei hij. Die had ik nooit gelezen, maar ik wist wel dat het een tabloid was.

'O, die snertkrant,' zei ik, in de hoop dat hij me niet meer zou lastigvallen.

De volgende ochtend kwam hij echter het kantoor binnen waar ik met mijn vriendinnen Diana en Samia zat. We waren alle drie jonge, groene verslaggevers, maar we kenden de geschiedenis van Beiroet zoveel beter dan de bezoekende veteranen van de internationale pers, dat we hen niet altijd behandelden met het respect dat zij gewend waren van de agentschappen die voor hun kranten werkten.

De verslaggever die Steve bij zich had, vroeg naar de beste manier om te ontdekken waar Terry Waite heen was gegaan op de dag dat hij verdween.

'Laat me je de moeite besparen,' zei ik korzelig. 'Sla links af als je het kantoor uit komt, steek de brug over, dan vind je hem in het tweede blok kantoren aan de rechterkant.'

Om de een of andere reden vond Steve mijn brutaliteit vermakelijk. Later kwamen we elkaar tegen in The Back Street, een bar in Beiroet met een manager die erom bekendstond dat hij correspondenten in een ontspannen, vrijgevige gemoedstoestand hield door de muziek zo hard te zetten dat het kabaal van ontploffende granaten in de buurt overstemd werd. Voordat ik het wist, was Steve verliefd. Op een avond nadat ik te laat was gearriveerd voor een diner met een paar oorlogscorrespondenten, tekende Steve hartjes en pijltjes in mijn Filofax en dronken we port en cognac tot vier uur in de ochtend. Op de dag van zijn vertrek kwam hij het kantoor binnen met bloemen voor Diana, Samia en mij, maar zijn telefoontje vanaf het vliegveld liet er geen twijfel over bestaan wie van ons drieën hij werkelijk in gedachten had. Daarna vloog hij over voor weekenden, in weerwil van het verbod van zijn krant op reizen naar Beiroet. Hij logeerde bij mijn ouders en deed zijn best om hen te charmeren met zijn fascinatie voor mij.

'Weet je zeker dat je weet wat je doet, Hala?' vroeg mijn vader teder, met gefronst voorhoofd. 'Jullie komen uit verschillende culturen en ik heb vrienden gezien die gemengde huwelijken sloten en uiteindelijk gingen scheiden. Kun je niet beter met iemand uit je eigen cultuur trouwen?'

Naarmate ik meer en meer het idee van een huwelijk met Steve overwoog, was het aan mijn vader om alle tegenargumenten te bedenken. 'Wat gebeurt er als zijn westerse politieke overtuigingen in strijd zijn met jouw Arabische ideeën over de regionale kwesties, die zo belangrijk voor je zijn?' was een van de dingen waarover hij me vroeg na te denken.

Een andere was: 'Wat gebeurt er als jij een Arabisch lied hoort en de tekst vertaalt, en Steve de precieze essentie niet kan begrijpen die jou zo ontroert?'

En toen een eventuele verhuizing naar Londen ter sprake kwam, vroeg hij: 'Wat doe je als je je eigen taal begint te missen, en je in je eigen woorden en op je eigen manier wilt uitdrukken?'

Uiteindelijk vertelde ik mijn vader voorzichtig dat het aan hem te wijten was dat ik geen traditionele Arabische moslimvrouw kon worden zoals hij had verondersteld. Daar kon ik geen genoegen mee nemen, omdat hij te veel had geïnvesteerd in mijn opvoeding, te veel tijd had besteed aan het ontwikkelen van mijn geest, te veel moeite had gedaan om mij aan te sporen meer uit het leven te halen. Terwijl hij een koffiefabriek beheerde in Sierra Leone, was ik op kostschool geweest in Libanon tot de oorlog begon en daarna had hij me naar Engeland gestuurd, waar ik economie had gestudeerd.

'Een deel van mij is heel Arabisch, maar een ander deel behoort aan het Westen, waar jij me heen hebt gestuurd voor mijn opleiding,' vertelde ik hem. 'Je bedoelde het goed, maar soms voel ik me een outcast – ik hoor hier niet thuis, en daar net zo min. Ik zal mezelf opnieuw moeten uitvinden en mijn beide werelden moeten leren gebruiken.'

Mijn zachtmoedige vader, die nooit zijn stem tegen mij verhief, accepteerde mijn woorden. Toen ik dat alles voor mijn huwelijk nog eens overdacht, stelde zijn aanvaarding me gerust.

❧

Mijn huwelijk bracht twee nieuwe dromen met zich mee. Niet alleen werd ik de vrouw van een westerling, maar ook was er het vooruitzicht op het moederschap. Ik wist dat ik dat wilde, en ik was ervan overtuigd dat ik het zou krijgen. Het speelde door mijn hoofd op de dag dat mijn vader in zijn keurige pak en laarzen met mij door dat restaurant wandelde, half verstikt door emoties toen hij zijn dochter aan de Engelsman overhandigde.

Rana, mijn tengere jongere zusje, liep voor ons uit in een levendige buikdans, de '*zafet al-arrouss*' (het weggeven van de bruid), onder wild applaus van onze honderd gasten. De getuigen van Steve die hen bij de deur hadden opgewacht met buigingen voor de heren en zoenen voor de dames, waren zo geïnspireerd dat ze de hele nacht bleven buikdansen. Mijn zusje was drie jaar jonger dan ik en had haar eerste baby al, een dochtertje dat Lara heette en de hele avond door het ene familielid aan het andere werd overhandigd. Als iemand me toen had verteld dat het moederschap geen deel zou uitmaken van mijn toekomst, had ik hem midden in zijn gezicht uitgelachen.

❧

In het Midden-Oosten is het de gewoonte dat er na de eerste maand van het huwelijk door familie en vrienden al wordt gevraagd of er een baby op komst is. Om dat te vermijden, had ik mijn ouders verteld dat ik niet onmiddellijk in verwachting wilde raken. Omdat ik met iemand uit een andere cultuur trouwde en naar Groot-Brittannië verhuisde, had ik tijd nodig om me aan te passen aan mijn nieuwe leven en omgeving en om mijn man beter te leren kennen, voordat we een gezin stichtten, legde ik hun uit.

De eerste jaren werkten en feestten we en genoten af en toe van een zorgeloze vakantie in de zon. Onze flat in Maida Vail werd onder journalisten in dat westelijke deel van Londen bekend om ons open huis op zondagen. Iedereen die alleen was, kon aanschuiven aan de lunch van geroosterd lamsvlees en de bijbehorende heerlijkheden. Niemand had een uitnodiging nodig. Er was genoeg te eten in de keuken van Hala, en de drank vloeide rijkelijk in de bar van Steve.

Ik was dolverliefd op deze blonde man met zijn blauwe ogen, die niet alleen mijn minnaar en mijn beste vriend was, maar ook mijn agent werd die me kansen bood op werk voor zijn krant en andere kranten. Steve bezat ook een kwajongensachtige kant die ik heel graag in onze zonen wilde terugzien. Bij de kassa van de supermarkt vond ik op een dag een paar blikjes hondenvoer onder in het wagentje. Aangezien we geen hond hadden, haalde ik ze eruit en bood de caissière mijn excuses aan.

'Maar die zijn immers voor Goggy,' zei Steve. Vervolgens liet hij de caissière weten dat ik een gemene vrouw was die onze hond geen eten wilde geven. Goggy figureerde al sinds zijn kindertijd in zijn streken, vertelde zijn moeder. Ooit had hij wormen in haar bed gestopt en volgehouden dat zijn denkbeeldige hond de schuldige was.

'Ik wil jongens om ze allerlei ondeugende dingen te leren en jou tot wanhoop te drijven, Hala,' zei hij tegen mij. Waarschijnlijk zou ik gek worden van onze zonen, dacht ik, maar er zouden kleine meisjes komen met zijn gouden krullen om dat te compenseren.

Toch waren we vastbesloten om een tijdje te wachten. Bij mijn bezoeken aan Beiroet begon ik me te ergeren aan de soms volstrekt onbekende mensen die vroegen: '*Mish m'khabayitilna shee?*' – Verberg je niets voor ons, liefje? Met andere woorden, ben je in verwachting? Mijn moeder en ik legden dan uit dat ik er de tijd voor wilde nemen.

'Wacht niet te lang,' zeiden ze dan altijd tegen mij. 'Dat is niet goed.' Dan glimlachte ik terug en dacht: Wat weten jullie ervan?

In 1990, toen ik dertig jaar oud was, zei ik tegen Steve dat het tijd werd om onze eerste baby te maken. We waren twee volle jaren getrouwd. We hadden de eerste ups and downs van het wennen aan elkaars manieren overleefd, en onze relatie was sterk.

'Ik kan niet wachten om de helft van jou en de helft van mij samen te zien, Haloul,' zei Steve, me bij zijn koosnaam noemend. 'Een kindje met mijn blonde haar en jouw donkere huid. Voor je het weet, moeten we ze elke dag naar school brengen.'

Seksuele voorlichting maakte geen deel uit van een conservatieve Arabische opvoeding. Het was verboden om met jongens om te gaan en van meisjes werd verwacht dat ze maagd bleven tot hun huwelijk. Als een echtpaar geen kinderen kreeg, werd dat gezien als een teken van onvolledigheid of onvolmaaktheid. Dat er een kans bestond op problemen om in verwachting te raken, was iets waar ik me niet eens van bewust was. Over vruchtbaarheid of onvruchtbaarheid werd nooit gesproken.

Toen wij dan ook probeerden om een kind te maken, begreep ik er bij elke nieuwe menstruatiecyclus minder van. Mijn instinct vertelde me dat er iets niet in orde was en ik ging naar mijn gynaecoloog in zijn kliniek in Harley Street.

Hij stelde alle voor de hand liggende vragen: hoe lang probeerden we het al, hoe vaak vrijden we, hoe vaak zagen we elkaar? Toen hij hoorde dat Steve zo vaak op reis moest voor de *Mail on Sunday*, lachte hij en zei dat ik me te veel en te vroeg zorgen maakte.

Ik vroeg hem nog even naar mij te luisteren, en legde hem uit dat ik me zorgen maakte vanwege een incident uit mijn verleden. Vrienden hadden me verteld over een fantastische waarzegster die voorspellingen deed met een kopje Turkse koffie.

'Breng haar maar mee,' had ik gezegd. Maar hoewel de waarzegster wel het koffiedik in de kopjes van mijn vriendinnen las, weigerde ze naar dat van mij te kijken. Ze verzon alle mogelijke smoesjes en vertrok. Ik nam aan dat ze het te druk had. De volgende dag vertelde een van mijn vriendinnen me echter dat ze had geweigerd mijn koffiedik te lezen, omdat ze iets had gevoeld zodra ze me ontmoette.

'Deze vrouw zal nooit een kind dragen,' had ze mijn vriendin verteld. Ze had zich er niet toe kunnen zetten om me dat zelf te vertellen.

Indertijd had me dat verbijsterd. Ik had er met een bevriende arts over gepraat, die me bestraffend toesprak omdat ik aandacht besteedde aan dergelijke onzin. Toch zat ik nu hier, en vertelde mijn krankzinnige verhaal aan weer een andere specialist.

'Alstublieft,' smeekte ik hem. 'Kunt u niet wat voorbereidende onderzoeken doen?'

Ik verwachtte dat hij me direct af zou wijzen. De specialist zag echter hoe emotioneel ik was en ging akkoord met een onderzoek. Hij dacht waarschijnlijk dat hij me gerust zou kunnen stellen, zodat ik zou kalmeren en meer kans zou hebben om in verwachting te raken.

'Ga naar huis, Hala,' zei hij. 'Vrij morgenochtend vroeg met Steve en kom meteen daarna bij mij.'

❧

De volgende dag wachtte ik nerveus af terwijl de specialist door de microscoop tuurde. Dit is het, dacht ik. Het uitstrijkje dat hij had gemaakt zou bewijzen dat ik me nergens zorgen over hoefde te maken. Hij zou me een preek geven over de deugd geduld. Ik verwachtte dat ik de kliniek zou verlaten met een glimlach van zelfverachting om mijn lippen, mezelf vermanend omdat ik zo bijgelovig en dom was geweest. Misschien zou ik bij wijze van verwennerij onderweg naar huis naar babykleertjes gaan kijken. Ik zou me kleine teentjes voorstellen in lekker zachte witte sokjes, gekreukelde vingertjes in wollen wantjes, heldere oogjes die mijn hart met liefde zouden vullen, telkens wanneer ik mijn kindje aan- en uitkleedde.

Mijn dromen werden onderbroken door een diepe zucht van de dokter.

'Mijn hemel,' zei hij zonder op te kijken van de microscoop. 'Zoiets heb ik eigenlijk nog nooit gezien.'

Plotseling voelde mijn mond droog aan. Ik wilde hem onmiddellijk om een verklaring vragen, maar was te bang voor wat hij zou kunnen zeggen. Het wachten terwijl hij zijn bevindingen controleerde was verschrikkelijk.

'We lijken een probleempje te hebben, Hala,' zei hij ten slotte.

Ik kon het nauwelijks bevatten.

'Het is een klein obstakel,' zei hij met klem. Als Steve en ik het niet konden overwinnen, had de medische wetenschap tegenwoordig zoveel te bieden. Kunstmatige inseminatie, en als dat niet werkte was er ook nog IVF. Als hij verwachtte dat ik me beter zou voelen bij het vooruitzicht van klinische procedures, vergiste hij zich deerlijk. De visioenen van injectienaalden, reageerbuisjes en eindeloze onderzoeken die dat opriep, versterkten mijn wanhoop. Bij mijn vertrek was ik verslagen en gekwetst.

Ik kan me weinig van die middag herinneren, behalve dat ik urenlang door de kou liep, en bij mezelf dacht: ik ben een moordenaar. Ik vermoord elk zaadje, elke kans op leven.

Ik voelde me overweldigd, aangerand, alsof er mij iets ontnomen was zonder mijn toestemming. Eerst begreep ik niet wat het was. Toen besefte ik: ik was beroofd van mijn vertrouwen in de toekomst, beroofd van mijn zekerheid dat ik moeder zou worden. Volgens mij – en hier speelt mijn Arabische cultuur een grote rol – was ik pas een vrouw als ik baby's kon maken. Maar nu ik dertig was, een leeftijd waarop de meeste van mijn Libanese leeftijdsgenoten al meerdere kinderen hadden, werd mij door deze dokter verteld dat ik niet was zoals de meeste vrouwen.

Nu begonnen mijn alarmbellen te rinkelen, de een na de ander. Hoe moest ik mijn ouders ooit vertellen dat ik hun misschien geen kleinkinderen zou kunnen schenken? Erger nog, wat moest ik tegen Steve zeggen, die er zo naar uitkeek om onze zoon te leren fotograferen en met hem te voetballen in het park?

Tegen de tijd dat ik bij het kantoor van Steve aankwam liep ik te huilen, dus belde ik hem van buiten en vroeg hem om een kop koffie met me te gaan drinken. Mijn arme man. Ik raasde, vloekte en huilde. Ik tierde zelfs tegen hem, omdat hij wel normaal was.

'Waarom moet ik degene zijn met een probleem? Waarom kon jij het niet zijn?' Ik liet mijn emoties in vloedgolven naar buiten stromen en wat mijn man ook zei om me gerust te stellen, niets kon die stroom stelpen.

'Ik ben een Hitler,' herinner ik me te hebben geschreeuwd op het hoogtepunt. 'Ik slacht alles af!'

'Kijk me eens aan, Hala,' zei hij en schudde me zachtjes door elkaar. 'Ik houd van je, en ik beloof je dat ik zal zorgen dat jij zo'n vreugdevol bundeltje in je armen zult hebben.'

❧

Samen probeerden we alles wat we konden. Ik spande elke spier en slikte elk recept. Na drie maanden ging ik terug naar de gynaecoloog, in de hoop dat zijn pillen het probleem zouden hebben genezen. Dat hadden ze niet.

Op reis tussen Londen en Beiroet waar ik opdrachten vervulde voor Britse kranten luisterde ik naar verschillende artsen, vrienden en de onvermijdelijke oudewijvenpraat.

'Drink deze kruidenthee, Hala... neem deze nieuwe pillen... probeer dit standje,' zeiden sommigen. Anderen raadden me aan: 'Denk er niet meer aan... ga op vakantie... ontspan je.'

Niets werkte. Geen enkele test of scan wees op een weg voorwaarts. Ik merkte dat Steve me doordringend aankeek als er een kind aan ons werd voorgesteld. Hij zag mijn steeds wanhopigere hunkering om ook te kunnen zeggen: 'Dit is mijn zoon', of: 'Dat is mijn dochter.'

Geleidelijk begonnen we te accepteren dat we dat nooit op een natuurlijke manier zouden kunnen bereiken. Het zij zo, dachten we. We zouden elke onnatuurlijke methode proberen die de medische wetenschap ons te bieden had. Ik onderging een laparoscopie om de toestand van mijn baarmoeder te bekijken, en alsof mijn misère nog niet groot genoeg was, liep ik een ingeklapte darm op voor de moeite. Ik leverde mijn waardigheid over aan artsen die kunstmatige inseminatie beoefenden en geen acht sloegen op mijn gêne als ik op mijn rug lag met mijn voeten in de beugels en mijn benen wijd. Maar telkens ging ik met nieuwe hoop in mijn hart naar huis.

'Deze maand gaat het gebeuren,' zei ik dan tegen mezelf.

'Draag geen zware boodschappen,' zei mijn moeder aan de telefoon uit Beiroet. 'Blijf thuis, loop geen trappen, rust, eet behoorlijk.'

Dat werkte ook niet.

We verhuisden van onze flat naar een mooi victoriaans huis in het zuiden van Londen met verschillende etages vol ruime kamers, die ik zo vreselijk graag wilde vullen met onze kinderen. Er was een keuken in het souterrain waar ik mijn eigen babyvoeding zou maken, een eetkamer die uitkeek op de weelderige groene tuin waar ik mijn peuters achterna zou zitten om de glijbaan en de schommels heen, de stille achterslaapkamer met een eigen badkamer waar ik mijn kindjes in warme handdoeken zou wikkelen en zou besprenkelen met talkpoeder voordat ik ze instopte met teddyberen en verhaaltjes voor het slapengaan.

Een andere specialist adviseerde ons om IVF te proberen, dus leerde ik hoe ik mezelf moest injecteren met vruchtbaarheidsmedicijnen om mijn eileiders te stimuleren. Dat was moeilijk voor iemand die al beroerd wordt bij het zien van een naald. Ik kon ze niet in mijn buik zetten, zoals de arts had aangeraden, maar dwong me om in mijn dijbeen te prikken, terwijl ik hardop zei: 'Kom op, Hala, je kunt het best. Denk aan de baby's.' En dan keek ik voldaan naar de echo's die bewezen dat mijn eitjes zich hadden vermenigvuldigd en klaar waren om te worden verwijderd en bevrucht.

'Je moet op die en die dag, om zo en zo laat, in het ziekenhuis zijn,' zei ik dan tegen Steve. Hij kwam als hij komen moest, maar ik was kwaad op hem omdat hij niet met me meeging tenzij zijn aanwezigheid beslist noodzakelijk was. Ik wist dat hij moest werken, maar ik voelde dat de last van het maken van onze baby's vooral op mij neerkwam. Ik zocht troost in tijdschriften en boeken over vrouwen met dezelfde problemen, vond bemoediging in hun successen en deed mijn best om diegenen die het opgaven te bemoedigen.

Naarmate de maanden jaren werden, maakte ik me meer en meer zorgen over de kosten. Ik kreeg rekeningen voor IVF-behandelingen ter waarde van duizenden en duizenden ponden, zonder dat het investeren van ons spaargeld iets opleverde.

Mijn vader stuurde een cheque van vijfendertighonderd pond, de kosten van een behandelingscyclus in die tijd, met een briefje waarop stond: 'Misschien wordt het deze, Hala.' Zijn gulheid maakte me aan het huilen, want ik wist dat hij niet rijk was. Ik stuurde de cheque terug met de woorden dat dit iets was dat we zelf konden betalen.

'Beloof me dat je zult vragen om wat je nodig hebt, Hala,' zei hij met dichtgeknepen keel aan de telefoon.

❦

Uiteindelijk kreeg ik genoeg van de steriele kamers, de felle neonlampen, de meedogenloze draaimolen van glimlachende artsen die mijn hoop wekten, om die elke maand te zien sterven in druppels bloed.

Het was te uitputtend om tegen Gods wil in te blijven gaan. Mijn moeder had me altijd gezegd dat het zou gebeuren als het moest gebeuren, hoewel haar fatalisme haar niet belette om mij de namen te geven van de ene arts na de andere met een reputatie voor het verrichten van wonderen op vrouwen die al langer dan ik probeerden om in verwachting te raken.

In Beiroet dwong ze me een gynaecoloog te bezoeken die deels in Amerika en deels in het Midden-Oosten werkte. Het kostte moeite om een afspraak te krijgen, maar ik gebruikte het grootste deel van zijn tijd om mijn frustraties te luchten.

'Ik heb alles al geprobeerd. Waarom zou u anders zijn?' zei ik, en toen stortte ik in. 'Ik haat jullie allemaal,' vertelde ik deze eminente specialist voordat ik in tranen naar buiten liep en tegen mijn moeder schreeuwde dat ze me dit nooit had moeten aandoen. Later huilde ik urenlang. Ik smeekte mama om mij te vergeven, bedankte haar voor alles wat ze had gedaan, maar vertelde haar dat ik niet wist hoeveel van deze ziekenhuisbeproevingen ik nog kon verdragen.

Niet alleen mijn vertrouwen in de medische wonderen verdween snel, maar ook de hartstocht voor mijn werk, die me als journalist in Beiroet door de blokkades van de militie heen had gedreven. Doordat ik zo gericht was op het krijgen van een kind, werd al het andere op de achtergrond gedrongen. Mijn ideeën voor opdrachten droogden op, net als de opdrachten van kranten.

Ik was geen moeder. Ik was nauwelijks nog journaliste. Ik was alleen maar een grote mislukkeling.

Nooit voelde ik dat scherper dan met de kerst. Onze eerste kerst in Londen, met mijn pas gescheiden zusje Rana en haar twee jaar oude Lara, was zo heerlijk geweest.

'Rana,' had ik tegen haar gezegd toen haar huwelijk stukliep en ze geld tekort kwam. 'Wat er ook gebeurt, wij zullen zorgen dat Lara van alles het beste krijgt in haar leven. Dat beloof ik je.'

'Maar Hala,' had ze geantwoord, 'Lara is niet alleen van mij. Ze is ook jouw dochter, dus wees voorbereid. Je zult bij elke beslissing betrokken worden. Dit is een verantwoordelijkheid waaraan je niet zomaar zult kunnen ontsnappen.'

Ik kocht zoveel cadeautjes voor Lara dat de pakjes zich van onder de drukversierde boom verspreidden en een groot deel van de vloer van de woonkamer bedekten. Mijn zusje schertste dat het kind zou opgroeien zonder zeker te weten wie van ons tweeën haar echte moeder was. Steve vervulde zijn rol van surrogaatvader volmaakt. Ik keek hoe hij met Lara praatte, haar in bad en in bed stopte. Ik zag hoe zachtmoedig hij zou omgaan met onze eigen kinderen.

Toen die niet kwamen, kreeg ik een hekel aan kerst. Ik weigerde een boom neer te zetten omdat ik er geen wilde waar geen kinderen onder speelden. Ik moest telkens weer denken aan een vriend van mijn vader die had gevraagd waarom we geen kinderen hadden en een twijfelachtig antwoord had gekregen.

'Maar Hala, mijn lieve kind,' had hij gezegd terwijl mijn moeder en ik elkaar vol afgrijzen aankeken, wensend dat hij zijn mond zou houden maar niet in staat om hem in de rede te vallen. 'Luister naar de wijsheid van deze oude man en geloof me. Een huis zonder kind is een huis zonder ziel.'

Hij kon niet weten dat elk woord een dolksteek in mijn hart was. Ook al geloofde ik dat hij gelijk had, ik haatte hem omdat hij het had uitgesproken. Elke kerst, als ik terugkeek op alweer een jaar van mislukkingen, keerden zijn woorden terug om me te kwellen, als de geesten van de baby's die ik me had voorgesteld maar die ik niet op de wereld had kunnen zetten.

❧

Zoals elke vrouw die niet in verwachting heeft kunnen raken weet, is het moeilijk om het blijde nieuws te verdragen van een vriendin die daar wel in geslaagd is. Meestal lukte het me wel om een blij gezicht te trekken, met mijn glas te klinken en de aanstaande moeder te feliciteren. Het zelfmedelijden dat me beving als ik thuiskwam en me urenlang opgekruld in mijn bed deed huilen, vond ik verschrikkelijk. Maar ik haatte mezelf nog meer omdat ik de onvruchtbare ongelukkige was in een sociale omgeving van vrolijke jonge moeders die hun vruchtbaarheid tot in het absurde doorvoerden. Sommige van die vrouwen werden zelfs zwanger zonder het te willen.

Toen Diana me vertelde dat ze de baby verwachtte waar ze zo naar verlangde, logeerde ik een paar weken bij haar in Dubai om een boek af te schrijven. Ik was dolblij voor haar, maar ook jaloers. Toen ik haar buik zag groeien, moest ik me wel afvragen hoe ik eruit zou zien als mij dat geluk ooit ten deel zou vallen. Uiteindelijk hield ik haar zoontje in mijn armen, maar huilde als een krankzinnige in een kinderkledingzaak toen ik een cadeautje voor hem ging kopen.

Steve werd tot peetvader uitgeroepen en wij pasten op het kind toen zijn ouders een paar dagen weggingen. Meer dan ooit verlangde ik daardoor naar een eigen kind.

Alleen Lara kon de pijn verzachten. Ze groeide op tot een mooi, gevoelig meisje dat wijs was voor haar leeftijd en mijn kinderwens leek aan te voelen, lang voordat ik die tegenover haar had uitgesproken. Al sinds ze heel klein was, stuurde ze me elk jaar een kaart voor moederdag, getekend: 'Je dochter, Lara.'

Rana wilde bijna net zo graag als ik dat ik moeder zou worden. Toen de vierde reeks IVF-behandelingen, met alle bijbehorende verwachtingen, niets anders opleverde dan mijn gewone menstruatie, ontvluchtte ik de lieve Londense vrienden wier medeleven meer was dan ik kon verdragen, en zocht beschutting in Rana's huis in Caïro.

Op een avond kwam ze mijn kamer binnen met een fles wijn en twee glazen, en deed de deur achter zich op slot.

'Hala,' zei ze op ernstige toon. 'Luister alsjeblieft naar me en onderbreek me niet tot ik uitgepraat ben.'

Ze schonk onze glazen vol. 'Ik weet dat je ouder bent dan ik en dat ik altijd bij jou kom om hulp, maar nu is er eens iets wat ik voor jou kan doen.' Ik had geen idee waar ze het over had.

'Hala, als jij het goed vindt, wil ik graag draagmoeder zijn voor jou en Steve. Dan is het nog steeds jouw baby, van jouw IVF, maar in plaats van het eitje in jou te planten, zal ik het voor je dragen.'

'O mijn god, Rana,' was het enige dat ik kon uitbrengen. Toen ze verder praatte, kon ik alleen maar denken dat ik mijn zuster weliswaar altijd had gekoesterd, maar dat ik nog nooit zoveel van haar had gehouden als op dit moment. Pas toen ze uitgepraat was, begon ik haar uit te leggen waarom ik haar dat niet kon laten doen.

Om te beginnen, zei ik voorzichtig, was het vrouwen volgens het islamitische geloof verboden om zwanger te raken van het zaad van een andere man dan haar echtgenoot.

'Maar Hala, zelfs Allah zou dit niet zondig vinden. Ik weet zeker dat hij er zijn zegen aan zou geven,' zei mijn zusje, die zich nooit veel had aangetrokken van religieuze beperkingen.

Ik omhelsde haar stevig en zei dat ik nog steeds hoopte om op een andere manier een baby te kunnen krijgen. De meeste artsen hadden mijn onvruchtbaarheid immers als 'onverklaarbaar' bestempeld en niemand had gezegd dat ik nooit een kind voort zou kunnen brengen. In de tussentijd zou ik de eerste woordjes en de wankele stapjes van de kinderen van andere moeders loven, maar dan zou ik ze snel uit mijn hoofd zetten en proberen ergens anders aan te denken.

Maar wat dan? Adoptie? Ik kon het idee niet verdragen. Ik snakte naar een kind, maar ik wilde een kind dat binnen in mij was gegroeid, dat negen maanden lang mijn hartslag had gehoord. Ik wilde een kind met het bloed van Steve in zijn aderen. Van je eigen kind kon je zeker zijn, maar van het kind van een ander was niets te zeggen. Ik was bang voor het onbekende. Stel dat de baby van een vreemde slechte genen had? Stel dat ik er niet van zou kunnen houden? Zouden Britse maatschappelijk werkers me niet te oud vinden om een baby te adopteren? En als we in Libanon wilden adopteren, zou dat Steve dan niet verboden worden omdat hij een buitenlander was? Ik piekerde overal over en veranderde van onderwerp als vrienden over adoptie begonnen.

❧

We naderden het einde van de jaren negentig. Al tien jaar lang probeerden we om in verwachting te raken en ik was bijna veertig. Het aanbreken van het nieuwe millennium werd door velen tegemoetgezien als een tijd van hernieuwde hoop voor de toekomst. Ik zag het anders. Voor Steve en mij zou dit jaar het einde van de hoop betekenen. Er zouden geen onderzoeken meer komen, geen medicijnen, geen geprik en gepor meer. Ik had te veel vernederingen en te veel verwoestende teleurstellingen ondergaan. Ik kon niet blijven huilen om baby's die ik me zo levendig had voorgesteld dat ik ze bijna kon voelen in mijn armen. De druk op Steve werd ook ondraaglijk. Als de IVF-kringlopen van hoop en wanhoop doorgingen, zou dat ons uit elkaar drijven.

Toen mijn moeder zei dat het misschien niet zo mocht zijn, stemde ik daarmee in.

'Je moet de dingen die je overkomen nooit verafschuwen,' zei ze. 'Misschien is het uiteindelijk juist het beste voor je.' Ik kon me niet voorstellen dat mijn onvruchtbaarheid op de een of andere manier goed voor me zou kunnen zijn. Maar ik wist dat het tijd was om te veranderen.

'Laat de droom los, Hala,' gebood ik mezelf plechtig. 'Leef met wat je hebt. Vind jezelf opnieuw uit. Het is kennelijk niet de bedoeling dat je moeder wordt – je kunt ook andere dingen doen.'

❧

Pas toen ik United Airlines Flight 175 de zuidelijke toren van het World Trade Center in zag vliegen op 11 september 2001, wist ik precies wat me te doen stond. Net als iedereen die de televisiebeelden bekeek van dit tweede vliegtuig dat zijn doel trof in New York, werd ik vervuld van afgrijzen over de omvang van de aanval en van medelijden met de slachtoffers. Het instorten van de Twin Towers wekte echter iets in mij waarvan ik dacht dat het al lang gedoofd was. Voor mijn ogen ontvouwde zich een gigantisch nieuwsverhaal en ik besefte dat ik een van de duizenden wilde zijn die er verslag van deden.

Na zoveel jaren was het een schok om die journalistieke passie weer te voelen oplaaien; ze verwarmde mijn bloed en bracht mijn geest tot leven. Goed, ik zou dus geen moeder worden maar bij God, ik was een goede verslaggever. Waarom zou ik niet een van de beste worden? Niets – niets zou mij in de weg staan, want ik kon aan mijn opdrachten werken met een toewijding die andere vrouwen voor hun gezin bewaarden. En dat niet alleen, ik kon ook met Steve samenwerken. We zouden ons huwelijk nieuw leven inblazen.

Ik begon met een paar opdrachten voor de meest recente opdrachtgever van Steve, de *Sunday Telegraph*, waaronder een aantal reizen naar Irak toen de oorlog daar begon te dreigen. Zonder dat ik me daarvan bewust was, werden mijn artikelen gelezen door de buitenlandredacteur van de concurrerende *Sunday Times*, Sean Ryan. Hij had moeite om zijn journalisten in Bagdad te krijgen, want de autoriteiten verleenden geen visa aan Britten of Amerikanen. Als Libanese kon ik een visum krijgen wanneer ik maar wilde. Sean belde me op.

We hadden elkaar nauwelijks de hand geschud of het klikte tussen ons. Sean was een lange, blonde man van rond de veertig die me begroette met een hoffelijke glimlach en een paar nogal formele vragen. Maar toen ik een paar ideeën voor artikelen opsomde, smolt zijn terughoudendheid en begonnen zijn ogen te stralen. Hij werd gegrepen door de mogelijkheden van deze Arabische verslaggeefster, die toegang kon krijgen tot mensen die geen westerse journalist kon bereiken, in Bagdad of elders in het Midden-Oosten. Hij zag dat mijn ideeën konden worden uitgebouwd tot grote artikelen met veel effect. Zijn opwinding was aanstekelijk.

Ik vertelde dat ik contacten had binnen Hamas, een van de groepen achter een golf van zelfmoordexplosies in Israël. Niemand anders was doorgedrongen tot binnen in Hamas om te ontdekken wie de zelfmoordterroristen waren.

'Geweldig idee,' zei Sean. 'Zou je er een kunnen interviewen? We hebben geen idee waarom deze mensen zich vrijwillig aanbieden, hoe ze worden voorbereid, wat ze denken over de vrouwen en kinderen die ze vermoorden. Wat drijft hen, Hala? Laten we dat uitzoeken.'

Tijdens een lunch een week later vertelde ik hem dat het volgens mij een week of zes zou kunnen kosten om het vertrouwen van Hamas te winnen. Maar als het me lukte, zouden ze me misschien toegang verlenen tot zelfmoordterroristen in opleiding. Ik wilde een paar maanden lang een goedkoop appartement huren in Gaza en zien of ik hen voor me kon winnen.

'We gaan ervoor,' zei Sean.

Alle gedachten aan het moederschap liet ik achter in Londen, en ik reisde naar Gaza en interviewde uiteindelijk drie goed opgeleide jonge mannen wier familie hun land aan Israël was kwijtgeraakt en die zich voorbereidden om zich te wreken, in de overtuiging dat ze zich door hun 'martelaarschap' verzekerden van een plaatsje in het paradijs. De *Sunday Times* plaatste een artikel van drieduizend woorden dat begon op de voorpagina en zich binnen in de krant uitvouwde over twee pagina's.

Mijn carrière kreeg een nieuwe impuls. Ik had een krant gevonden waarmee ik kon werken en een baas die in me geloofde. Er volgden andere voorpagina-artikelen, onderbroken door discrete reizen naar Bagdad om contacten te leggen, smeergeld uit te delen en onderdak, vervoer en visa te regelen in de aanloop naar een conflict dat onvermijdelijk had geleken vanaf het moment dat de regering van Bush – onterecht, naar later bleek – een verband legde tussen die stad en de aanval van 11 september 2001.

Zou ik willen overwegen om daar te werken als de oorlog eenmaal begon, werd mij gevraagd.

'Jazeker,' hoorde ik mezelf tegen mijn baas zeggen, op een toon die vreemd genoeg vol zelfvertrouwen was. Het was geen moed die me dat deed zeggen. Ik had mijn keuze al gemaakt. Dit was een van de grootste nieuwsverhalen van deze nieuwe eeuw. Dat wilde ik niet missen.

Als Libanese en als moslim kende ik het Arabische gezichtspunt. Als de vrouw van een Engelsman en de werknemer van een Londense krant begreep ik de westerse manier van denken. Ik verkeerde in de bevoorrechte positie dat ik beide werelden kon omspannen en de ene aan de andere kon verklaren.

Het was dus geen verrassing dat ik een paar maanden later werd gevraagd om verslag te doen van de komende invasie van Irak. Dat was te verwachten. Een paar weken voordat het bombardement waarschijnlijk zou beginnen, zou ik door de woestijn naar de drukke hoofdstad trekken. Wat niemand had kunnen voorspellen – en ikzelf nog wel het minst – was dat er, hoe hard ik me ook probeerde te begraven in mijn nieuwe rol van waaghalzende buitenlandse correspondent, iets in mij opnieuw zou ontwaken in Bagdad, mijn weerloos intacte moederinstincten.

HOOFDSTUK DRIE

Shock and Awe

Niemand kon ons beschuldigen van een gebrek aan voorbereiding: tegen de tijd dat we de Irakese grens bereikten, zat onze landrover barstensvol. We hadden tassen volgestopt met laptops en camera's, kabels en kleding. We hadden scherfwerende vesten en eerstehulpkoffers, batterijen en iets dat een M4 werd genoemd waarmee we in het veld internet konden ontvangen. Ook hadden we genoeg eten en drinken meegebracht om een belegering te kunnen weerstaan. Militaire analisten voorspelden dat Bagdad omsingeld zou worden door binnenvallende troepen, dus levensmiddelen waren van essentieel belang. We hadden dozen mineraalwater, blikken koffie en pakken vruchtensap bij ons, dingen zoals rijst en suiker, en chocoladelekkernijen waarvan we wisten dat we ze zouden verdienen.

Het avontuur dat voor ons lag was het meest angstaanjagende dat we in ons vak hadden gekend, maar ook het meest opwindende: het zou onze adrenaline maandenlang op gang houden. Als het doodeng was, zouden we dapper zijn. Als het hartverscheurend was, zouden we sterk genoeg zijn om het werk gedaan te krijgen en onze tranen voor later te bewaren. Ik wist dat Steve en ik samen sterk waren, omdat we al zoveel hadden doorstaan zonder in te storten. De pogingen om zwanger te raken en de gapende leegte die dat in mij had achtergelaten, werden vervangen door een doelbewustheid en de belofte van een ander soort voldoening. We hadden onze testamenten opgesteld en onze families gevraagd om voor ons te bidden. We waren enthousiast, en we waren er klaar voor.

❧

Op dat punt hadden onze Britse telefoons nog steeds bereik, maar als we eenmaal de grens overstaken zouden we tijdens de tien uur lange rit naar de stad afgesneden zijn van collega's en contacten, familie en vrienden. Satelliettelefoons waren door de Irakese autoriteiten verboden, al hadden we er wel een meegesmokkeld voor noodgevallen.

Mijn telefoon piepte met een tekstbericht: 'Hala, bel me voordat je oversteekt, dringend, Sean x.'

Ik riep de chauffeur toe om te stoppen, voordat we geen bereik meer zouden hebben.

'Goddank heb ik je op tijd te pakken,' zei de baas toen ik zijn nummer draaide. 'Luister goed. Dit kunnen we niet meer bespreken als je eenmaal de grens over bent, dus ik laat je even weten wat we hier besloten hebben. We willen dat je je voorbereidt op de dag dat het regime valt.'

De hoofdredactie had krijgsraad gehouden. Ze wisten dat de leden van het regime van Saddam Hoessein, net als de nazi's, alles minutieus vastlegden. In dat geval, redeneerde de redactie, zouden de documenten al zijn geheimen bevatten, van wapenprogramma's tot heimelijke contacten met westerse politici, van banden met internationale terroristen tot de executie van dissidenten in gruwelijke gevangenissen. Dat zou voor onze voorpagina de ene scoop na de andere op kunnen leveren.

Wat Hala moest doen, hadden zij besloten, was de bestanden uit belangrijke gebouwen verwijderen als de dictator eenmaal gevlucht was. Om me daarbij te helpen was een voormalige commando-officier ingehuurd.

'Kun jij auto's en chauffeurs regelen om de documenten naar veilige huizen te brengen, voordat de Amerikanen ernaar komen zoeken?' werd me gevraagd.

Het antwoord dat bij me opkwam luidde: 'Zijn jullie gek geworden?' Maar dat zei ik natuurlijk niet. Wat ik zei was: 'Oké.' Ik wist dat ze niet echt krankzinnig waren op kantoor, dat elke andere krant waarschijnlijk hetzelfde idee had en vergelijkbare plannen maakte. We zouden wel zien wat er gebeurde.

'Alles goed?' vroeg Steve toen ik mijn telefoon uitzette.

'Ja,' zei ik glimlachend. 'Alles is best.'

❧

Mijn moeder heeft mij altijd gezegd de wil van Allah niet in twijfel te trekken. 'Het is niets persoonlijks, Hala,' zei ze, toen ik begreep dat ik geen baby zou krijgen. 'Zo gaat Hij niet te werk. Wees niet godslasterlijk. Aanvaard Hem en dank Hem voor alles wat je wel hebt.'

Lange tijd was ik daar niet toe in staat. Ik was in de rouw. Het was een irrationele smart om iemand die nooit had geleefd. Ik huilde om alle hoop die ik had verloren – hoop op leven, op de toekomst. Ik huilde om de mens die mijn kind had kunnen zijn en om de mens die ik had kunnen worden.

Merendeels heb ik geleerd om die pijn binnen in mij te houden, maar mijn verlangen naar een kind is een duivel die niet kan worden opgesloten. Nu en dan wringt hij zich naar buiten in een verrassingsaanval, doet alle emoties weer opwellen in een vlaag van bewustzijn.

'Misschien heeft het hierom niet zo moeten zijn,' dacht ik toen ons voertuig de zesbaansweg opsnelde die zich duizend kilometer lang voor ons uitstrekte. 'Nu ik hierheen ga, ben ik blij dat ik in Londen geen kinderen heb hoeven achterlaten.'

Toen we Bagdad binnenreden, was het vreemdste nog dat we niets bijzonders opmerkten. De oorlogskoorts die iedereen in Londen had bevangen, was nergens te bespeuren in deze stad van zes miljoen inwoners waar de strijd feitelijk zou plaatshebben. Vrouwen zwoegden nog steeds naar de markt voor vis, specerijen en fruit. Mannen met keurige snorren en gladde haren zaten somber te roken in hun auto's, als remedie tegen de frustrerende files op weg naar hun werk. Jongetjes joegen een voetbal achterna op een stuk braakliggend land en droomden van Beckham, net als alle kleine jongetjes overal ter wereld.

Een pas aangekomen bezoeker uit Bagdad zou in Groot-Brittannië misschien met enige argwaan worden bekeken, zo sterk was de associatie in de geest van de bevolking tussen die stad en zijn tiran met zijn veronderstelde massavernietigingswapens. Britten die hier aankwamen, werden met een hartelijke glimlach begroet.

'*Engleezee, ahlan, ahlan* (welkom, welkom),' hoorden we overal. Door de westerse sancties waren de gewone burgers van dit land al jaren verarmd, maar de gastvrijheid die ze ons betoonden was hartelijk en vriendelijk. Het leek op een vreemde manier in tegenspraak met de voorbereidingen die het land trof voor een aanval met raketten, bommen en elitesoldaten. Wisten deze mensen wel wat wij op het punt stonden hun aan te doen?

Je hoefde alleen maar door de straten te lopen om te zien dat de inwoners van Bagdad er liever niet aan wilden denken, als ze het al wisten. Zowel rijke als arme gezinnen deden zich in restaurants te goed aan geroosterde kip en kebab van gegrild lamsvlees. In de koffietentjes zaten oude mannen te dammen, zuigend aan hun waterpijpen in naar appel geurende rookwolken. Veel van de jongere mannen waren druk in de bouw. Kranen zwaaiden heen en weer boven monumentale kantoorgebouwen en de chique particuliere villa's in aanbouw leken eerder vertrouwen in de toekomst te weerspiegelen dan angst voor aanstaande vernietiging.

Er waren twee tekenen van problemen. Mannen, vrouwen en kinderen spraken van onsterfelijke liefde voor de dictator wiens poster langs de belangrijkste wegen hing, maar in hun stemmen klonk geen hartstocht. In een land waar internettoegang bijna een droom was en satelliettelevisie verboden, uit angst dat de mensen de vrijheid zouden opeisen die elders in de wereld genoten werd, wist iedereen dat verzuimen om Saddam loyaliteit te betonen tot straf, en misschien zelfs tot de dood kon leiden. Als ik voorbijgangers vroeg of ze bang waren voor oorlog, spraken ze dan ook alleen de regeringsmantra uit dat ze indien nodig ten strijde zouden trekken, en haastten zich dan verder met hun dagelijks leven.

Meer dan wat ook was het echter de vrolijke frequentie van bruiloftsvieringen waaruit het vermoeden van de *Bagdadi* bleek dat verdriet niet ver verwijderd was. Op zekere avond moet ik wel tachtig jonge vrouwen in glanzende witte jurken aan de arm van hun echtgenoot hebben gezien, alleen al in de tuin van mijn hotel. Het was een massahuwelijk, georganiseerd door het regime. Elke bruid was zo mooi opgemaakt dat eventuele ongerustheid om het lot van haar echtgenoot verborgen bleef. Bij hun vertrek joelden en toeterden uitgelaten familieleden en vrienden in hun auto's. Maar in de ogen van sommige paartjes las ik het vaste voornemen om hun kans op vreugde te grijpen, voordat alles uiteenspatte in de pijnlijke weken die voor hen lagen.

❧

Steve en ik werden er altijd mee geplaagd dat wij als echtgenoten samen werkten, terwijl onze collega's ver van hun geliefden zaten. Zij konden zich echter niet voorstellen dat wij niet langer als een echtpaar samenleefden als we aan een opdracht werkten, maar als een puur professioneel duo. We brainstormden over ideeën en hielden elkaars veiligheid in de gaten. Maar als Steve niet de juiste foto had voor mijn verhaal, maakte ik hem verwijten. En als mijn artikel niet sterk genoeg was om zijn foto goed uit te laten komen, maakte hij mij verwijten. In die zin waren we net als elke andere verslaggever en fotograaf.

De grootste angst van alle journalisten was om te worden gearresteerd en afgevoerd naar de woestijn om te worden vastgebonden aan een of andere afgelegen installatie op de lijst van Amerikaanse doelwitten om de bommenwerpers tegen te houden. Daarom was het bizar om in hotellobby's Britten tegen te komen die zich vrijwillig hadden aangeboden om op die manier 'menselijke schilden' te worden. Zij geloofden oprecht dat ze daarmee Bush ertoe konden aanzetten de wijsheid van een oorlog nog eens te overdenken.

'Als we een heleboel mensen op dergelijke locaties hebben, denk ik dat het erg moeilijk voor hen wordt om die te bombarderen,' zei een man die afgestudeerd was aan Eton en Cambridge en zich na een lange carrière bij Buitenlandse Zaken had teruggetrokken op het platteland. 'Daar ben ik van overtuigd.'

Hoe naïef ze ook klonken, ze verdienden ons respect. Joe Letts, een buschauffeur uit Dorset, had vijftig menselijke schilden afgeleverd in Irak.

'Ik sta niet te trappelen om dood te gaan,' zei hij op zijn onderkoelde Engelse manier. 'Maar mocht ik sterven, dan wil ik dat iedereen weet dat ik hier was en waarom.'

Ik wenste dat ik half zo moedig was.

De dringendste kwestie voor ons journalisten was echter wat we moesten doen als we het land werden uitgezet. Geen enkele verslaggever wilde al dat wachten verdragen om vervolgens de oorlog te missen. Dus bespraken we of er veilige huizen konden worden geregeld waar we ons konden verbergen voor de bemoeizuchtige ogen van het regime, mocht ons visum worden ingetrokken. Zulke schuilplaatsen konden later onze levens redden als het bombardement antiwesterse menigten provoceerde om onze hotels aan te vallen of te proberen ons in gijzeling te nemen. Maar konden we erop vertrouwen dat de chauffeurs met wie we bevriend waren geraakt, ons niet zouden verraden?

Ik wilde iets anders proberen. Ik was Irak binnengekomen op een visum in mijn Britse paspoort. Maar ik had nog een tweede paspoort, van Libanon. Als ik daar ook een visum in kon krijgen, zou ik meer mogelijkheden hebben dan mijn concurrenten. Als ik dan bijvoorbeeld het land werd uitgezet, kon ik op elk moment weer binnenkomen.

Er was echter één probleem. Op het ministerie waren ze eraan gewend mij elke dag te zien en in hun ogen viel ik op, deels omdat ik er een punt van maakte om schaamteloos met hen te flirten, en deels omdat ik graag pijp rookte. Ik stond overal bekend als 'de vrouw met de pijp' en ik wist zeker dat mijn afwezigheid zou worden opgemerkt als ik een paar dagen naar Beiroet vertrok.

Uiteindelijk werd er besloten dat ik op een vrijdagavond heimelijk zou vertrekken om naar de Syrische grens te rijden. Als ik de hele nacht doorreed, kon ik van Syrië naar Libanon oversteken en op zaterdagochtend in Beiroet zijn. Het was de bedoeling om zondag via dezelfde route terug te keren naar Bagdad, zodat ik slechts een dag of twee uit het zicht van de ambtenaren op het ministerie zou zijn. Gezien ons schaarse dieet kon dat gemakkelijk worden uitgelegd als een aanval van voedselvergiftiging. Steve zou op onze kamer blijven en zeggen dat hij ook last had van zijn maag. Ik kreeg instructies om mijn radio aan te zetten voordat we Syrië in gingen. President George W. Bush stond op het punt om zijn land toe te spreken.

'Luister goed, Hala – hij geeft vast wel aanwijzingen over het tijdstip van de oorlog,' zei mijn baas. Als het klonk alsof Bush heel binnenkort opdracht zou geven tot de aanval, zou ik onmiddellijk terugkeren naar Bagdad om niet het risico te lopen in het buitenland te zijn als de bombardementen begonnen. Als hij nog een laatste kans bood om oorlog te vermijden, zou ik mijn reis voortzetten. Mijn chauffeur kreeg de opdracht om net voor de grens te stoppen en we stemden af op de BBC World Service. De stem van Bush kraakte over de radio, maar zijn boodschap was duidelijk: de dictator kreeg een ultimatum om te vertrekken – een paar dagen respijt om zijn land en zijn volk te redden van het onvermijdelijke. Dat betekende een paar extra dagen voor mij om mijn zaken te regelen.

'Trap maar op het gaspedaal,' zei ik tegen mijn chauffeur.

Ik was maar achtenveertig uur weg uit Bagdad, maar tegen de tijd dat ik terugkwam, was de sfeer omgeslagen. Het ultimatum van Bush had elke resterende twijfel dat een bombardement ophanden was vernietigd. De mannen reden niet meer met een sigaret tussen hun lippen geklemd naar kantoor. Ze bleven thuis, haalden stoelen en bedden weg van de ramen, die ze met karton hadden dichtgeplakt zodat hun kinderen niet verminkt zouden worden door glasscherven.

'Hoe moeten mensen zichzelf beschermen tegen bombardementen?' vroeg de dictator aan provinciale gouverneurs op een vergadering die op televisie werd uitgezonden. 'Zeg hun dat ze loopgraven moeten graven in hun tuinen.' Sommige gezinnen volgden dit decreet op; andere gingen nog verder en groeven putten.

De straten waren vrijwel leeg, op de vrouwen na die zich haastten om voedsel en water in te slaan zodat hun mannen en kinderen geen honger zouden lijden tijdens de bombardementen. De kleine jongens die ik had zien voetballen, werden binnengehouden op straffe des doods.

Ik werd aangetrokken door de kraamafdeling van een van de grootste ziekenhuizen van de stad, het Alwiya. Of ik een opvallende invalshoek voor een artikel zocht of mijn nieuwsgierigheid wilde bevredigen, weet ik niet. Maar bij het zien van moeders met hun gezwollen buiken die naar binnen liepen met hun peuters achter zich aan, roerde zich iets binnen in mij. Ik dacht dat ik geleerd had mijn emoties ten aanzien van zwangere vrouwen te beheersen, maar toen ik achter een van hen aan naar binnen liep, was mijn maag van slag en werd ik door twijfel aangegrepen. Wat moest ik zeggen als een van deze moeders vroeg of ik kinderen had? Zou ik hen kunnen interviewen zonder mijn oude verlangens te verraden naar de euforie van een positieve zwangerschapstest, naar het wonder van mijn eigen kind dat zijn minuscule vingertjes krulde en ontvouwde op een echografie, naar de vreugde, de trots en de opluchting als ik hem voor het eerst in mijn armen hield?

Hoewel ik vastbesloten was om mezelf niet met tranen in verlegenheid te brengen, schrok ik van mijn reactie op de eerste pasgeborene die ik in de wachtkamer zag. Jaloezie op zijn moeder schoot door me heen en ik huiverde van schaamte. Ik haalde diep adem, vermande mezelf en probeerde me te concentreren op het verslaggeven waar ik voor gekomen was.

Wat mijn beweegreden ook was om het ziekenhuis binnen te gaan, er ontvouwde zich een schrijnend drama dat mij professioneel prikkelde en persoonlijk ontroerde. Hier deden tientallen vrouwen moeite om nieuw leven op de wereld te zetten, voordat het verstikt kon worden door oorlog. Ze vroegen de artsen om de weeën nu al op te wekken, zodat ze niet het gevaar liepen te bevallen als ze over een paar dagen gevangen zaten in hun huizen.

'Er heerst een gevoel van hysterie onder zwangere vrouwen,' zei een van de drukke gynaecologen. 'Ze zijn zeven of acht maanden zwanger en zeggen "Ik wil mijn baby nú." Deze moeders vertellen me dat ze bang zijn dat ze straks niet naar het ziekenhuis kunnen op de dag dat ze uitgerekend zijn, omdat ze dan geen brandstof meer in hun auto's hebben, of omdat er onderweg bruggen zijn opgeblazen of luchtaanvallen plaatsvinden. We doen voor hen wat we kunnen.'

Deze arts verrichtte verschillende keizersneden op de dag dat ik het ziekenhuis bezocht – baby's met paarse huidjes werden uit hun schuilplaatsen gehaald en ruw gewekt door met latex omhulde vingers die het slijm uit hun keel haalden. Ze werden zonder veel ceremonie op de weegschaal gelegd alvorens aan de moeders te worden overhandigd, wier vreugde ongetwijfeld getemperd werd door de zware verantwoordelijkheid om hen te beschermen tegen de oorlog die in de eerste dagen van hun leven zou beginnen.

Andere bevallingen werden opgewekt, ook al wist iedereen dat er geen medicijnen waren om de pijn van deze langer durende bevallingen te verlichten. Het ziekenhuis bewaarde zijn verdovingsmiddelen voor het legioen gewonden dat op brancards zou worden binnengedragen voordat de week ten einde liep. De kreten die door de gangen klonken leken niet alleen de pijn van de kraamvrouwen te weerspiegelen, maar ook hun angst voor het verlies van leven dat weldra om hen heen zou plaatsvinden.

Sommige moeders met te vroeg geboren baby's stonden erop om die mee naar huis te nemen, ondanks de waarschuwingen van de artsen dat de baby's in hun couveuses moesten blijven.

'Dan zijn we tenminste bij elkaar, wat er ook gebeurt,' zei een vrouw van achtentwintig die al drie kinderen had, en een maand voordat haar vierde was uitgerekend was gaan bloeden. De dokters hadden zich gedwongen gezien om een keizersnede uit te voeren en toen het bloeden niet stopte, moesten ze haar baarmoeder verwijderen. Een van hen probeerde haar te troosten en keek bezorgd naar het magere zoontje dat ze beslist uit zijn couveuse wilde halen.

'Ik kan hem niet achterlaten, ik weet niet eens of ik hem dan nog wel zal kunnen bezoeken,' zei ze snikkend. Elders, buiten het ziekenhuis, trof ik nog een groep jonge moeders, die hadden geprobeerd hun pasgeboren baby's in veiligheid te brengen in het buitenland maar bij de grens waren teruggestuurd door soldaten met onbewogen gezichten. Een vrouw, met een baby van twee weken oud in een sjaal in haar armen, vertelde me dat de soldaten haar hadden gezegd dat ze het verkeerde soort paspoort had, toen ze had gesmeekt om de grens over te mogen lopen. Er was nu een nieuw, kleiner paspoort vereist. Dat was de wet.

'Ik ben bang,' zei deze vrouw me, 'niet voor mij, maar voor mijn baby. Hij is ziek. Ik ben bang dat hij doodgaat zonder de juiste medicijnen.'

Terwijl deze mensen in de val zaten in de stad, waren onze vrienden van de media aan het vertrekken. Verdwenen was de door veel bier aangewakkerde bravoure van de journalisten die laat op de avond opschepten over hun voornemen om te blijven, ongeacht de risico's. Op het ministerie van Informatie ontstond chaos, toen ze allemaal tegelijk in de rij stonden om hun rekeningen te betalen en te vertrekken. De roddelmachine was in volle gang. Een journalist verzekerde me dat er een massale ontvoering van westerlingen op stapel stond. Een ander die opdracht had gekregen om te vertrekken, beweerde dat vrouwelijke journalisten die als menselijke schilden werden vastgehouden, ook zouden worden verkracht.

De paniek verspreidde zich naar de redacties thuis, en veel ervan besloten hun werknemers terug te halen. Ook de correspondenten van onze zusterkrant, *The Times*, kregen opdracht om te vertrekken op grond van het feit dat de risico's 'ongekend en onaanvaardbaar' waren. Mijn kantoor belde om de gedachtegang bij de *Sunday Times* te laten weten, op het moment dat Steve en ik hadden besloten wat wij zouden doen.

'Als het te gevaarlijk is om te blijven, moet je vertrekken,' zei Sean. 'Niemand zal het je kwalijk nemen als je nu weggaat.'

'Nee,' antwoordde ik rustig. 'We hebben erover gepraat en we zijn tot de conclusie gekomen dat we veilig zullen zijn.'

Het had geen zin om uit te leggen dat ik niet geloofde dat Saddam massavernietigingswapens had, omdat Sean me verweten zou hebben dat ik me liet beïnvloeden door de plaatselijke ideeën. In plaats daarvan vertelde ik hem dat het mij niet in het belang van het leger leek om dergelijke wapens te gebruiken in de stad, omdat het aantal burgerslachtoffers elke kans op sympathie van de Arabische wereld de grond in zou boren.

'In de stad zijn we veilig,' herhaalde ik. 'De Amerikanen weten in welke hotels de westerse media zitten. Zij zullen heus CNN niet opblazen. En het regime gaat ons niet gijzelen. Integendeel – ze zullen ons waarschijnlijk willen helpen met nieuws en foto's. Ze willen straks dat de foto's van de gewonden de hele wereld rondgaan.'

'Hou toch op, Hala, ze hebben al eerder menselijke schilden gebruikt,' zei Sean, maar aan zijn stem hoorde ik dat ik de discussie aan het winnen was.

'Nee,' vertelde ik hem, mijn stem gealarmeerd verheffend bij het idee dat onze maandenlange voorbereidingen voor niets zouden zijn geweest, als we nu naar Londen werden teruggehaald. 'We zijn hier in het volle besef van het gevaar gekomen, en juist voor dit moment. Hier wil ik zijn. Vraag de hoofdredacteur alsjeblieft om ons hier niet weg te halen. Vraag hem alsjeblieft om op ons oordeel over de situatie hier te vertrouwen, en geef ons de vrijheid om die beslissing zelf te nemen. Als wij vinden dat we weg moeten, zeggen we dat, en dan zal niets ons van ons vertrek weerhouden.'

Het werkte. We kregen te horen dat we konden blijven, ook al vertrokken alle andere Britse media behalve de *Guardian*, de *Independent*, Sky en de BBC.

❧

Het was 5.34 uur in de ochtend toen we werden gewekt door het loeien van sirenes. Steve en ik zagen een moment van paniek in elkaars ogen en klauterden uit bed. Binnen een paar tellen zongen de muezzins vanuit de minaretten in de omgeving. Hun oproep tot het gebed overstemde eerst bijna het kletteren van het luchtafweergeschut, maar het dreunen van raketten die hun doelwit vonden was onmiskenbaar. Het was genoeg om iedereen doodsangst aan te jagen.

Toen wij ineengedoken in de gang buiten onze kamer zaten, werd een onderbreking in de oorlogskakofonie gevuld door het krijsen van de banden van een eenzame motorrijder, het schrille geblaf van doodsbange honden en een ander, minder bekend geluid. Het duurde even voordat ik besefte dat het een balkende ezel was. Nog dagen daarna balkte hij steeds net voordat de aanvallen begonnen. Hij werd mijn denkbeeldige vriend, mijn vroege waarschuwingssignaal. Ik nam me voor hem op te zoeken als het allemaal voorbij was om hem een feestmaal van wortelen aan te bieden.

De '*Shock and Awe*' beloofd door Donald Rumsfeld, de man die de leiding had in het Pentagon, was eindelijk begonnen. Het was geen verrassing na weken wachten, maar schok en ontzag waren precies wat wij voelden. Het stadscentrum, waar wij logeerden, was nu het doelwit van een aantal van de dodelijkste wapens ooit, en het kwam dichterbij.

Toen wij ons op het balkon van ons hotel waagden om het bombardement vast te leggen, werd mijn oog getroffen door de nooduitrusting die opgestapeld stond in een hoek van de kamer achter ons: scherfwerende vesten, helmen, eerstehulpkoffers en de 'NBC'-

pakken die geacht werden ons te beschermen tegen een nucleaire, biologische of chemische aanval.

'*Ya rabb yassir wa la tu'assir*,' bad ik telkens opnieuw. 'God, help ons alstublieft. Leg ons alstublieft niets in de weg.'

Ik zette de radio aan voor nieuws over de aanval of tegenaanval, maar eerst werd alleen een mengeling van traditionele vaderlandslievende liederen en een paar moderne nummers uitgezonden, gewijd aan 'de grote leider'. Later werden die afgewisseld met gedichten die 'de liefde van het volk voor de leider' tot uitdrukking brachten. Daarna kwam de zoon van de leider op de radio.

'Dit is de dag waarop wij hebben gewacht,' zei hij. 'Bush en Blair hebben bewezen dat zij de bastaardzonen van hoeren zijn. Sta op, vier feest, verzet je en strijd vastberaden tegen deze buitenlandse agressie.'

Toen het nieuws rondging dat zowel de vader als de zoon nauwelijks ontsnapt was aan een van de raketaanvallen, verscheen de leider zelf op televisie in militair tenue met een zwarte baret op, en spoorde zijn landgenoten aan om 'je zwaard te trekken en niet bang te zijn'.

Ze waren natuurlijk ontzettend bang, zoals ik die morgen zag toen er geen bommen meer vielen en ik een gezin ging bezoeken van wie ik het oorlogsdagboek samenstelde voor de krant.

Ik had dit gezin deels gekozen omdat de man des huizes, Farouk Mohammed Ali, gedurende zeven jaar civiele techniek had gestudeerd in Groot-Brittannië, en deels omdat zijn vrouw Iman vier maanden zwanger was. Ik voelde me instinctief met haar verbonden. Hoewel zij een meisje had van dertien en twee jongens van twaalf en elf jaar oud, had het tien jaar geduurd voordat het kind dat ze nu droeg verwekt werd.

Ze woonden bij de gescheiden zus van Iman, Anthra, en haar twee dochters, in een van de oudste huizen van Bagdad. Het hing voorover en kraakte in zijn voegen, en hoewel de fraaie, drie meter hoge houten deuren uitkeken op een aantrekkelijke binnenplaats, hadden het dak en het pleisterwerk in het begin van de vorige eeuw betere tijden gekend. De eerste keer dat ik hen ontmoette, haalden ze herinneringen op aan de tijd dat de Irakese dinar drie Amerikaanse dollar waard was, en zij samen op vakantie gingen naar Europa en mooie kleren kochten. Nu was een Amerikaanse dollar drieduizend Irakese dinar waard.

Tegen de tijd dat ik er aankwam op die eerste dag van het bombardement, was Farouk naar zijn werk gegaan in de videoverhuurwinkel die hij nu beheerde. Dit zou een bijzonder drukke week voor hem worden, legde Iman uit. Het enige wat de stadsbewoners konden doen zolang er nog elektriciteit was, was thuisblijven en zich door hun lievelingsfilm laten meevoeren naar een andere, normalere wereld dan het Hades buiten hun eigen voordeur.

'Het was een vreselijke nacht, de kinderen huilden terwijl ik hen in mijn armen hield en kalmerende woordjes toefluisterde,' zei Iman. Ze huiverde toen ze uitlegde hoe het huis had getrild toen de hemel boven hun hoofden brulde. Er was pleisterwerk van de muren gevallen, de ramen waren gesprongen en Iman was ervan overtuigd geweest dat het fragiele dak zou instorten.

'Ik moest de kinderen uit hun kamer halen, zodat we dekking konden zoeken in de hal van het huis,' legde ze uit. 'Ik kon niet lopen, mijn voeten weigerden me gewoon te dragen, dus kroop ik erheen. Ik weet dat ik in verwachting ben, maar ik had geen keus. Ik ben bang dat ik deze baby zal verliezen als ik zo schrik van de plotselinge luide ontploffingen.'

Ik deed alsof ik er verstand van had, in de hoop haar gerust te kunnen stellen.

'Baby's zijn sterker dan je denkt,' zei ik.

Ze pakte mijn hand en trok die naar zich toe. Ik wist wat ze wilde gaan doen en ik moest me beheersen om niet achteruit te deinzen. Als er één ding was dat de ijskoude koelbloedigheid waarmee ik mijn eigen onvruchtbaarheid was gaan beschouwen, gegarandeerd zou doen smelten, was het een zwangere vrouw die mijn hand op de warme, strakke huid van haar gezwollen buik legde.

'Ik weet niet of het hartje nog klopt,' zei Iman, alsof ik dat zou moeten kunnen voelen. Even kon ik geen woord uitbrengen.

'Mijn nachtmerrie is dat mijn angst mijn zwangerschap zal beïnvloeden, en dat ik het leven zal schenken aan een abnormaal kind,' ging ze verder. 'Ik weet één ding zeker: als dit kind iets overkomt, is het de schuld van Amerika en Groot-Brittannië.'

Ik tastte zo goed als ik kon naar de baby.

'Alles lijkt in orde,' zei ik, waarmee ik mijn hopeloze onwetendheid in dergelijke zaken verborg. 'Het komt goed, Iman, ook met je baby. Ik weet zeker dat je kindje trappelt.'

Tot mijn verbijstering klaarde haar gezicht op. Ze geloofde me.

Even wankelde ik en ik liet mijn hand van haar buik vallen. De bult van haar foetus had mij herinnerd aan mijn wanhopige leegte. In mij roerde zich iets en ik besefte dat mijn duivel was teruggekeerd, of liever gezegd, nooit was verdwenen. Een krachtig maar volkomen zinloos verlangen om net zo te zijn als Iman, overviel me. Het enige wat ik wilde, was mijn eigen kind binnen in mij te voelen trappelen. Het enige waar ik aan kon denken, was dat ik dat nooit zou beleven.

'Hou er over op, Hala,' vermaande ik mezelf bij het verlaten van Imans huis.

Ik ging terug naar Steve en zei er geen woord over.

HOOFDSTUK VIER

Krijg ik mijn armen terug?

Een paar uur later werd er op mijn deur geklopt en wie bleek het te zijn? Niemand anders dan mijn held, Jon Swain, een correspondent van de *Sunday Times* die elke oorlog had verslagen, vanaf Vietnam in de jaren zeventig tot Afghanistan 2000 en daarna. Hij was die nacht door de woestijn komen rijden om een vertrokken collega te vervangen. Hij was tijdens het bombardement de stad in gesneld, niettegenstaande een specifieke opdracht van zijn redactie om dat risico niet te nemen, en hij had al een verhaal in zijn opschrijfboekje over het eerste burgerslachtoffer van de oorlog.

'*Salut, habibi!*' riep hij in zijn gebruikelijke mengelmoes van Frans en Arabisch terwijl hij me omhelsde.

Swain was een legendarische verslaggever. Als tiener had hij in plaats van te studeren aan de universiteit een tijd in het Franse vreemdelingenlegioen gediend. Toen andere journalisten Cambodja ontvluchtten, was hij in 1975 op het laatste vliegtuig voor de val van Phnom Penh onder de Rode Khmer naar die stad gevlogen. Hij zou op staande voet zijn geëxecuteerd zonder de tussenkomst van de tolk van *The New York Times*, Dith Pran, een verhaal dat wordt verteld in de film *The Killing Fields*. Hij had een ontvoering overleefd door Ethiopische rebellen, die hem drie maanden in gijzeling hielden, en een aanval op zijn auto door Indonesische soldaten, die zijn tolk hadden vermoord. Er was één huwelijk geweest, maar vele liefdesaffaires. Swains kleurrijke verleden en zijn vriendelijke charme zorgden ervoor dat hij op elk feestje omringd werd door vrouwen. Maar om mee te werken was hij de volmaakte gentleman, en ik was ontzettend blij dat hij er was.

Steve en ik zetten hem in een stoel met een glas wijn om te proosten op zijn behouden aankomst, en om het uitzonderlijke verhaal van zijn reis te horen. Het bombarderen was begonnen toen hij het land binnenkwam, maar de ambtenaren bij de grenspost gingen gewoon door met het doornemen van zijn papieren. Ze zeiden dat ze niet konden begrijpen waarom de Amerikanen zojuist een nabijgelegen autodepot hadden vernietigd, daar stonden immers alleen voertuigen die de douane in beslag had genomen.

De taxi van Swain en een bus met vijfentwintig menselijke schilden uit Zuid-Afrika waren de enige tekenen van leven op de weg, toen hij aankwam bij een benzinestation met een telefoonkantoor dat het doelwit was geworden van een al even raadselachtige luchtaanval. Een enkele Amerikaanse bommenwerper die er in het donker hoog overheen vloog, had een bom van vierhonderdvijftig kilo op het dak laten vallen. Volgens getuigen was de grond opengebarsten en het gebouw de lucht in gesprongen, voordat het in puin weer neerviel.

Het enige slachtoffer was Ahmad Walid, een zesendertigjarige chauffeur die zijn baas in Bagdad stond te bellen om te kijken of het veilig was om door te rijden met zijn twee passagiers. Het grootste deel van zijn lichaam was begraven onder het puin, maar zijn bruine corduroyjack en zijn met bloed besmeurde hoofd waren nog net zichtbaar onder de enorme plaat beton die hem had getroffen. Hij was om één uur 's morgens overleden, verscheidene uren voordat Bush op televisie verscheen om aan te kondigen dat de oorlog was begonnen, en Swain kon in het puin niets vinden dat ook maar enig verband kon hebben met militaire communicaties. Hij concludeerde dat dit telefoonkantoor met de beste wil van de wereld niet één van de 'geselecteerde doelen van militair belang' kon vertegenwoordigen, die volgens de Amerikanen die nacht door hen waren beschoten.

❧

Swain en ik deden samen verslag van een aantal van de meest angstaanjagende nachten van de oorlog, toen de bombardementen verhevigden tot een omvang die geen enkele hedendaagse stad ooit eerder had gezien. Het begon met het balken van de ezel, dat telkens heviger werd; vervolgens loeiden de sirenes terwijl de lucht vonkte van lichtspoorkogels. Luchtafweergeschut ontstak met een oorverdovend gebrul en dan ineens ontploften gebouwen om ons hotel heen in oranje vuurballen. De stad beefde onder de ene schokgolf na de andere.

Op een avond ontstond er rumoer in de lobby van het hotel, toen ambtenaren van het ministerie van Informatie arriveerden om journalisten te begeleiden die roekeloos genoeg waren om zich in de vuurzee te wagen.

'Snel, Hala, haal je chauffeur,' riep een van hen. 'Schiet op, er is geen tijd te verliezen.'

Steve rende naar beneden met onze chauffeur, Rafed, die zijn autootje haastig in positie reed in een konvooi van media en begeleiders. Rafed was een kalende man met een brede glimlach, die ons hart had gestolen met zijn vermogen om koffie of water voor zijn passagiers te produceren, precies als ze dat het hardst nodig hadden. Hij was ook moedig genoeg om ons overal naartoe te brengen. Maar toen we door het donker raasden met een kolkende vlammenzee aan beide kanten en bommen die voor onze ogen op de aarde neerstortten, bonsde mijn hart zo dat ik dacht dat het zou barsten. In mijn doodsangst moest ik er steeds aan denken dat mijn baas woedend op me zou worden als ik geraakt werd door granaatscherven, want ik had mijn scherfwerende vest in het hotel laten liggen.

We werden naar een ziekenhuis gebracht. Zoals ik al had voorspeld, wilden ze ons de slachtoffers laten zien. Maar ik kon niet weten hoe diep ik getroffen zou worden door wat wij op het punt stonden te beleven.

Binnenlopen in het Shifaa Ziekenhuis in al-Shuula, een verpauperde sjiitische buitenwijk, leek op binnenlopen in een slachthuis. Bloed stroomde door gangen die echoden van het jammeren van de vrouwen en het snikken van de mannen. Artsen schreeuwden driftig instructies tegen verpleegkundigen die hen niet konden verstaan boven de kreten van de gewonden die ze probeerden te redden.

Een van die artsen, dokter Osama Fadel, maakte zich los van de commotie om met ons te praten. Al twee keer die dag, een keer 's ochtends en een keer 's middags, hadden de raketten markten getroffen waar gezinnen fruit en groenten aan het kopen waren, vertelde hij. Bij de tweede aanval, net voor zonsondergang, waren vijfenvijftig doden en negenenveertig gewonden gevallen.

'Is het nu genoeg? Is dit genoeg voor Amerika en Groot-Brittannië?' vroeg hij, zijn stem gebroken onder de kracht van zijn woede. Hij zag het Europese gezicht van Steve naast dat van mij en keerde zich tegen mij.

'Jullie komen dus uit de landen die deze misdaden plegen?' zei hij beschuldigend.

Toen hij een traan over mijn wang zag glijden, verontschuldigde dokter Osama zich. Daarop liet hij me een van de redenen voor zijn woede zien: een brancard waarop een zesjarig meisje lag met halfopen ogen, alsof ze in slaap viel. Op haar oranje sweatshirt stonden een paar van de honderd en één Dalmatiërs waar kinderen in de hele wereld zo dol op zijn. Uit haar mouw sijpelde bloed. Ze was achter in haar hoofd getroffen door een stuk granaatscherf, in haar huis bij de ontploffing van die ochtend. Haar naam was Sara.

Op dezelfde brancard, deels verscholen achter Sara, lag haar zevenjarige broertje, Karar. Een deel van zijn gezicht was weggerukt en hij had een gapende wond in zijn borst. Aan zijn tenen ontbraken kleine stukjes.

Geen van beide kinderen had de verwondingen overleefd. We stonden in het lijkenhuis.

Ik deed een stap achteruit om met de nu openlijk huilende dokter te praten, zodat Steve foto's kon maken. Terwijl ik aantekeningen neerkrabbelde, boog ik mijn hoofd, niet in staat om het stromen van mijn eigen tranen te beheersen.

'Tony Blair moet zien wat zijn daden vandaag hebben aangericht in deze arme buurt,' zei de dokter, die in shock leek te zijn. 'Er zijn te veel burgers gedood. Vertel het hem alstublieft. Ik heb zelf een baby, en vandaag huil ik om alle baby's die ik heb gezien.'

Ernstig liepen Steve en ik door gangen waar moeders, tantes, vrienden en buren van de gewonden stonden te huilen in zwarte chadors. We zochten zalen af waar de angst in de ogen van kinderen met bloederige verbanden om hun hoofdjes werd weerspiegeld in de wanhoop van de volwassenen die samen met hen gewond waren geraakt. Ten slotte vonden we de moeder van de jongen en het meisje die we op de brancard hadden zien liggen.

Haar naam was Shafaa Awaid en ze was haar twee andere kinderen aan het verzorgen, Sujud van twee en Sajad van drie. Beiden waren zwaargewond. Beiden moesten worden geopereerd aan verwondingen in hun buik.

'Mijn tranen zijn in mijn ogen verstikt,' zei Shafaa, haar bleke gezicht omlijst door een zwarte sluier. 'Ze willen niet vloeien. Ze branden in mijn ziel. Ze zullen binnen in mij blijven, als een eeuwigdurende herinnering aan mijn woede op de Amerikanen en de Britten die mijn kinderen dit hebben aangedaan.'

Ze beschreef wat er was gebeurd. Het was halftien in de ochtend geweest, en ze was net klaar met het ontbijt van haar eigen kinderen en die van haar broer, in het huis waar ze allemaal samen woonden. Het ene moment hoorde ze de kinderen zingen, lachen en spelen, terwijl zij de ontbijtboel afwaste in de keuken. Het volgende moment kwam de ontploffing. Ze wist niet waardoor die was veroorzaakt.

'Het enige wat ik zag, waren bloedspatten op de muren,' zei ze terwijl haar dochter Sujad naast ons kermde.

Ze was de keuken uitgerend, de namen van de kinderen roepend en wanhopig turend door de rook. Zodra ze Sara en Karar zag, wist ze dat ze dood waren. Hun jongere broertje en zusje lagen in een plas bloed naast hun veertien jaar oude neef, die ook gewond was geraakt.

'Vertel Bush en Blair dat hun einde nabij is,' besloot ze met een koelheid die mijn bloed verkilde. 'Vertel hun dat de hete tranen van de moeders van Irak hen zullen verzengen en naar de hel zullen sturen.'

Op de terugweg was het stil, op het geluid van mijn snikken na. Ik voelde me geen journalist. Ik reageerde niet langer professioneel: mijn objectiviteit had me verlaten. Het enige wat ik wilde, was de kinderen die we hadden gezien in mijn armen sluiten en ze in veiligheid brengen. Elk van die kinderen had mijn eigen kind kunnen zijn. Ik begreep niet waarom zij moesten lijden. Ik was machteloos om hen te beschermen. Ik was hopeloos in de wetenschap dat er in de dagen die komen gingen nog anderen zouden sterven.

De stad was even zwart als mijn humeur: de raketten hadden hun doelwit geraakt en de elektriciteit was eindelijk afgesneden. Nu de liften het niet meer deden in het hotel, liepen wij de zeventien verdiepingen omhoog naar onze kamer, lichamelijk en emotioneel uitgeput. Ik wilde me in bed verschansen maar de zaterdag daagde. Terwijl Steve sliep, schreef ik. Ik schreef in woede en verdriet, stortte mijn hart in elk woord om te beschrijven wat ik had gezien. Ik merkte dat ik alweer huilde – om de doden, natuurlijk, maar ook om de levenden.

De intensiteit waarmee Iman mijn hand op haar buik had gedrukt om naar de voetjes van haar baby te zoeken, het rumoer van de kraamafdeling waar vrouwen zich inspanden om te bevallen, en nu de aanblik van deze mooie kinderen met hun porseleinen gezichtjes in het lijkenhuis, hadden een veelheid van tegenstrijdige gevoelens opgeroepen die ik nauwelijks kon binnenhouden. Ik huilde om de kinderen van alle wanhopige moeders die ik had ontmoet, maar het ging dieper dan dat.

Ik wilde meer doen dan alleen maar verslag uitbrengen van de wanhoop van deze gezinnen in een westerse krant die vóór de oorlog was: ik wilde op een of andere manier hun ellende verlichten. Ik schreef al wel over de prijs die de burgers van Irak betaalden bij een bombardement dat heel wat minder nauwkeurig werd uitgevoerd dan de spindokters in Londen en Washington de mensen wilden laten geloven. Hun zogenaamde slimme bommen waren uiteindelijk helemaal niet zo slim, en dat moest gezegd worden. Maar ik wilde iets praktisch doen: ik wilde de slachtoffers van deze oorlog helpen.

Hoe krankzinnig het ook mocht klinken als ik het hardop zei: ik wilde de kinderen redden.

❧

De volgende zaterdag kreeg ik het telefoontje dat mij op een nieuwe weg zou zetten.

'Ga naar het Kindi Ziekenhuis en vraag naar de kleine jongen, Ali,' zei mijn contactpersoon, een bevriende Libanese fotograaf die voor een van de internationale persagentschappen werkte en wist dat ik verhalen over kinderen zocht. Hij wist ook dat er een deadline naderde, en omdat hij de jongen zelf had gezien, wilde hij ervoor zorgen dat het verhaal van Ali meer publiciteit kreeg. 'Ga nu meteen, voordat iemand het merkt.'

Omdat de deadline voor de zondagskrant over enkele uren afliep, was er geen tijd om met het ministerie van Informatie te onderhandelen over toestemming. Onze chauffeur Rafed liep naar zijn auto. Ik volgde hem een paar minuten later, en na een pauze om geen verdenking te wekken bij iemand die het komen en gaan in de lobby in de gaten hield, voegde Steve zich ten slotte bij ons. We lieten ons diep in onze stoelen zakken, opdat geen van de spionnen van het ministerie ons zou zien toen Rafed de hotelparkeerplaats verliet om naar het Kindi Ziekenhuis te rijden, een groot algemeen ziekenhuis in een zuidelijke buitenwijk van Bagdad. Al snel vond ik de juiste dokter, maar ik had moeite om hem over te halen om mij zijn patiënt te laten zien.

'Waar is uw escorte van het ministerie?' wilde hij weten. Ik vertelde hem dat er niemand beschikbaar was geweest.

'U bent hier toch niet zonder toestemming, is het wel?' vroeg hij. Ik bezwoer hem dat zoiets niet bij ons zou opkomen.

Misschien dacht de dokter dat wij minder van zijn waardevolle tijd in beslag zouden nemen als hij toegaf, of misschien begreep hij dat publiciteit de jongen zou kunnen helpen. Hoe dan ook, hij wenkte ons hem te volgen door een smoezelige, slecht verlichte gang, en vertelde ons onderweg dat hij ons maar een paar minuten bij de jongen kon laten.

'Ali mag eigenlijk geen bezoek hebben,' waarschuwde hij. 'Hij moet niet betrapt worden met bezoek zonder officiële toestemming. Dat zou problemen kunnen veroorzaken voor ons allebei.'

Hij deed een deur open en wuifde ons naar binnen; hij zou op de gang wachten om te zorgen dat niemand ons ontdekte. Ik was de kamer nog niet binnengestapt, toen ik de stem van een jongen een vraag hoorde stellen die ik nooit zal vergeten.

'Komt u mij mijn armen teruggeven?'

Even stond ik stokstijf stil en probeerde de vraag te begrijpen, met moeite vertalend wat ik voor me zag. Ik keek naar het voeteneinde van een eenpersoonsbed, maar er was iets mee. Boven het midden van het bed was een gammele metalen constructie opgericht, deels bedekt met een versleten oude deken. Ik vermoedde dat de constructie daar stond zodat de deken het kind eronder niet zou raken. Zijn huid moet verbrand zijn, dacht ik. Arme jongen. Ik liep naar voren om zijn gezicht te zien, in de verwachting dat het onherstelbaar getekend zou zijn, maar ik trof een knappe jongen aan met hazelnootbruine ogen. Toen pas zag ik dat zijn beide schouders omwikkeld waren met dik verband. Onder zijn schouders zaten twee dik verbonden stompjes waar zijn armen hadden moeten zijn.

'Krijg ik mijn armen terug?' vroeg hij in tranen. 'En mijn handen?'

Ik voelde mijn keel dichtknijpen en kon geen woord uitbrengen. Hij was klaarblijkelijk in shock en kon zijn verwondingen nog niet bevatten. Hoe moest ik hem vertellen dat ik niet bij machte was om zijn wens om weer heel te zijn, te vervullen? Ik moest iets zeggen, besefte ik: ik mocht hem niet laten merken hoe geschokt ik zelf was. Rustig vroeg ik hem naar zijn naam en hij vertelde me dat hij Ali Abbas Ismail heette, en twaalf jaar oud was. Als Steve en ik een zoon hadden gekregen toen wij voor het eerst een baby probeerden te maken, zou hij even oud zijn geweest.

Ik keek hoe Steve zwijgend om het bed heen liep terwijl hij zijn foto's nam. Aan de gespannen spieren om zijn mond zag ik dat hij boos was, al zou iedereen die binnenkwam hem aanzien voor de volleerde, koelbloedige beroepsfotograaf. Instinctief wist ik wat hij deed. Hij concentreerde zich op het knappe gezicht van Ali. Het was een gezicht dat krantenlezers zou aanspreken als ze het zagen. Een gezicht waarin ze hun eigen kinderen zouden herkennen. Zelfs een terloopse blik zou de omvang van zijn verwondingen, zijn lijden en zijn verlies duidelijk maken. Daar zou de vakkundigheid van Steve wel voor zorgen.

'Wat is er gebeurd?' vroeg ik.

De korte zinnen die volgden werden onderbroken door snikken. Toen Ali een paar nachten tevoren had liggen slapen, was er een raket op zijn huis gestort. Hij was wakker geworden midden in een felle brand, doordrenkt van zijn eigen bloed.

'Ik kon mijn armen niet vinden,' zei hij. Zijn vader en moeder waren allebei gedood. Zijn moeder verwachtte die zomer een baby. Ook zijn broer was omgekomen in de explosie. Net als zijn oom, zijn tante en hun vier kinderen, en drie andere familieleden; hun huizen stonden in hetzelfde rijtje als dat van Ali en waren ook verwoest.

'Wat gaat er met mijn armen gebeuren?' vroeg hij. 'Een granaat heeft ze afgehakt, weet je. Mag ik alsjeblieft mijn armen terug?'

Steve praatte zachtjes tegen hem terwijl hij zijn foto's nam en vertelde hem dat het goed zou komen. Ali leek daar troost uit te putten, ook al kon hij de woorden van mijn man niet verstaan.

De arts kwam binnen om te zeggen dat onze tijd om was.

'Maak je geen zorgen, Ali. Ik kom terug,' zei ik geruststellend in het Arabisch. 'We zullen zorgen dat er goed voor je gezorgd wordt.'

❧

We reden zo snel mogelijk terug naar het hotel, maar het was ver weg en onze deadline dreigde. De belangrijkste artikelen voor de krant van de volgende dag waren al geredigeerd, en ik wist dat het moeite zou kosten om Ali's verhaal in zo'n laat stadium nog in de krant te krijgen. We onderbraken onze langste artikelen steeds met kleine tekstvakken met citaten van diverse mensen die getroffen waren door de oorlog, om te laten zien welke impact dat op hen had. Het minste wat we konden doen, dacht ik, was het verhaal van Ali in zo'n tekstvak te plaatsen. Ik stuurde de baas een dringende e-mail in die zin en voegde er het weinige bij dat Ali had gezegd.

'Jezus, stuur citaten onmiddellijk want we zitten heel dicht tegen de deadline,' schreef Sean terug. 'Hala, ik wil het erin zetten, maar om te zorgen dat het werkt heb ik meer citaten nodig ... heb je die?'

Ik stuurde wat ik kon, maar ik had niet genoeg tijd met Ali doorgebracht om een heel verhaal te schrijven; bovendien waren mijn redacteuren druk met het updaten van het verslag van Swain over de eerste Amerikaanse soldaten die Bagdad binnenkwamen.

❧

De Amerikanen kwamen eraan. Ze hadden het vliegveld net buiten Bagdad bestormd en nu voerden ze snelle, verkennende aanvallen uit, in en buiten de stad, om de mate van verzet te peilen. Vanaf ons balkon in het centrum konden we zelfs iets van het vechten horen. Er was nog maar één man over in Bagdad die weigerde te accepteren dat de zaken er voor het regime slecht voor stonden, en dat was de minister van Informatie. Hij droeg een militair uniform en een baret, en zijn naam was Mohammed Saeed al-Sahaf.

De tiran en zijn broer, een generaal die Ali Chemicali werd genoemd omdat hij een paar jaar geleden met chemische wapens een opstand had onderdrukt, stonden op het punt om afgezet te worden, maar de minister van Informatie wilde er niets van weten. Hij hield vol dat het regime de oorlog aan het winnen was. Zijn berichten voor de media begonnen hysterisch te worden. We gaven hem de bijnaam Comical Ali.

'Er zijn geen Amerikaanse heidenen in Bagdad,' zei hij, terwijl mariniers van de Verenigde Staten ondertussen het vliegveld bezetten. De 'bloedzuigende bastaarden' en 'wilde ezels', zoals hij de coalitietroepen noemde, waren 'niet eens in de buurt van het vliegveld'. 'Ze zijn verdwaald in de woestijn... ze kunnen geen kompas lezen... ze zijn achterlijk.'

Toen er op de satelliettelevisiekanalen opnames werden uitgezonden van mariniers op de landingsbanen van het vliegveld, was er maar één manier waarop Comical Ali zijn gezicht kon redden.

'We hebben het vliegveld opnieuw ingenomen,' verkondigde hij. 'Er zijn daar geen Amerikanen. Ik ga u er over een uur mee naartoe nemen om het u te laten zien... We hebben ze eruit geschopt. We hebben ze geplet, verslagen, omsingeld...'

Bush vond de minister zo vermakelijk dat hij vergaderingen onderbrak om zijn meest recente uitbarstingen te kunnen bekijken. Iemand in Alaska zette een website in elkaar, WeLoveTheIraqiInformationMinister.com, die meer dan vierduizend hits per seconde trok en T-shirts en bekers verkocht waar de grappigste citaten op stonden. Hoe groter de nederlagen voor het leger van het regime, hoe triomfantelijker de verklaringen van de minister werden. Als je naar hem luisterde, zou je geloven dat het leger van de Verenigde Staten voor zijn smadelijkste aftocht ooit stond.

'Deze schurken plegen zelfmoord voor de poorten van Bagdad. Ik zou hen willen aanmoedigen om hun zelfmoorden sneller te plegen,' verklaarde hij. 'God bakt hun buiken in de hel. Ik denk dat we hen snel af zullen maken.'

De optredens van Comical Ali boden Swain, Steve en mij wat verlichting op een kritisch moment, toen het aantal burgerslachtoffers steeg en wij bezorgd werden over onze eigen vooruitzichten. Wat zou er gebeuren als de strijd ons bereikte, vroegen we ons af. Zou het regeringsleger westerse journalisten oppakken? En zouden de Amerikanen in dat geval ook maar even aarzelen over een bloedige climax van hun aanval in het hart van de stad? Dat betwijfelden we. Terwijl de Amerikaanse troepen oprukten, bleven wij in ons hotel. Het regime stond op instorten, en zo lang de resterende leden ervan ons met rust lieten, dachten wij dat we veilig zouden zijn op onze kamers.

Dat hadden we dus helemaal mis. Op de dag dat wij voor het eerst vijandigheden zagen, op enige afstand van ons hotel, begon ik me ongerust te maken over de manier waarop Steve alles filmde en fotografeerde vanaf ons balkon. Hij kon net een beeld opvangen van een colonne tanks die kwam aanrijden, vanaf de overkant van de rivier waarop we uitkeken. Om de tanks heen werd gevochten, en hoewel het ver weg was, waren helikopters al gebouwen in de buurt aan het beschieten, misschien om eventuele scherpschutters te doden, die op de naderende colonne zouden kunnen schieten.

Steve was net onze kamer weer binnengestapt om de film in zijn videocamera te wisselen, toen een enorme explosie onder ons het hele gebouw deed schudden. Het was zo luid, zo krachtig en zo dichtbij dat ik gillend van mijn stoel viel.

'Scherfvesten!' riep Steve, terwijl hij overeind kwam van de vloer en half lopend, half kruipend naar de hoek ging waar we de nooduitrusting bewaarden, die we voor momenten zoals dit hadden meegekregen.

Mijn benen trilden zo, dat ik nog maar net naar hem toe kon kruipen, onderweg mijn laarzen pakkend. Maar mijn handen beefden verschrikkelijk. Zo hulpeloos als een kind kon ik niet eens mijn veters strikken. Steve maakte mijn laarzen en de riemen van mijn scherfwerende vest vast, en vloog toen weer het balkon op, om de schotel te pakken die we gebruikten voor internettoegang, terwijl ik de laptop afsloot.

Tijdens onze training was ons geleerd een gebouw te verlaten zodra het geraakt werd, voor het geval er nog meer aanvallen zouden volgen. Toen we onze deur opendeden, belandden we in het lawaai van volstrekte verwarring, tussen andere journalisten die hun kamers uitrenden en bij het licht van hun zaklantaarns door de donkere gangen stommelden. We renden vanaf de zeventiende verdieping naar beneden, ploeterend tussen panische mensen die zich op elke nieuwe verdieping bij de wilde vlucht aansloten.

Buiten schreeuwde een groep mannen onbegrijpelijke waarschuwingen, terwijl ze een jonge vrouw in een bebloed beddenlaken naar hun auto droegen. De doodsangst steeg weer in mij op. Ik kende die vrouw. Niet alleen omdat zij de balkonkamer op de vijftiende verdieping bewoonde – slechts twee verdiepingen onder de onze – maar omdat we bij Reuters in Beiroet hadden samengewerkt. Het was Samia, die naast mij had gestaan toen Steve voor het eerst mijn kantoor binnenliep. Slanke, stijlvolle Samia, die er altijd zo chic uitzag en erop stond de oorlog te verslaan in mantelpakjes met bijpassende schoenen. Maar nu ze gewond was geraakt in een vreemd buitenland waar ze weinig vrienden had, kon ik niets voor haar doen. Aan de bloedvlekken was duidelijk te zien dat haar hoofd was geraakt door granaatscherven. Haar chauffeurs vertelden dat twee cameramannen die bij haar waren, onmiddellijk waren gedood.

De televisiecamera's om ons heen herinnerden mij eraan dat ik snel moest handelen. Wat de explosie ook had veroorzaakt, het nieuws erover zou mijn kantoor en mijn familie binnen een paar minuten bereiken. Ik zette onze schotel op, koppelde hem aan de laptop en ging gelijk naar mijn e-mail. Er stonden al twee berichten van Sean om hem onmiddellijk te bellen.

'Ik ben het,' riep ik hem een paar tellen later toe. 'We zijn allemaal in orde. Steve, Jon en ik zijn alle drie beneden. We zitten buiten, een beetje beverig maar veilig.'

'Goddank,' verzuchtte hij.

'Mijn vriendin Samia is geraakt, Sean, ik moet haar gaan zoeken.' Maar eerst moest ik mijn moeder bellen. Ik had gehoopt haar te bereiken voordat ze in paniek raakte, maar het was al te laat. Ze had de beelden van Samia gezien, die ze goed kende uit onze tijd samen. Ze declameerde verzen uit de koran en bad dat ik ongedeerd was. Ze herinnerde zich haar doodsangst toen mijn zusje Rana op een avond in haar hals werd geraakt door de kogel van een sluipschutter, in een auto in Beiroet.

'We kunnen dit niet meer aan,' zei mama toen ik haar eindelijk te pakken kreeg. 'Dit had jij kunnen zijn. Het is te veel. Genoeg, *habibi*. Ga daar alsjeblieft weg.'

'We redden ons wel, *insjallah*,' vertelde ik haar, en deed mijn best om moediger te klinken dan ik me voelde. 'Het einde van de oorlog is nabij. We zouden nu niet eens kunnen vertrekken, al zouden we dat willen. Onderweg is het nog gevaarlijker; we zijn veiliger als we hier blijven.' Ik had moeite om mijn tranen te bedwingen toen ik haar vertelde hoeveel ik van haar hield en hoezeer ik haar miste.

'Blijf maar gewoon bidden, mama.'

❧

We dachten dat het regime zich tegen ons had gekeerd en ons had beschoten, ons had geprobeerd te doden op zijn eigen sterfdag. Maar het bleek dat een Amerikaanse MIAI Abrams-tank, onderweg naar het centrum van Bagdad, het schot had afgevuurd dat het hotel had getroffen, op vijf meter van waar ik had gezeten. Samia was ernstig gewond, maar zou blijven leven.

De stemming in het gebombardeerde gebouw bleef somber toen vrolijke Amerikaanse soldaten het stadscentrum inreden, ongelovig glimlachend over de snelheid van hun verovering, en over de slagvaardigheid waarmee de tegenstanders van de dictator zijn standbeeld omver trokken en er met hun schoenen op beukten, een traditionele belediging in de moslimwereld.

Vanaf de eerste dagen na de Amerikaanse overwinning was duidelijk dat de nederlaag van de militaire troepen van het verdreven regime geen vrede had gebracht. Om te beginnen gingen plunderaars op rooftocht. Bovendien spanden soldaten van een leger dat niet langer officieel bestond, samen om gemeenschappen aan te vallen die zich hadden verzet tegen de tiran. Dat leidde weer tot het vormen van milities om hen te weerstaan. Het was het begin van wat een lang, bitter en bijna onvoorstelbaar bloedig sektarisch conflict zou worden.

De gevolgen van dit alles voor Ali werden duidelijk toen Steve en ik naar het Kindi Ziekenhuis gingen om te kijken hoe hij eraan toe was. Ondertussen had een van de foto's die Steve van de jongen had gemaakt, de voorpagina van de *Daily Mirror* gehaald en een grote stroom medeleven op gang gebracht. Er werd gepraat over het werven van fondsen om hem naar Londen over te vliegen en veel verfijndere kunstarmen te geven dan hij ooit in zijn eigen land zou kunnen krijgen. Toen wij echter bij het ziekenhuis aankwamen, zag ik meteen dat de militaire bewakers niet op hun post stonden. Toen zag ik dat ambulances bij de ingang van de spoedafdeling werden weggestuurd.

Ik ging op zoek naar de dokter die ons de vorige keer had ingelicht, en ontdekte dat hij een van de weinige artsen was die er nog waren.

'Er zijn mensen aan het plunderen,' riep hij zodra hij ons zag. 'Ga alstublieft terug naar uw hotel – onmiddellijk!'

De arts had al eerder besloten dat een ziekenhuis waar harteloze lieden zich van alles toe-eigenden, van medicijnen tot patiëntenbedden, geen plaats was voor een kind. Ali was verplaatst naar een ander ziekenhuis, het Shawader, in een wijk waar beroovingen minder waarschijnlijk waren. Hij zei dat hij zijn eigen gezin uit het ziekenhuis had gehaald en bij vrienden had ondergebracht. Sommige patiënten waren geëvacueerd en noodgevallen en nieuwe slachtoffers werden weggestuurd. Het merendeel van de werknemers van het ziekenhuis was niet komen opdagen, en degenen die er waren en er gedurende de hele oorlog waren gebleven – verpleegkundigen en artsen – hadden het ziekenhuis uit angst verlaten.

'Ik kan zelfs mijn patiënten hier niet beschermen, gaat u alstublieft weg,' zei hij. 'De enige reden dat ik hier blijf, is de eed die ik heb afgelegd en die ik niet mag verbreken,' zei hij; hij voegde eraan toe dat zelfs de directeur van het ziekenhuis die morgen was vertrokken, zonder hem van zijn bedoelingen op de hoogte te stellen.

Terwijl hij met ons praatte, stuurde hij ambulances met slachtoffers weg, waarbij hij de wanhopige mensen en chauffeurs uitlegde dat hij hen niet kon behandelen, omdat er geen personeel was. Hij wees ze de weg naar andere ziekenhuizen in de wijk, waar ze volgens hem beter geholpen zouden kunnen worden.

Dus reden we naar het Shawader Ziekenhuis, waar we ontdekten dat er een strijd woedde tussen de mannen van de tiran en een plaatselijke militie. Binnen kwamen we in de val terecht. Een halfuur lang hurkte ik tegen een muur, mijn hoofd in mijn armen, terwijl de speciale strijdkrachten van Saddam machinegeweerkogels door de ramen joegen, om redenen die mij volkomen onduidelijk waren.

Ali was overstuur toen we hem vonden. Hij had zijn spullen moeten achterlaten in het andere ziekenhuis toen hij in alle haast vervoerd werd. Hier had hij geen snoepjes of speelgoed, niet eens een kussensloop. Onder het plastic laken waarop hij de hele dag lag, bood de dunste van alle matrassen hem nauwelijks bescherming tegen de veren van het bed die in zijn rug prikten. Hij was niet alleen doodsbang voor het schieten, maar sidderde ook van de pijn.

'Wanneer halen jullie me hier weg?' vroeg Ali zodra ik zijn kamer binnenliep. 'Ik kan er niet meer tegen.' Bij elk nieuw ratelen van geweervuur schrok hij op.

Ik vroeg of hij zich iets beter voelde.

'Mijn armen doen pijn,' zei hij. 'Een granaat heeft ze afgehakt, weet je. Ik heb geen huis meer. Wat moet ik doen? Waar moet ik heen?'

Aan zijn bed zat een tante. Omdat hij de vliegen niet kon wegwuiven van zijn wonden, deed zij dat voor hem, terwijl ze hem probeerde te sussen met gebeden. Ze legde uit dat zijn ouders naar de hemel waren, maar dat had Ali al eerder gehoord. Hij richtte zijn hazelnootbruine ogen op mij en ik zag dat er een zeer vastberaden blik in lag. Hij wist dat ik had beloofd om hem te helpen.

'Wanneer nemen jullie me mee? Nemen jullie me mee? Gaan jullie me helpen?' De vragen vlogen er achter elkaar uit.

Ik legde uit dat veel mensen ver weg in Engeland zich ongerust over hem maakten, en dat sommige mensen wilden dat hij daar behandeld werd.

'Echt waar?' zei hij met grote ogen. 'Waar is dat nieuwe ziekenhuis? Wanneer gaan jullie me overplaatsen? Is het bij jou in de buurt? Waar woon jij?'

Op de gang legde een verpleegster voorzichtig uit dat hij, met brandwonden over zestig procent van zijn lichaam, aan bloedvergiftiging zou kunnen bezwijken, tenzij hij verplaatst kon worden naar een ziekenhuis met een moderne intensivecareafdeling.

Ik liet Ali achter met chocolade, muziekbandjes en zo te zien een klein beetje meer hoop dan toen hij die ochtend wakker was geworden, ondanks de twijfels van de arts over zijn vooruitzichten op herstel. Maar had ik hem niet te veel hoop gegeven? Op de een of andere manier had hij de indruk gekregen dat ik verantwoordelijk was voor zijn welzijn. In afwezigheid van zijn eigen moeder leek hij van mij te verlangen dat ik hem zou geruststellen, zijn lijden zou verminderen en zijn rehabilitatie ver van Bagdad zou regelen. Ik moest me ervan weerhouden hem te vertellen dat ik niemands moeder was, dat ik geen ervaring had als moeder, dat hij geen vertrouwen in mij moest stellen.

Ik had beloofd hem te helpen, maar ik kon niet eens mijn eigen krant zover krijgen dat ze een artikel plaatsten waarin zijn behoeften uiteengezet werden. Voor zover het mijn redactie betrof, hadden ze het verhaal van Ali vorige week behandeld, al was het maar een klein beetje, en een paar dagbladen hadden er een vervolg op geschreven. Daarmee werd Ali oud nieuws.

Sean leefde met me mee. Hij vond het idee om een oproep te lanceren voor de gewonde kinderen goed. Maar hij wilde nieuwe gewonden.

'Laten we nog een Ali zoeken,' zei hij.

HOOFDSTUK VIJF

Zahra redden

De meedogenloze jaren van onderdrukking, bespieding en ontberingen eindigden sneller dan iedereen had verwacht. De burgers van Bagdad kregen plotseling te horen dat ze bevrijd waren, en lieten geen tijd verloren gaan om hun pas ontdekte vrijheid uit te oefenen door zich te bedienen van alles waar ze zin in hadden, veilig in de wetenschap dat er niemand meer was om hen aan te geven, te arresteren of te bestraffen.

Hun eigen politiemacht was ineens verdwenen. De Amerikaanse soldaten hadden geen opdracht om de wet te handhaven, en deden dat dan ook niet. Zelfs toen ze zagen dat het nationale museum van Irak beroofd werd van kostbare kunstschatten die duizenden jaren erfgoed vertegenwoordigden, bleven ze rustig in hun gewapende voertuigen zitten in plaats van tussenbeide te komen.

In sommige straten in het stadscentrum zag ik bevrijde mensen dansen. Om hen heen kwamen andere bevrijde mensen officiële gebouwen uit met allerlei soorten buit, zonder de moeite te nemen zich te verbergen. Integendeel, ze waren schaamteloos uitgelaten.

De meest uitzonderlijke artikelen vingen de blik van de spontane plunderaar. Ik zag een vrouw van top tot teen gehuld in een zwarte abaya uit een ministeriegebouw komen, gebogen onder het gewicht van dozen vol sportschoenen. Uit hetzelfde gebouw kwam een andere vrouw met een vuilnisbak, en een man met een compleet vensterraam. Nog vreemder was het om een klein autootje met een slakkengang de straat af te zien stotteren met een generator erachter, misschien uit een van de staatsfabrieken, die een ton moest hebben gewogen. De eigenaar reed me verrukt glimlachend voorbij. Het kon hem niet schelen dat de generator hoogstwaarschijnlijk te groot was voor zijn huis, noch dat hij zich waarschijnlijk de brandstof om hem aan de gang te houden niet zou kunnen veroorloven. Hij had hem in bezit, en hij was er trots op. Dat was het enige wat telde. Een vuilnisman onderbrak zijn plundertocht in een ander ministerie om mij te vertellen dat hij tien jaar lang van 's morgens vroeg tot 's avonds laat voor het oude regime had gewerkt, om genoeg geld bij elkaar te kunnen schrapen voor een huisje met een slaapkamer. Zijn vrouw en hij deelden die slaapkamer met vier kinderen.

'Dit is geen stelen,' zei hij. 'Dit is gewoon nemen wat ons toekomt.'

De rooftocht verliep in het begin onverwacht ordentelijk. De plunderaars maakten hun keuze en namen die in bezit door erop te gaan zitten als het groot was, zoals een bank, of door het eenvoudigweg mee te nemen als het iets klein was, zoals een kussen. Ik zag geen ruzies en zeker geen vechtpartijen. Vrouwen kozen voor tafels, stoelen en lampenkappen om hun huis op te vrolijken. Mannen concentreerden zich op computers en auto's. Wat je vond, mocht je hebben, en dat was dat.

De gebouwen die de inwoners van Bagdad de grootste angst inboezemden, werden het gretigst leeggehaald. Ik hapte naar adem toen ik besefte wat ze deden met het hoofdkwartier van het Irakese Olympisch comité, waarvan werd gezegd dat Uday, de zoon van de dictator, er zijn vijanden liet martelen. Mannen, vrouwen en kinderen zwermden er naar buiten met allerlei dingen, van touwen tot hardloopspullen.

Ook de chiquere huizen van afgezette ambtenaren werden blijmoedig geplunderd. Buiten het landhuis van Tariq Aziz, de vicepremier die de internationale afgezant van het bewind was geweest, zag ik een grote vrieskist staan wachten om opgehaald te worden en ik keek er even in. Hij zat vol keurig ingepakte zakjes met de hand gesneden groente. Kleine worteltjes en sperziebonen lagen naast bloemkoolroosjes en gepelde knoflook. Had de vrouw des huizes daarop gesloofd, vroeg ik me af. Nee, het was veel waarschijnlijker dat zij bedienden had gehad om haar werk te doen. Wat moesten die jaloers zijn geweest op haar goed doorvoede familie in een land waar miljoenen honger leden.

Aziz had zich minutieus voorbereid toen ik hem voor de oorlog interviewde op zijn kantoor. Nu vond ik in zijn huis een dossier met een nauwkeurige opsomming van de bezittingen van zijn familie, tot aan het laatste theelepeltje en de dweil. Het boegbeeld van een bewind dat erom bekendstond elk detail over hun activiteiten vast te leggen, had klaarblijkelijk dezelfde discipline opgelegd aan zijn huishouden. Op de grond gezeten nam ik de papieren door, terwijl jongemannen hun lasten langs mij heen droegen. Bedden en ladekasten, vloerkleden en tapijten, vazen en snuisterijen verdwenen snel. Zelfs fittingen werden verwijderd.

Met typisch Irakees ondernemerschap begonnen sommige plunderaars al snel hun waren te verkopen. 'Deze tapijten komen uit het huis,' zei er een toen ik naar buiten wandelde. 'Het zijn hele mooie Perzische tapijten. Ik zal het goed met je maken en je een mooie prijs geven.' Hij vroeg vijfhonderd dollar per stuk, het equivalent van een jaarsalaris voor sommige arbeiders. Maar hoewel hij in Amerikaanse dollars wilde onderhandelen, liet hij weten dat hij alleen gewone Irakese dinars zou aannemen van iemand die geïnteresseerd was. Steve en ik waren dat niet.

Een andere straatventer hield iets omhoog dat ons wel intrigeerde. Nadat hij Steve had herkend als westerse fotograaf, probeerde hij ons het familiealbum van Aziz te verkopen. We vroegen hem ons de foto's te laten zien. Er waren er tientallen van de vicepremier, als jongeman, op zijn trouwdag, met zijn kinderen en kleinkinderen en met Saddam.

Steve gaf ze terug met een beleefd afwijzend bedankje, maar ik kon de gedachte niet verdragen dat deze geliefde familiefoto's, die weinig waarde hadden voor andere mensen dan degenen die erop afgebeeld stonden, weggegooid en vernietigd zouden worden. Ik herinnerde me dat ik zelf door mijn familiealbums bladerde op regenachtige Londense dagen, om mijn humeur te verbeteren door herinneringen aan geliefden op zonnige plaatsen. Ik had gemerkt dat ik, naarmate ik ouder werd, meer belang hechtte aan de momenten die mijn ouders hadden vastgelegd in hun kroniek van mijn leven, vanaf mijn kindertijd tot mijn volwassenheid.

Ik zei tegen de dief dat zijn foto's geen geld waard waren, maar dat wij er graag een paar wilden gebruiken voor een artikel over de rol van Aziz in een regime dat mensen zoals hij jarenlang had onderdrukt, als hij ze ons gratis gaf. Hij ging akkoord en we mochten er een paar uitzoeken, al waren we niet echt van plan om ze te publiceren. Het zou twee jaar duren voordat we de familie van Aziz in ballingschap vonden en de foto's aan hun wettige eigenaren konden teruggeven.

In het huis van de ambtenaar die naast de vicepremier had gewoond, bladerde ik nog een stapel papieren door in de hoop een of ander scandaleus inzicht in de relaties van het bewind van Saddam met het Westen te verkrijgen. Het enige wat ik vond was een blocnote van een student biologie en chemie. Hij was de zoon van de huiseigenaar en hij was verliefd. Op sommige bladzijden had hij hartjes getekend, op andere had hij gedichten aan zijn geliefde geschreven. Dat die zijn genegenheid beantwoordde, bleek uit een gedroogde rode roos die tussen zijn collegeaantekeningen was geplakt.

Ik vroeg me af wat er met het stel zou gebeuren nu de man des huizes uit de macht was ontzet. Zou hij zijn gezin hebben meegenomen op zijn vlucht? Was zijn romantisch aangelegde zoon gedwongen geweest het land te ontvluchten en nu voor altijd gescheiden van zijn vriendin? In een oorlogstheater waar duizenden mensen op de vlucht waren, zouden zich veel van zulke drama's afspelen.

❧

Twee dagen later kreeg ik mijn opdracht om op de kinderafdelingen van de ziekenhuizen van Bagdad te zoeken naar het kleine meisje wier verhaal onze liefdadigheidscampagne zou lanceren. De taak vervulde me met afkeer.

Als journalist begreep ik dat het meest hartverscheurende verhaal het grootste geldbedrag zou opleveren. Hoe afschuwelijker haar verlies, hoe meer medeleven. Maar als vrouw die zo hevig naar een eigen kind verlangde, wist ik dat het zien van angstige kinderen zonder moeders om hun tranen af te vegen, mijn emotionele incasseringsvermogen tot het uiterste op de proef zou stellen.

Niet alleen de psychische beproeving die me te wachten stond, baarde me zorgen. Ik wist dat het gewonde kind dat ik uitkoos een bijzondere behandeling zou krijgen, terwijl de onschuldigen die ik afwees aan hun lot zouden worden overgelaten in ziekenhuizen die hun taak klaarblijkelijk niet aankonden. Wie zou die verantwoordelijkheid willen dragen? Nu ik 'de kinderen redden' op me had genomen, kon ik er slechts eentje redden.

Ik moest mezelf eraan herinneren dat ik een taak te verrichten had, ongeacht mijn persoonlijke gevoelens. En bovendien was het beter om één kind te redden dan helemaal geen. Ik nam een flinke trek van mijn sigaret en probeerde me haar voor te stellen. Dat beeld zou ik voor ogen houden op mijn zoektocht. Ik zou me vasthouden aan het idee dat ik dit kind kon helpen overleven, en proberen om niet te veel aan de anderen te denken tot ik de dag doorgekomen was.

In de auto stelde ik Rafed op de hoogte van mijn opdracht, zoals het hoofdkantoor mij die had verteld.

'We zoeken een kind dat slachtoffer is geworden van de oorlog,' vertelde ik hem. 'Niet zomaar een slachtoffer. Deze moet bijzonder zijn.' Lieve God, ik klonk al net als mijn baas. 'Het moet een klein meisje zijn, geen jongen en geen baby – liefst een peuter. Haar verwondingen moeten ernstig zijn en haar verhaal hartverscheurend, en ze moet haar ouders verloren hebben, net als Ali.'

Rafed keek me aan alsof ik gek geworden was.

'Maar madame Hala, er zijn heel veel kinderen gewond geraakt bij de bombardementen,' zei hij, zoals te verwachten was.

'Ja, Rafed, en de beste manier om die te helpen is door een fonds op te zetten waar zo veel mogelijk kinderen profijt van kunnen hebben. Om dat te doen, moeten we ons concentreren op dat ene kind dat mensen zal aanspreken. Hoe tragischer, hoe meer geld we krijgen, en hoe meer kinderen we kunnen helpen.' Terwijl ik het zei, moest ik steeds denken aan de velen die wij helemaal niet zouden helpen.

'Zoals u wilt, madame Hala.'

Mijn chauffeur bood nog steeds weerstand, maar ik kon me geen krachtmeting veroorloven.

'Rafed,' zei ik, met de meest verblindende glimlach die ik kon opbrengen voor mijn kleine charmeoffensief. 'Help me een kind te vinden. Denk aan je eigen kinderen, Rafed. Het kleine meisje waar we naar zoeken, zou jouw dochter kunnen zijn. We hebben niet veel tijd. Laten we beginnen.'

Toen gaf hij zich over.

Terwijl wij onze weg zochten door de stad, buurten vermijdend die geblokkeerd werden door het puin van de bombardementen, zagen Steve en ik hoe de stemming was omgeslagen in achtenveertig uur, nu de inwoners van Bagdad elkaar de afnemende plunderbuit begonnen te betwisten. Winkels stonden in brand. Straten smeulden. De sfeer was zo verhit dat we in het Kindi Ziekenhuis, waar de armen van Ali geamputeerd waren, vrijwilligers aantroffen in camouflagebroeken en op plastic slippers, die AK47's richtten op iedereen die in de buurt kwam. Ik zag verbijsterd dat ze blauwe doktersjassen over hun T-shirts droegen, waarschijnlijk om hun semi-officiële status als bewakers van de dokters in het ziekenhuis te benadrukken.

Het medische personeel verhuisde patiënten naar ziekenhuizen in veiligere buurten en stuurde ambulances met nieuwe slachtoffers uit nog gevaarlijkere buurten weg. We baanden ons een weg tussen de rolstoelen en de lopende gewonden door, op zoek naar een arts die ons kon vertellen wat er aan de hand was, maar iedereen leek het te druk te hebben om met ons te praten. Het enige wat ik hoorde dat de moeite van het noteren waard leek, was dat er in het Kindi Ziekenhuis meer dode dan levende patiënten lagen.

Na een tijdje wilde een elektricien die niets beters te doen had, ons beslist het lijkenhuis laten zien. Ik was er helemaal niet van overtuigd dat ik daar behoefte aan had, en zodra we er binnengingen, wilde ik ergens anders zijn. Omdat er zoveel lijken waren, had men ze op elkaar gestapeld. De meesten waren burgers. Ik zag mannen die er te oud uitzagen om te kunnen vluchten voor de aanval waarbij ze waren omgekomen, een vrouw die een verkoolde vuist ophief, alsof ze vechtend gestorven was, en een kind van een jaar of drie onder een dekentje, op een paar mollige vingertjes na die er bovenuit staken. Ik wendde mijn blik af en voelde mijn woede toenemen.

Hoe had dit kunnen gebeuren, wilde ik weten. Ik twijfelde aan de wijsheid van God, ook al wist ik dat dat godslasterlijk was. Waarom een kind het leven geven, alleen om het op zo'n manier zo vroeg te beëindigen? Het leek zo zinloos.

De aanblik van een tiental mannen, vrouwen en kinderen in een enorme koelkast waarvan onze gids de dubbele deuren openzwaaide, kon ik nauwelijks verdragen.

'Hun leven was lijden, en nu ze dood zijn, vinden ze geen rust,' klaagde de elektricien, omdat niemand deze lichamen had opgeëist.

Al even schokkend waren onze ontmoetingen met de gewonden bij onze volgende halte, het Saddam Kinderziekenhuis. Ik voelde me al licht in mijn hoofd na het lijkenhuis, en nu werden mijn voeten steeds zwaarder terwijl Steve voor mij uit de ingang binnenliep, zijn camera in de aanslag. Voor ons lagen tientallen jonge patiënten op vuile brancards. Sommigen gilden als ze hun wonden zagen, anderen smeekten om pijnstillers. Ze waren de hal ingereden, omdat dat het enige deel van het ziekenhuis was met elektriciteit. Een dokter wierp een blik op de vloer die besmeurd was met geronnen bloed, en legde uit dat ze niet genoeg water hadden om die schoon te maken. Hij zei zelfs dat hij zijn handen niet eens kon wassen als hij van de ene patiënt naar de andere ging.

Een kleine jongen die net was binnengebracht, gilde harder dan alle anderen en ik ging kijken wat er met hem aan de hand was. Twee artsen veegden een been schoon dat verminkt was door de granaat die in de pick-uptruck van zijn familie geslagen was. Zijn naam was Seif Karim. Hij was een mager jongetje van zeven, en zo broos als een man die tien keer zo oud was. Ik praatte zachtjes tegen hem en aaide hem over zijn hoofd, terwijl hij beschreef wat er gebeurd was.

Hij zwaaide met zijn arm om te laten zien hoe er een vliegtuig aankwam. Er was een grote knal geweest, zei hij. 'Mijn baba (papa) ging dood en mijn broer ging dood en ik raakte gewond.'

De botten in zijn onderbeen waren gebroken, de spieren verwoest en de wond was geïnfecteerd, legde een dokter uit. Hij had een operatie nodig, een huidtransplantatie, speciale zorg. En er was heel weinig kans dat hij die zou krijgen.

De vader van een andere jongen kwam dichterbij. Hij smeekte ons om zijn zoon te helpen, die gewond was geraakt toen er een bom in hun achtertuin terechtkwam. Granaatscherven hadden zijn ruggengraat doorgesneden. De jongen was vijftien en verlamd.

'Ik heb geld,' zei zijn vader tegen mij. 'Help ons alstublieft. Zorg alstublieft dat hij geëvacueerd wordt.'

Trillend schreef ik zijn gegevens op mijn blocnote. Hoe graag ik ook had willen helpen, ik was maar een journalist en wat hadden die voor nut? Ik sprak mijn medeleven uit en legde uit dat ik niets kon doen.

'Uw land is verantwoordelijk,' antwoordde hij boos. 'U moet iets doen.' Ik wendde me af, niet in staat om zijn woede het hoofd te bieden.

Mijn land? Ja, dacht ik, toen ik even naar buiten liep voor wat frisse lucht, ik was altijd een Arabische geweest, maar nu was Groot-Brittannië mijn land. Ik schaamde me dubbel, omdat ik behoorde bij een land dat had bijgedragen aan deze chaos, en omdat ik niet in staat was om mijn mede-Arabieren te helpen.

Bij gebrek aan familie om voor een fatsoenlijke begrafenis te zorgen, waren op het stoffige, verwaarloosde terrein van het ziekenhuis meer dan honderd kinderen, vrouwen en mannen in ondiepe graven gelegd. Op elke hoop zongeblakerde aarde stond een fles met een handgeschreven briefje erin gestoken, waarop een beschrijving van het slachtoffer stond voor degene die kwam zoeken naar een aanwijzing over het lot van een geliefde.

Op een van de briefjes stond: kind, twee tot drie jaar oud, in een T-shirt met blauwe en rode vierkantjes en een witte katoenen broek. Het kind was tien dagen eerder bij aankomst in het ziekenhuis overleden.

Het briefje vertelde niet of het een jongen of een meisje was geweest, maar gezien de kleren vermoedde ik dat het de beminde dochter van een onfortuinlijk echtpaar moest zijn geweest. Ik bedacht hoeveel erger het moest zijn om een kind te hebben en haar te verliezen, dan om helemaal geen kind te kunnen krijgen. Een poosje zat ik bij haar graf en sprak de soera *al-Fatiha* uit, de openingstekst van de koran, die altijd moet worden gelezen voor de ziel van een overledene. Ondertussen vroeg ik me af hoe ze omgekomen was, waarom haar ouders haar niet waren komen halen, of zij ook gedood waren. Ik keek naar Steve die de geïmproviseerde begraafplaats fotografeerde.

'Ik weet wat je denkt, Hala. Ik heb dezelfde vragen,' zei hij.

Lichamelijk en emotioneel was ik uitgeput.

'Zullen we ophouden voor vandaag?' zei Steve, die me bezorgd aankeek.

Ik was vastbesloten om door te gaan. 'Er zijn nu heel veel Ali's,' zei ik, 'maar we moeten de onze nog vinden.'

❧

Ik vroeg om naar het Shawader Ziekenhuis gebracht te worden, waar ik Ali voor het laatst had gezien, in de hoop dat het kleine meisje dat ik zocht daar misschien te vinden was. Ik kon Ali die dag niet bezoeken, maar tegenover zijn afdeling die de grootse naam brandwondenafdeling droeg, al werkte er geen specialist die in staat was om bloedvergiftiging te vermijden, stond een bed met drie kleine kinderen erin. Een jongen, Ahmad Farhan, lag dicht tegen zijn gewonde zusjes Wassel en Amira aan.

Ahmad, Wassel en Amira kwamen uit een gezin van elf kinderen. Van die kinderen waren er tien gewond geraakt toen een Amerikaanse raket hun huis vernietigde. De elfde en jongste, een baby van drie maanden die Zeina heette, was verdwenen.

Hun moeder, Tashara, werd verscheurd tussen het troosten van

Ahmad, wiens voet was geamputeerd, en het zoeken naar Zeina. Misschien wist ze diep in haar hart dat haar baby dood was en begraven lag onder de puinhopen van het huis. Misschien was ze daarom in het ziekenhuis bij haar andere kinderen. Maar voorlopig wilde ze liever geloven dat Zeina gered was en verzorgd werd door een vriendelijke buur, die besloten had om op haar te passen tot haar broertjes en zusjes weer beter waren.

'Ze is alleen maar vermist,' zei Tashara met klem tegen me, toen ik naast haar ging zitten. Ik vertelde haar niet dat haar broer me had gezegd dat hij op elke deur in de wijk had geklopt, en dat geen van de buren iets wist over de baby.

Tashara begon te huilen. Ahmad was niet alleen zijn linkervoet kwijt, maar ook zijn rechterbeen was lelijk gebroken en er sijpelde bloed door het verband om zijn dijbeen. 'Alle andere kinderen hebben granaatscherven in hun hoofd of hun buik,' zei ze. 'Ik ben mijn huis kwijt en ik kan nergens heen.'

Ik wist niet hoe ik haar moest troosten.

Ik had ook geen troost voor Marwa Falaj, een meisje van elf wier benen verbrijzeld waren toen er weer een andere raket op haar huis was terechtgekomen. Ze was erg mooi, met grote ogen, lang bruin haar en een gladde huid, maar in de drie dagen dat ze in het ziekenhuis lag, was er gangreen ontstaan in een van haar benen. De dokters hadden het boven de knie geamputeerd en ze had meer dan een liter bloed verloren. Ik keek naar het lieflijke gezichtje van dit arme meisje, dat slechts enkele jaren jonger was dan Lara maar nog geen tiener, en kon geen woorden vinden. Omdat ik niets beters wist, vroeg ik: 'Hoe voel je je?'

Marwa keek neer op haar stomp, bedekte haar ogen met beide handen en barstte in tranen uit. Ik besefte dat dit niet slechts een onschuldig kind was, dat het verlies van een ledemaat moest verwerken. Ze was ook elk vooruitzicht op een toekomstig gelukkig huwelijk kwijt. In een slecht opgeleide gemeenschap in Bagdad zouden er geen aanbidders zijn, geen verliefdheid, ze zou geen knappe jonge echtgenoot kunnen strikken. Als ze überhaupt trouwde, zou dat met een veel oudere man zijn die een jongere tweede of derde vrouw zocht, of een neef die ertoe overgehaald zou worden bij wijze van gunst aan de familie. Het meest waarschijnlijke was, dat ze een ongewenste oude vrijster zou worden. Marwa rouwde niet alleen om haar been, maar om haar toekomst.

Terwijl ik haar zachtjes over haar haren streek, veranderde mijn verdriet in woede op degenen die dit jonge leven en zovele andere hadden verwoest. Dat er een volk was bevrijd van een monsterlijk bewind, kon me niet schelen. Mijn enige gedachte was dat Marwa gedurende de rest van haar ongelukkige leven eenzaam en opgesloten zou zijn.

Rafed vroeg of ik wilde doorgaan.

'Ja,' zei ik kortaf.

Hij probeerde me op te monteren door voor te stellen dat het volgende ziekenhuis, het Kirkh, voor die dag het laatste zou zijn.

Daar werden we door een jonge dokter ontvangen met thee en sigaretten. Hij werkte al meer dan tien jaar in het ziekenhuis, vertelde hij mij, maar de laatste paar weken hadden hem veranderd.

'Ik heb verwondingen gezien die ik nog nooit van mijn leven ben tegengekomen,' zei hij, stamelend. 'Vrouwen en mannen die hun kinderen en hun ouders zoeken... zonder te weten wie er leeft en wie er dood is, nadat hun huizen zijn vernietigd...'

Toen huilde hij openlijk. 'Het valt me zwaar om een kind te zien sterven voor mijn ogen,' ging hij verder. 'Ik weet dat ik arts ben en er ondertussen aan gewend zou moeten zijn, maar ik ben de laatste paar weken zo vaak de operatiekamer uitgelopen, en ik heb vaker gehuild dan je je kunt voorstellen.'

En daarop vertelde hij me over Zahra.

❧

Je zou kunnen denken dat mijn reactie toen ik Zahra voor het eerst zag, minder heftig zou zijn geweest als ik niet al overstuur was geweest aan het einde van een lange dag met Seif, Ahmad, Wassel, Amira en Marwa, als ik niet de verkoolde lichamen van de kinderen in het lijkenhuis had gezien en had gebeden bij het graf met de glazen fles van het kleine meisje in de witte katoenen broek, als ik niet had gehuild met de jonge arts wiens hart gebroken was door de dood van zijn patiëntjes. Ik ben er niet zo zeker van.

Als ik nu kijk naar de foto's die Steve maakte toen ik sprakeloos aan Zahra's bed stond, kan ik bijna begrijpen wat ik voelde. Ik zie waarom ik niet bij machte was om nog meer tranen te onderdrukken, waarom ik gegrepen werd door een verlangen om haar te redden, waarom ik bezwoer dat niets me daarvan zou weerhouden.

Op de foto's ligt Zahra op haar zij op een dunne matras, met haar hoofd op een grove bruine deken die als kussen dienst deed. Een groot deel van haar haar is weggebrand en er is zalf gesmeerd over de schroeiplekken op haar schedel. De zalf die op haar wangen en oren is aangebracht, is niet voldoende om de rauwe rode wonden eronder te bedekken. Haar gezicht is zo ernstig geschroeid, dat de onderkant van haar neus gesmolten lijkt. Ze is verdoofd, maar haar mondhoeken zijn omlaag getrokken, alsof ze zich in slaap heeft gehuild.

Zahra's rechterhand en haar linkerbeen zijn verpakt in wit verband en hoewel haar schoudertjes bloot zijn, is een groot deel van haar lichaam in gaas gewikkeld ter bescherming van die minder ernstig verbrande delen van haar huid. Ze heeft haar armen om zich heen geslagen, alsof ze zichzelf de troost probeert te geven die haar moeder haar niet meer kan schenken. Onder het beschadigde metalen raamwerk waar haar deken overheen hangt, ligt ze met opgetrokken knietjes, als een baby in de baarmoeder.

De foto's brengen me onmiddellijk haar woorden weer in gedachten.

'Dek me toe, mama, ik heb het zo koud... baba, waar ben je?'

Omdat er geen moeder was om aan haar bed te huilen, geen vader om de leiding te nemen, ontroerde Zahra me nog dieper dan de andere kinderen die ik had gezien. De hele dag had ik geprobeerd mijn emoties te bedwingen: als ik had gehuild, had ik mijn opdracht niet kunnen volbrengen. Maar naarmate de spanning toenam, verminderde mijn zelfbeheersing. De kreten van de kinderen en de smeekbeden van hun ouders echoden binnen in mij door, tot ik het nauwelijks meer kon verdragen. Nu werd ik geconfronteerd met een verbrand klein meisje dat uit een brandende auto was gegooid door een moeder die ze nooit meer zou kunnen omhelzen. De aanblik van Zahra en het geluid van haar stem riepen een overweldigende behoefte in me op om voor haar te zorgen. Het moederinstinct dat ik zo hard had geprobeerd te onderdrukken, welde weer op, en ik kon me er niet langer tegen verzetten.

Steve blijft meestal rustig als ik mijn hoofd verlies, maar die dag weerspiegelde zijn reactie die van mij. Ik zag dat zijn ogen volliepen met tranen tot zijn zicht zo wazig werd dat hij zijn camera op autofocus moest instellen.

Het was niet de eerste keer die dag dat we getroffen werden door het contrast tussen de weerzinwekkendheid van een verwonding en de onschuld van een kind, wiens schoonheid nog steeds duidelijk zichtbaar was. Maar hoe graag ik Zahra ook wilde beschermen, het sidderen van haar ledematen suggereerde dat haar greep op het leven zwak was. Ook al werd ze omringd door mensen die probeerden haar in leven te houden, ze leek heel ver weg. Ze was een halfbewuste wereld binnengegaan, waar ze de kracht moest zien te vinden voor haar eenzame strijd.

Toen Steve een hand op mijn schouder legde, voelde hij me trillen, terwijl ik probeerde hier een diepere bedoeling in te ontdekken. Mijn moeder zou het godslastering noemen, maar ik twijfelde weer aan de wijsheid van Allah en ik snakte naar antwoorden. Hoe kon Hij zo'n klein meisje zo afschuwelijk laten lijden? Waarom zegende Hij sommige echtparen met kinderen, alleen om ze weer terug te nemen? Welke lessen werden wij geacht daarvan te leren?

'Twijfel niet aan Allahs wil,' zei mijn moeder altijd. Maar die middag dacht ik: Hoe kan ik daar niet aan twijfelen, mama, hoe moet dat dan?

De grootmoeder van Zahra stond rechtop naast haar bed, prevelde verzen uit de koran, zei gebeden op en declameerde Allahs woorden van troost. Deze keer boden ze mij geen soelaas. Maar toen de oude vrouw zichzelf voorstelde als Um Ali en me vertelde dat ze sjiiet was, vertelde ik haar wat mijn sekte was, zoals altijd wanneer ik denk dat mensen gemakkelijker praten met iemand van hun eigen geloof.

'Moge Allahs goedheid je dag zegenen, dochter,' zei ze.

Ik nam aan dat ze geloofde dat ik door de hemel was gezonden. Ze had me tegen Zahra's arts horen vertellen dat mijn krant op zoek was naar een kind met wiens foto en verhaal geld kon worden ingezameld om oorlogsslachtoffers te helpen, en ze wist dat haar kleindochter een wonder nodig had.

'Moge Allah je beschermen,' zei ze. 'Moge Hij de zielen van je ouders beschermen. Moge Hij je de kans geven om tijdens je leven een pelgrimstocht te maken. Laat haar alsjeblieft niet sterven. Je mag haar niet laten sterven. Maak haar alsjeblieft beter voor me.'

Ik dacht aan de liefde van mijn moeder voor haar kleinkind Lara, en hoe ze altijd zei dat ze veel gekker was met Lara dan ze ooit met Rana en mij was geweest. 'Er is niets kostbaarders voor een ouder dan een kind... behalve het kind van hun kind,' zei ze altijd.

Daarom vertelde ik de grootmoeder dat ik Zahra de behandeling zou bezorgen die ze nodig had, wat het ook zou kosten. Daarom deed ik haar mijn grote belofte: 'Uw kleinkind blijft leven.' Maar ik deed het zonder ook maar een gedachte te wijden aan hoe ik mijn belofte moest vervullen.

Buiten bereidden de Amerikanen zich voor op de avondklok.

'Steve,' zei ik zachtjes. 'Zahra is het. Laten we teruggaan naar het hotel voor het te laat wordt.'

Ik nam afscheid van oma, beloofde dat ik de volgende dag terug zou komen en keek nog een keer naar het slapende kind.

'Hou vol, liefje. Hou vol,' prevelde ik.

❧

Zodra we op onze kamer waren, belde ik mijn buitenlandredacteur. Mijn besluit stond vast en mijn doel stond me helder voor ogen, maar omdat ik zo hysterisch ratelde, kon Sean dat niet weten. In eerste instantie praatte ik zo snel dat hij me niet kon verstaan. Daarna huilde ik een poosje en smeekte hem om me te helpen. Toen eiste ik dat hij dat zou doen... en dat alles voordat hij ook maar enig idee had waar ik over praatte.

'We zijn een grote krant, we hebben geld zat,' raasde ik. 'Ik smeek het je, we moeten dit meisje helpen, zelfs al moeten we betalen voor haar evacuatie.'

Gelukkig had ik een goede verstandhouding met de baas. Hij liet me uitrazen, koelde me toen met een paar woorden af en liet me opnieuw beginnen.

'Het gaat om een klein meisje, Sean. We moeten haar helpen.'

Toen hij Zahra's verhaal had gehoord, zei hij precies wat ik wilde horen: de krant zou al het mogelijke doen om Zahra en zo veel mogelijk andere kinderen zoals zij te helpen. De redactie had al contact gelegd met Merlin, een medische liefdadigheidsinstelling in Londen. Hun team van artsen zou de volgende dag in Bagdad aankomen.

'Breng ze naar Zahra,' zei Sean. 'Vraag wat zij vinden dat er moet gebeuren.'

Er was nog meer. De opbrengsten van de liefdadigheidscampagne zouden aan Merlin toekomen, legde Sean uit. Volgende week zou Zahra's verhaal de campagne introduceren. Als het gezicht van de campagne zou Zahra de eerste zijn van velen.

'Laat de artsen naar haar kijken en schrijf een heel aangrijpend stuk,' zei Sean.

Ik viel in bed, uitgeput maar uitgelaten. Ik had een kind gevonden dat me nodig had en een manier om haar te helpen, ook al kon ik niet alle anderen helpen. Zahra's toestand was kritiek, maar ik zou zorgen dat ze in leven bleef. De smart van haar familie was grenzeloos, maar ik zou die grootmoeder weer laten glimlachen.

'Dit heeft zo moeten zijn,' dacht ik toen mijn hoofd het kussen raakte. 'Morgen ga ik Zahra redden.'

❧

De volgende ochtend ging ik terug naar het ziekenhuis met iets opgewekts in mijn pas en een zak snoep in mijn hand. Maar zodra ik Zahra zag, besefte ik hoe dom ik was geweest. Ze zag er nog kwetsbaarder uit dan de dag tevoren. Het sidderen van haar ledematen was erger geworden en ze lag krom van de pijn. De chocola die ik had meegebracht was wel het laatste wat ze nodig had.

In de ogen van Zahra's grootmoeder kon ik echter geen kwaad meer doen. Ze begroette me als een lang verloren dochter. Hier stond een vrouw die beroofd was van haar zoon, haar schoondochter en haar vijf kleinkinderen, allemaal in een enkele dag, en geen tijd had om te rouwen omdat ze was achtergebleven met Zahra en de baby, Hawra. Maar toen ik de afdeling op liep, sprankelden haar ogen van de hoop die ik haar de vorige avond had gegeven met mijn grote belofte.

Opgewonden vertelde ik haar over het team van medici dat die dag aankwam, over hoe we Zahra gingen helpen en beter maken.

'Zweer je dat het waar is?' vroeg grootmoeder.

'Ja, het is waar, *hadjia*,' zei ik, met de respectvolle aanspreekvorm voor iemand die de hadj, de pelgrimstocht naar Mekka, heeft volbracht.

Zahra's gekreun bracht ons allebei terug in de werkelijkheid.

'Mama!' jammerde ze voordat ze weer in slaap zakte.

Ik ging zitten en keek naar haar, zoals elke goede mama dat zou doen. Ik wilde haar in mijn armen nemen en haar tengere lichaampje tegen het mijne vlijen, terwijl ik haar hoofd kuste en mijn neus begroef in haar haren. Ik wilde haar warm maken en het rillen laten ophouden. Ik wilde in haar oor fluisteren dat er een leven voor haar lag en dat het goed zou zijn. Ik smeekte haar om vol te houden, om die kans te grijpen. In stilte beloofde ik haar dat ik mijn best zou doen om te zorgen dat zij en Hawra alles kregen wat ze nodig hadden om goed op te groeien. Hun moeder zou ik nooit kunnen vervangen, maar op een manier die ik voor mezelf nog moest verduidelijken, zou ik proberen hun verlies goed te maken en hun pijn te verlichten.

'Blijf leven, kleintje,' mompelde ik. 'Hou vol.'

Ze deed haar ogen even open en slaakte een kreetje toen ze mij zag. Haar grootmoeder wist haar weer in slaap te sussen. Toen vertelde ze me over haar overleden zoon en alle kleinkinderen, van wie ze de rest van haar leven had gehoopt te kunnen genieten. Ze kon niet begrijpen hoe ze gedood hadden kunnen worden in naam van 'de bevrijding', zei ze. Wat moest ze Zahra vertellen als ze groter was? Hoe moest zij, een arme sjiitische vrouw, afgemat door jaren hard werken, niet één, maar twee kleine meisjes grootbrengen? Wat had de toekomst hun nu te bieden?

Daar had ik op stel en sprong geen antwoord op. Ik noteerde echter wel alles wat ze zei, mezelf voorhoudend dat ik hier aan het werk was, dat mijn artikel vele duizenden ponden moest opleveren. Maar de band tussen grootmoeder en mij begon persoonlijk te worden, in plaats van professioneel. Ze zocht in een mede-Arabische, een medemoslim en een medesjiiet naar meer dan het geld om haar kleindochter te redden. Ik kon nog niet bepalen wat het was, maar in mijn hoofd begon zich een gedachte te vormen die me prikkelde en beangstigde.

HOOFDSTUK ZES

Twee kleine meisjes

Ik zat op de grond naast het bed van Zahra, bad haar om te blijven leven en vroeg me af of ik misschien voorbestemd was om een rol te spelen in haar toekomst. Er was zoveel om over na te denken, en zo weinig tijd om tot een besluit te komen. De dokters van Merlin zouden over een paar uur aankomen, en als ik mijn zin kreeg, zouden ze haar hier snel weghalen. Ik voelde me verplicht om een beslissing over Zahra te nemen nu ze nog hier bij ons in Bagdad was, want ik wist dat het moeilijker zou zijn om nuchter over haar na te denken als ze eenmaal vertrokken was. Daarom had ik nog maar één dag – hooguit twee – om te besluiten of ik al dan niet een van de belangrijkste stappen van mijn leven zou zetten. Ik keek aandachtig naar haar rillende lijfje, op zoek naar inspiratie.

Grootmoeder verontschuldigde zich en nam afscheid, omdat ze voor Hawra moest zorgen, het babyzusje van Zahra. Hawra was als enig lid van het gezin ongedeerd uit de verwoeste auto gekomen en ze had geen dag in het ziekenhuis hoeven blijven. Volgens haar familie werd ze glimlachend wakker, zoog tevreden op haar flesje en sliep vast voor haar leeftijd, zich niet bewust van de schaduw die over haar leven was gevallen. Dus toen grootmoeder zei dat ze een stroom bezoekers verwachtte om de laatste eer te bewijzen, greep ik mijn kans om dit wonderbaarlijke kind zelf te bekijken.

'Ik kom straks even langs,' zei ik, terwijl ik grootmoeder omhelsde. Steve zag dat ik wat tijd voor mezelf nodig had en ging buiten een paar sigaretten roken met onze chauffeur.

Met mijn rug tegen de muur van de zaal leunend sloot ik mijn ogen en zocht naar een verstandig idee over wat mij te doen stond. Toen ik er geen kon vinden, probeerde ik mijn gevoelens over Zahra te begrijpen, terwijl ze naast me lag te kermen in haar slaap. Mijn verlangen om haar op te pakken, haar zachtjes tegen me aan te houden en te kussen was onberedeneerbaar, maar ik moest onder ogen zien dat ik dit kind wilde bemoederen. Ik had haar niet voor dat doel gezocht, maar nu ik haar had gevonden, wilde ik voor haar zorgen, haar beter maken, haar omhullen met mijn liefde.

Ik kon geen logische manier bedenken om dat aan Steve uit te leggen. Ik was mezelf gaan beschouwen als iemand die stoer genoeg was om als eerste harde nieuwsverhalen te vinden in de grootst mogelijke brandhaarden, en ik veronderstelde dat Steve mij ook zo zag. Maar nu, op mijn drieënveertigste, begon ik me af te vragen welke prijs ik in mijn leven betaalde voor deze nietsontziende drang om verslag te doen van al die doden, van Beiroet tot Bagdad.

Mijn overpeinzingen werden onderbroken door een zuster, die Zahra's verband kwam controleren. Ik zag dat ze naar me keek, maar ze zei nauwelijks iets; ze moet hebben gezien dat ik te diep in gedachten verzonken was om een praatje te maken.

Mijn familie had het altijd vreemd gevonden, dat ik van mijn eerste carrière als accountant was overgestapt op de journalistiek, herinnerde ik me. Ik werkte voor Price Waterhouse toen ik voor het eerst een journalistenkantoor in Beiroet binnenliep om hun boekhouding te controleren. Het was me meteen duidelijk dat hun werk bij de Associated Press, het internationale nieuwsagentschap, een stuk spannender was dan dat van mij. Zij snelden voortdurend heen en weer om de laatste oorlogsontwikkelingen onder de aandacht van de wereld te brengen. Ik zat alleen maar in een achterkamertje met facturen te knoeien.

Als ik hen aansprak, was dat kortaf en over onbelangrijke details. Zij praatten gepassioneerd tegen mij, over de belangrijke gebeurtenissen die ze bijwoonden en de gevolgen die ze daarvan verwachtten. Toen de bureauchef, Terry Anderson, me op een dag bij zich riep en me vroeg om 's avonds de Engelse radiostations bij te houden, greep ik mijn kans met beide handen aan. Kort daarop werd Terry ontvoerd, het begin van wat de langste beproeving ooit zou blijken te zijn voor een gijzelaar in Libanon. Westerse medewerkers werden teruggeroepen naar huis en ik kreeg een van de opengevallen banen. Ik ruilde mijn grootboeken en balansen in voor autobommen en straatgevechten, aan de beste leerschool voor praktische journalistiek waar dan ook op aarde.

Het was de perfecte beroepsopleiding geweest voor de oorlog in Irak twintig jaar later. Maar had mijn gewenning aan pijn en verdriet er niet voor gezorgd dat ik afstandelijk en hard werd toen ik geen kinderen bleek te kunnen krijgen? Misschien was ik een goede journalist omdat ik een muur om me heen had opgetrokken, zodat ik in staat was om de onthutsende verhalen van gewonde kinderen op te schrijven zonder te bezwijken onder emoties. Of misschien bewees Zahra me dat ik een betere journalist zou kunnen zijn als ik mijn muur afbrak en mijn gevoelens toonde. Objectieve verslaggeving was een groot goed, vond ik. Maar met menselijkheid schrijven was misschien toch niet zo verkeerd.

Mijn gedachten dwaalden terug naar de eerste jaren van mijn huwelijk. Had mijn toewijding aan mijn werk me verhinderd om een gelukkig gezin te stichten toen ik een jonge vrouw was, en ik misschien meer kans had om een kind te krijgen? Ik had nooit getwijfeld aan wat ik wilde. Niet lang na mijn huwelijk kwamen mijn moeder en zuster bij mij op bezoek in Engeland. Op een avond kwamen ook mijn Libanese journalistenvriendinnen – Diana en Lena – die ook naar Londen waren verhuisd, en aan de keukentafel bij een glas wijn stelde mijn moeder elk van ons haar gebruikelijke vraag over onze ambities voor de jaren die voor ons lagen.

'Ik wil de beste oorlogsfotograaf worden die de wereld ooit heeft gekend,' zei Lena, zo vastberaden dat we overtuigd waren van haar succes.

'Ik ga mijn dagen doorbrengen met paardrijden en romans schrijven die van mij een beroemde schrijfster zullen maken,' zei Diana, met een glimlach toegevend dat ze, om de paarden te krijgen, misschien met een Amerikaanse rancher zou moeten trouwen.

Zoals altijd weigerde Rana de vraag van mijn moeder serieus te nemen. Bovendien was ze net gescheiden en druk met privékwesties.

'Ik wil een miljoenenmagnaat en van de ene stad naar de andere vliegen, winkelen, en een dame met heel veel vrije tijd worden,' zei ze lachend.

Mama giechelde en wendde zich tot mij: 'En Hala, wat is jouw droom nu? Je hebt de man gevonden die je zocht, maar wat wil je nu?'

Ik aarzelde geen moment. 'Mama,' zei ik, 'ik wil een geweldige journaliste worden, maar de enige ambitie die voorgaat is een grote keuken vol blonde jongetjes en meisjes die me voor de voeten lopen, roepend en schreeuwend en lachend, terwijl ik taarten voor ze bak met bloem op mijn gezicht en een schort voor. Dat is mijn droom.'

Nu ik naar Zahra keek, merkte ik dat die oude droom, die ik had moeten verwerpen toen bleek dat ik niet zwanger kon worden, teruggekeerd was.

Ik bedacht hoe ik aan Allahs wijsheid had getwijfeld in mijn woede over Zahra's gezwollen huid vol blaren, toen ik haar voor het eerst zag. Maar had Hij me niet naar dit ziekenhuis en dit speciale kind geleid? Een tijdlang beraadde ik me. Was het altijd de wens van Allah geweest dat ik de verantwoordelijkheid voor Zahra op me zou nemen? Was ik met haar verbonden door het lot, op een manier die mij nog duidelijk moest worden?

❧

In de auto zei ik niets. Ik piekerde alleen maar over wat ik wilde zeggen. Steve was een pragmatisch mens, met een praktische kijk op het leven. Ik zou zijn gevoel voor redelijkheid moeten aanspreken, als ik deze discussie wilde winnen. Maar waar was de logica in mijn voorstel? Het opsporen van een weeskind had op zich al niets rationeels, laat staan binnen twee dagen besluiten dat Zahra meer moest zijn dan een fotoartikel in een krant, dat haar behoeften samenvielen met mijn verlangen om te zorgen, en dat ze een revolutie moest veroorzaken in ons leven.

Toen ik even naar Steve keek tijdens onze rit door de stad om de familie van Zahra te condoleren, zag ik een echtgenoot die tevreden ver van huis was, midden in de oorlog die Saddam 'de moeder van alle oorlogen' had genoemd. Hoe slopend het voor Steve ook was om Bagdad te fotograferen, het was in elk geval beter dan forenzen naar een kantoor in Londen. Bovendien had hij zijn kantoorbaan opgegeven om met mij te werken. We vormden samen een succesvol team. Een kind zou daar een einde aan maken: een van ons beiden zou altijd thuis moeten zijn.

Hoe meer ik erover nadacht, hoe moeilijker het allemaal leek. Een Irakees kind zou uitvoerige regelingen vereisen om te zorgen dat de band met familieleden niet werd verbroken, maar wij woonden op duizenden kilometers afstand. Een zwaargewond kind zou nauwkeurige medische verzorging nodig hebben, zowel chirurgisch als psychisch, en wij zouden niet weten waar we moesten beginnen om de beste zorg te vinden. Een weeskind zou uitzonderlijke zorg nodig hebben, in een gezinssituatie waar wij zelf geen ervaring mee hadden.

Tegen de tijd dat we bij grootmoeder aankwamen, had ik nog geen enkel samenhangend argument weten te bedenken voor het voorstel dat ik die avond wilde doen.

❧

Grootmoeder begroette Steve beleefd in de deuropening van haar huis, een betonnen woning van één verdieping net als de andere in haar straat, met een klein stukje grond voor de deur dat net groot genoeg zou zijn geweest om een auto te parkeren. Ze stuurde hem naar een kamer waarin haar twee overgebleven zoons stonden, gekleed in zwarte rouwhemden en spijkerbroeken. Ik werd met gênante eerbied ontvangen en meegevoerd naar een kleine woonkamer met witgekalkte muren, zonder meubilair. Dit was een dag van rouw en in overeenstemming met de traditie werden de rouwenden gescheiden: mannen en jongens in de ene kamer, vrouwen en meisjes in de andere. Een geestelijke declameerde op melancholieke toon koranverzen, zodat iedereen ze kon horen.

Aan grootmoeders gezicht was te zien dat alles, vanuit haar gezichtspunt, heel simpel was. Ik had beloofd dat Zahra zou leven. Ik had geld. Ik had connecties, invloed. Wat kon er misgaan, zolang ik me aan mijn woord hield? Na wat beleefdheden bracht ze me naar een matras op de vloer, ging in kleermakerszit tegenover me zitten en kwam meteen ter zake.

'Hala, wat ga je precies doen voor mijn Zahra?'

Ik legde uit dat we haar zouden moeten overplaatsen naar een ziekenhuis ver weg. 'Ze heeft zorg nodig die hier op dit moment niet beschikbaar is,' zei ik. 'Zahra is heel erg ziek, en de dokter vindt dat we haar ergens anders heen moeten brengen om haar beter te maken.'

Over haar gezicht, gegroefd door tientallen jaren van ondenkbare ontberingen en twee weken van onvoorstelbaar verdriet, stroomden tranen. Ik nam haar hand in de mijne en wachtte tot ze zichzelf weer enigszins onder controle had.

'Waar is Hawra?' vroeg ik om haar gedachten af te leiden van haar andere kleinkinderen.

Grootmoeder herstelde zich. 'Ze is een baby, Hala, en ze heeft borstvoeding nodig. Sinds haar moeder overleden is, zoogt een mevrouw aan de overkant met een eigen baby haar overdag.'

'O, ik wilde haar zo graag zien.'

'Dat zul je ook, Hala,' antwoordde ze, en ze riep een van haar zonen om het kind te gaan halen.

De zoon ging even weg, en stapte toen weer voorzichtig over de drempel, alsof hij bang was om het breekbare bundeltje in zijn armen te laten vallen. Hawra droeg een katoenen pyjamaatje met korte mouwtjes en was kennelijk net wakker gemaakt. Haar oom suste haar met lieve woordjes en bracht haar bij ons. Eventjes kietelde hij haar en haar tenen krulden. In het mollige vlees van haar ellebogen zaten babykuiltjes.

Grootmoeder pakte Hawra aan van haar zoon en legde haar liefdevol op mijn schoot; toen stond ze op om thee te zetten. Ik hield haar hoofdje in de kromming van mijn arm en wiegde haar langzaam. Ik keek naar Hawra en zij kirde naar mij. Tot dusver ging het goed.

'God, ze is aanbiddelijk,' dacht ik terwijl ik haar huid streelde en de babygeur van haar zachte zwarte haar opsnoof. Ik wipte haar op en neer op mijn schoot met de zachte beweging die altijd een glimlach tevoorschijn had getoverd op het gezicht van mijn nichtje Lara toen ze die leeftijd had, en streelde met mijn vinger haar slaap, waar een kleine blauwe plek zat van haar val. Verder zag ik geen verwondingen.

'*Subhanak ya rabb, subhan hikmitak*,' prevelde ik – een islamitische uitdrukking die zoveel wil zeggen als 'Gods wegen zijn ondoorgrondelijk'. Hier lag een klein wonder, een baby die ongedeerd was gebleven in een vuurzee waarbij haar zusje voor het leven was verminkt. Met het beeld van de brandende auto voor ogen, werd de drang om de zusjes te helpen onweerstaanbaar.

Grootmoeder verscheen met een dienblad met thee in de Irakese stijl waar ik zo van houd: sterk en zoet in kleine glaasjes die *istikana* worden genoemd. Terwijl ik Hawra vasthield, liet ze me foto's zien van de ouders, broers en zusjes die de baby verloren had zonder het te weten.

'Het zal moeilijk voor mij zijn om twee jonge meisjes groot te brengen,' zei ze. 'Het zal hier moeilijk zijn voor Zahra en Hawra. Ik bedoel niet alleen hier in deze buurt; ik bedoel in dit land.'

Samengevat was dat het pleidooi voor een andere toekomst: deze arme oude vrouw zou de grootste moeite hebben om de kinderen groot te brengen in de turbulente hoofdstad van een gevaarlijk verdeeld land. Ik vroeg of het goed was als Steve bij ons kwam zitten.

'Natuurlijk,' zei ze glimlachend.

Steve hurkte naast me op het matras en ik reikte hem de baby aan. 'Dit is Hawra, Stevie. Dit kleintje is het zusje van Zahra.'

Zijn reactie onthutste me. Hij hield haar even teder vast, keek haar liefdevol in de ogen, kuste de kruin van haar hoofdje, gaf haar onmiddellijk weer aan mij terug en verliet zonder een woord de kamer, kennelijk van streek.

Ik schonk Steve een biertje in op onze hotelkamer en overreedde hem om zijn camera's met rust te laten en op de bank te komen zitten. Aangezien ik niet in staat was geweest om een rationeel argument te verwoorden voor het veranderen van de richting van ons leven, deed ik het enige wat ik kon doen. Ik sprak vanuit mijn hart. Ik gooide het er in één keer uit.

'Steve,' zei ik terwijl ik op de grond voor hem ging zitten met mijn ellebogen op zijn knieën. 'Wat vind jij ervan om de grootmoeder te vragen ons Zahra en Hawra te laten adopteren?'

Ik keek naar hem op maar zijn blik was ondoorgrondelijk. Hij zei niets.

'Ik denk er al over na sinds we Zahra voor het eerst zagen,' ging ik verder. 'Ik weet dat het nergens op slaat. Ik weet dat zulke dingen diep doordacht moeten worden. Maar op heel veel manieren heb ik het gevoel dat ik er de afgelopen paar jaar al over nadenk, sinds we het idee van baby's hebben opgegeven. Ik geloof dat ik mijn antwoord eindelijk gevonden heb.'

Weer bestudeerde ik zijn gezicht om te zien wat hij dacht, maar tevergeefs. Hoewel vrienden van ons het onderwerp adoptie in de loop der jaren vaak genoeg ter sprake hadden gebracht, hadden Steve en ik er zelden over gepraat. Adoptie overwegen, vond ik, betekende aanvaarden dat ik geen kind zou krijgen. Ik had veel artsen bezocht maar geen van hen had gezegd dat ik onmogelijk in verwachting zou kunnen raken. Dus lang nadat mijn verstand me had verteld dat het niet zou gebeuren, riep mijn hart nog dat het toch zou kunnen. Om adoptie aan te vragen, zou ik hebben moeten berusten in mijn onvruchtbaarheid en daar was ik te koppig voor, dus verzette ik me tegen het idee. Het was te pijnlijk voor mij om die onvruchtbaarheid innerlijk te erkennen, hoe vaak ik mijn vrienden ook vertelde dat ik me erbij had neergelegd.

'Ik had tijd nodig om weer overeind te komen, emotioneel en professioneel, Steve. Ik had tijd nodig om me goed genoeg te voelen over mezelf. Nu ben ik er klaar voor.'

Ik had me voorgenomen om niet te huilen, maar toen ik mijn stem hoorde trillen, zag ik tranen in de ogen van mijn man.

'Ik kan me echt niet van deze twee kleine meisjes afkeren,

Steve. Ik weet dat het een enorme onderneming wordt, maar ik wil het echt. Ik weet dat het juist is.'

'O Hala,' verzuchtte hij, met een kus op de kruin van mijn hoofd net als hij Hawra had gegeven. 'Ik wacht al zo lang tot je me dit zou vragen.'

Het was voor het eerst dat Steve aangaf dat hij misschien wel vader zou willen worden van het kind van een andere man. Ik sprong op de bank en legde mijn hoofd tegen zijn borst toen hij me in zijn armen nam.

'Jij,' zei hij, 'wordt de moeder van alle moeders.'

❧

Tegen de ochtend kwam het medische team van Merlin aan. Het werd aangevoerd door een knappe, aardige Franse arts van een jaar of dertig, die graag JB genoemd wilde worden. Bij een kop koffie beschreef ik de wanhoop die ik had gezien in de ziekenhuizen die hij kwam helpen. Op zijn beurt zette hij zijn plan uiteen om de fondsen bijeengebracht door de *Sunday Times* uit te geven aan medicijnen, medische apparatuur en specialistische zorg. JB had het allemaal uitgewerkt, tot aan de psychologische slachtoffers toe die hulp nodig zouden hebben na afloop van de oorlog. Dat leek mij nog heel ver weg. Ik hield me meer bezig met de dringende zorgen van de dag. Ik vertelde JB het verhaal van Zahra.

'Ik wil dat ze nu geholpen wordt,' vertelde ik hem. 'Toekomstplannen betekenen niets voor haar. Ze zal niet meer in leven zijn om die te zien, als we haar niet meteen verzorgen.'

JB keek bedenkelijk. Zijn prioriteit was het organiseren van een systeem om heel veel mensen te helpen, niet om een enkel kind te hulp te schieten.

'Alsjeblieft,' drong ik aan. 'Laten we meteen met Zahra beginnen. Mijn chauffeur staat klaar. We kunnen je naar het ziekenhuis brengen waar ze ligt. Het is een groot ziekenhuis. Ik weet zeker dat het nuttig voor je zal zijn om met de directeur te praten. Hij kan je beter vertellen wat er allemaal nodig is dan ik.'

Of het nu uit sympathie was voor mij of uit eerbied voor de krant die het geld leverde om zijn projecten te betalen, JB liet zich vermurwen.

'Goed, ik zal haar meteen bezoeken, andere patiënten bekijken en de omstandigheden inschatten op de brandwondenafdeling en in de rest van het ziekenhuis.'

Toen we bij het Karameh Ziekenhuis aankwamen, troffen we de directeur ontsteld aan. Hij had net gehoord dat zijn anesthesist was gedood bij een Amerikaans checkpoint.

'Ik begrijp er helemaal niets meer van,' zei hij, dezelfde opmerking die ik de laatste paar dagen van zoveel artsen en patiënten had gehoord.

Zijn verhaal was afschrikwekkend. De anesthesist was onderweg geweest naar het ziekenhuis voor zijn dienst. Hij vertraagde zijn snelheid toen hij het checkpoint naderde, maar zoals zoveel Irakezen kon hij de uitgebreide Engelse instructies die de Amerikaanse soldaten hadden opgehangen, niet lezen, en wist hij niet wat hij moest doen. Hij werd doorgewuifd bij een barrière en gaf gas, in de overtuiging dat hij toestemming had gekregen om zijn reis naar zijn werk te vervolgen. Wat hij zich niet realiseerde, volgens de directeur, was dat hij geacht werd langzamer te gaan rijden voor een tweede controle, een paar honderd meter verderop. Toen hij daar met normale snelheid op afreed, dacht een soldaat dat hij een zelfmoordterrorist was en opende het vuur.

'Ik kan het gewoon niet bevatten,' zei de directeur. 'Hij heeft weken van bombardementen overleefd, en nu is hij doodgeschoten door de mannen die hem bevrijdden.'

Ik kon het aantal onschuldige slachtoffers waar we dag na dag over hoorden bijna niet meer tellen. Maar al kon er niets meer worden gedaan voor de onfortuinlijke anesthesist, het feit bleef dat wij nog steeds een verschil konden maken voor de kinderen die we kwamen bezoeken. Elke minuut telde. Zo snel als we met goed fatsoen konden, begaven we ons naar de brandwondenafdeling.

Hier raakte JB intensief in gesprek met de arts die mij als eerste Zahra's toestand had beschreven. Grootmoeder stond weer aan haar bed. Toen ik JB voorstelde als de Franse arts die Zahra kwam helpen, knikte ze alleen en keek me met stralende ogen aan, alsof ik een wonder had verricht.

Zahra zelf was er niets beter aan toe dan de vorige dag. Ze lag op haar zij te rillen op lakens die geel bevlekt waren door de zalf op haar brandwonden. Haar ogen bleven stijf dicht, ook al kermde ze af en toe, en ik vermoedde dat ze telkens even bij bewustzijn kwam en weer in slaap viel. Ik voelde de pijn in die bevende ledematen net zo scherp, alsof ik dezelfde pijnen doorstond. Ik wilde haar lijden zo vreselijk graag verlichten.

Het was maar goed dat grootmoeder niet kon volgen wat de Irakese chirurg zei, toen hij de situatie voor JB samenvatte. Hij somde op welke behandelingen Zahra had ondergaan. Hij benadrukte dat hij alle middelen had gebruikt die hem ter beschikking stonden. Hij legde uit dat haar infectie zich verspreidde, en dat haar toestand verslechterde.

Ik keek naar het gezicht van JB, terwijl Steve de artsen fotografeerde. Als onze Franse vriend geschokt was, wist hij het goed te verbergen. Hij sprak in een taal die verstoken was van de emoties die mij vervulden. Voor ik het wist waren ze met andere patiënten bezig, terwijl ik wilde dat ze zich op Zahra zouden concentreren. Daar zou ik JB later nog wel op aanspreken, dacht ik, terwijl ik mijn verontwaardiging met moeite onderdrukte.

Naar later bleek, had ik me geen zorgen hoeven maken. Ik had de klinische houding van JB op de afdeling verkeerd begrepen. Zodra we bij de auto aankwamen, hing hij aan de telefoon met collega's in Jordanië. Hij smeekte hen om snel te handelen en hem te helpen Zahra te redden.

❦

In het hotel nodigden we JB uit om mee te gaan naar onze kamer. Net zoals grootmoeder haar vertrouwen in mij had gesteld, had ik mijn hoop op hem gevestigd. Mijn handen trilden een beetje toen ik koffie en kaas klaarzette voor de lunch en wachtte tot hij me zou vertellen wat er nu ging gebeuren.

'Je drinkt te veel koffie, Hala,' begon hij vriendelijk. 'Om van het roken niet te spreken. Dat is niet goed voor je, hoor.'

'Je hebt gelijk,' zei ik. 'Maar na drie maanden hier heb ik waarschijnlijk meer nodig dan mijn gemiddelde inname van cafeïne en nicotine. Kunnen we het over Zahra hebben, alsjeblieft?'

Hij had me verschillende dingen te vertellen die voor hem niet gemakkelijk te zeggen waren, en voor mij niet gemakkelijk om aan te horen. Ten eerste maakte hij zich zorgen over mij.

'Je bent oververmoeid en overgevoelig. Je bent ongelooflijk gespannen. Je leeft op je zenuwen, Hala.'

'Kom op, JB,' sprak ik hem tegen. 'Dat is normaal. Ik heb al wekenlang geen vrije dag gehad. Ik ben bijna opgeblazen in mijn eigen kamer. Ik zie elke dag weer dode en gewonde kinderen. Wat verwacht je dan? Er zijn zoveel journalisten die nu op hun zenuwen leven.'

Ja, zei JB, maar hij dacht dat ik me misschien overmatig identificeerde met sommige van de Bagdadi van wie ik de verhalen vertelde. Hij vergeleek het met het stockholmsyndroom, maar wat hij eigenlijk bedoelde was dat ik te veel aan mensen gehecht raakte.

'Neem het geval van Zahra. Je bent niet meer objectief. Je bent er emotioneel te veel bij betrokken. Je moet echt een beetje afstand houden.'

JB had deels gelijk. De bureauchef bij Reuters die me bij AP had weggehaald en me had geleerd om afstand te houden van mijn onderwerpen, zou ontzet zijn geweest. Maar nu was het te laat. Ik was onlosmakelijk verbonden met Zahra en bovendien was dat positief, niet negatief: ik hielp haar. Mijn verhaal over Zahra had enorm veel impact gehad. Binnen een paar dagen na de publicatie was er vijftigduizend pond binnengestroomd bij de *Sunday Times*, genoeg om haar te helpen, en tientallen andere kinderen zoals zij. Dat was nog maar het begin. Het totaal schoot snel omhoog naar honderdvijftigduizend en meer, nu lezers de ellende door onze ogen zagen en reageerden met een goedheid en een warmte die me verbijsterde, na al het gedachteloze geweld waar ik getuige van was geweest. Mijn geschokte geloof in de mensheid werd deels hersteld.

Het tweede punt van JB was veel moeilijker te accepteren. Hij had Zahra onderzocht en met haar arts gesproken. Ze zou in dat ziekenhuis niet veel langer in leven blijven.

'Hala, haar kansen om te overleven zijn nul, als ze in die omstandigheden blijft. Dan heeft ze nog maar een paar dagen.'

'Maar ze blijft hier niet, toch?' zei ik koppig. 'Jij gaat immers zorgen dat ze hier wegvliegt, is het niet?'

Ik keek ter geruststelling naar Steve, maar zag alleen een frons. 'Alsjeblieft, JB, we moeten haar helpen, alsjeblieft.' Ik smeekte het hem, zoals grootmoeder het mij had gesmeekt.

'Hala,' zei hij, en hij zweeg even, zich bewust dat wat hij nu moest gaan zeggen, schokkend was: 'Je moet begrijpen dat ze, zelfs als ze over de grens wordt gebracht naar een ziekenhuis met goede faciliteiten en specialisten, toch nog maar vijftig procent kans heeft om te overleven.'

Het trof me als een schok van duizend volt. Ik haalde diep adem en knikte. Maar vanbinnen dacht ik dat hij het mis moest hebben. Als Zahra weggehaald werd en de best mogelijke behandeling kreeg, moest ze toch blijven leven, vertelde ik mezelf, mijn onwetendheid over medische zaken vervloekend. Ze was ernstig verbrand, ja. Maar dat was toch niet zo erg als een verwonding aan het hoofd, of het hart?

JB praatte snel verder. Ik moest eerlijk zijn tegen de grootmoeder over de prognose voor Zahra, zei hij, en benadrukken dat geen enkele dokter beloftes kon doen over de vooruitzichten van haar kleindochter.

'Dat kan ik niet doen,' zei ik, erg geschrokken. 'Ze heeft zo'n verdriet. Ze heeft al zoveel verloren. Hoe moet ik haar dat vertellen?'

'Je moet, Hala. Ze moet het weten. Ik weet dat het moeilijk is, maar wat je ook doet, beloof haar geen wonderen. Vertel haar de waarheid, zodat ze voorbereid is.'

De belofte die ik grootmoeder al had gedaan biechtte ik niet op. Ik zei alleen dat ik zou proberen met haar te praten.

❧

Die avond was er eindelijk goed nieuws.

'Steve!' schreeuwde ik toen ik mijn e-mail doornam. 'Ze gaan Zahra naar Jordanië brengen!' Ik schreeuwde alsof hij beneden op de parkeerplaats stond, en niet vlak naast me meelas over mijn schouder.

Niet alleen was Merlin bereid om Zahra naar Amman te brengen, de hoofdstad van Jordanië, waar brandwondenspecialisten de zorg konden bieden die ze nodig had, maar de Jordanese regering bood aan om te betalen.

Ik was uitgelaten. Het was vrijdag, en JB had gewaarschuwd dat Zahra maandag dood zou zijn, als ze dat weekend geen goede medische zorg kreeg. We moesten haar op zaterdagochtend uit Bagdad weg krijgen om haar een kans te geven.

'O Zahra,' fluisterde ik. 'Hou nog even vol, hou vol, schatje. Hulp is onderweg. De cavalerie is onderweg.'

Ik belde de vertegenwoordiger van Merlin in Amman, zoals me opgedragen was.

'Geweldig nieuws, Hala,' zei hij. 'Alles is hier gesloten omdat het weekend is, maar we hebben contact gehad met de benodigde mensen en we hebben groen licht om haar hierheen te halen.'

Ik kon mijn opwinding nauwelijks bedwingen toen hij uitlegde dat hij een volledig uitgeruste ambulance naar zijn kant van de grens zou sturen. Die zou op Zahra wachten en haar snel naar Amman brengen, zodra ze door de grenscontrole heen was.

Toen volgde het slechte nieuws.

'Het enige wat jij hoeft te doen, Hala, is zorgen voor een ambulance om Zahra naar jullie kant van de grens te brengen, waar ze kan worden overgeplaatst in ons voertuig. O, en Hala, het moet alle betrokkenen duidelijk zijn dat er geen familieleden van Zahra mee kunnen om haar te begeleiden. Ze moet alleen komen. Er is toestemming gegeven om haar naar Jordanië te brengen, maar niet haar familieleden.'

Alsof dat nog niet moeilijk genoeg was, volgde er nog meer.

'Zahra moet haar paspoort en papieren bij zich hebben om een visum te krijgen aan de grens,' zei hij.

Daarop zakte de moed mij in de schoenen. Een Irakese ambulance regelen om haar van Bagdad naar de grens te brengen, een reis van tien uur? Had er iemand in Jordanië de kranten onlangs gelezen, vroeg ik me af. Wisten ze niet dat de meeste ziekenhuizen geplunderd waren en dat, als er al ambulances over waren, alle apparatuur eruit gestolen was die Zahra nodig zou hebben op zo'n lange reis?

Geen familieleden? Meenden ze dat? Ik kon grootmoeder toch niet vragen om een kind van drie alleen op een reis te sturen van misschien wel vijftien uur, met inbegrip van het stuk vanaf de grens naar Amman.

Bovendien had Zahra geen paspoort. Haar ouders waren te arm geweest om naar het buitenland te reizen. En alle papieren die

Zahra ooit had gehad, zouden tot as zijn vergaan in de auto waarin haar familie was verbrand.

Tegen de tijd dat ik de telefoon ophing, daalde mijn humeur even snel als die een uur geleden gestegen was. Tegen middernacht had ik iedereen die ik maar kon bedenken gesmeekt om een voertuig te leveren, maar er was niets beschikbaar. Ik had al het mogelijke geprobeerd om papieren te regelen voor Zahra: tevergeefs. Merlin kon niets meer doen. Ze hadden hun best gedaan, maar dit was het beste wat ze te bieden hadden, en het kon gewoon niet. Elk extra uur dat Zahra in haar eigen land bleef, was er voor haar eentje minder, en ik had steeds minder ideeën en mogelijkheden. Het enige wat ik die nacht kon doen was bidden.

En toen ontmoette ik een Amerikaanse engel.

HOOFDSTUK ZEVEN

Een engel van barmhartigheid

Het huilen stond me nader dan het lachen toen ik mijn artikel over Zahra begon te schrijven aan het kale, kleine bureautje in de hoek van onze hotelkamer. Het was een paar minuten na middernacht en ik had net gepauzeerd om me af te vragen hoe het verhaal af zou lopen, toen mijn telefoon ging. Jon Swain was aan de lijn vanuit zijn kamer twee verdiepingen lager: een routinetelefoontje om informatie uit te wisselen over het nieuws van die dag. Hij wist meteen dat er iets ernstig mis was.

'Wat is er aan de hand, Hala? *Qu'est-ce qui se passe, chérie*?'

Ik probeerde kalm en professioneel te blijven terwijl ik hem Zahra's verhaal vertelde, maar mijn verdriet bleef opborrelen. Toen ik het gevaar beschreef waarin zij zich bevond, begon ik te geloven dat het niet kon worden afgewend. Tevergeefs probeerde ik mijn toenemende paniek te bedwingen.

'We kunnen haar niet op tijd weg krijgen, Swainy,' zei ik. 'Ik ben zo bang dat ze zal sterven.'

Swain aarzelde even. Toen zei hij, op een zachte maar vastbesloten toon waarin ik hoorde dat mijn emotie hem ontroerde, dat hij een idee had. Een paar minuten later belde hij terug met vragen. Hij wilde Zahra's volledige naam, haar geboortedatum, het ziekenhuis waarin ze lag, en de precieze aard van haar verwondingen. Hij had een vriendin, legde hij uit, Marla Ruzicka, een Amerikaans meisje dat hij in Afghanistan had ontmoet. Ze had een aantal onschuldige slachtoffers van dat conflict geholpen en was naar Bagdad gekomen om de slachtoffers van deze oorlog bij te staan. Dat niet alleen, maar ze was toevallig ter plaatse, op dit moment, in de kamer van Swain. Ze zou morgenochtend vroeg meteen naar het ziekenhuis gaan.

Marla was zesentwintig toen ik haar leerde kennen, maar ze zag eruit als een tiener. Knap en blond, met een stralende glimlach die de misère van haar werk op de ziekenhuisafdelingen logenstrafte: ze zou niet uit de toon zijn gevallen tussen de surfende meisjes in het Californië waar ze geboren was. Daar had ze op school bekendgestaan om haar twee passies, skaten en salsadansen, en vanwege haar vaste voornemen om de wereld in te gaan en mensen te helpen. Dat was precies wat ze had gedaan in Afghanistan.

Naar Swain vertelde, had hij haar ontmoet in de Afghaanse stad Jalalabad, toen hij vermoeid en vuil van het reizen had ingecheckt in een pension waar drie westerse hulpverleners, allemaal vrouwen, in slaapzakken kampeerden in de kamer naast de zijne. Voordat hij zich kon voorstellen had een van de vrouwen, gehuld in een pyjama met stripfiguurtjes erop, haar hand uitgestoken en gezegd: 'Hi, ik ben Marla. Je ziet er moe uit. Jij hebt een massage nodig'. Zonder verdere omhaal had ze hem op de grond laten zitten en trommelde met haar kleine vuisten op zijn rug.

Samen waren ze naar een ziekenhuis gegaan waar dode en gewonde burgers heen werden gebracht na een verkeerd gerichte Amerikaanse luchtaanval. De aanblik van de lichamen en de kreten van de gewonden raakten Marla diep. Vanaf dat moment zette zij zich ervoor in dat gewone mannen, vrouwen en kinderen die gevangen raakten in het kruisvuur van Amerika's oorlogen, meetelden en compensatie kregen voor hun verlies.

Marla reisde altijd met heel weinig geld en vond dat nooit een obstakel. Ze sliep op de vloer van kamers van journalisten en liftte mee met hun chauffeurs. Haar bewonderaars bij de media genoten niet alleen van haar gezelschap, maar waardeerden ook haar verbazende vermogen om opgeblazen ambtenarij door te prikken. Bovendien was ze een goed verhaal.

Ze had ooit een demonstratie georganiseerd buiten de Amerikaanse ambassade in Kaboel, met een vader en dochter die de enige overlevenden waren van een Amerikaans bombardement waarbij achttien van hun familieleden waren omgekomen. Hoewel de mariniers die de ambassade bewaakten hun best deden om de demonstranten tot zwijgen te brengen, bleef Marla volhouden. Ze bleef bij de grijsharige, bebaarde Afghaanse stamleden, vertelde hun verhaal aan de Amerikaanse pers, en zorgde dat hun benarde positie internationale publiciteit kreeg.

Diezelfde combinatie van charme en vasthoudendheid vertoonde ze in Bagdad, waar ze de bijnaam 'Bubbles' kreeg van de journalisten vanwege haar aanstekelijke gegiechel, en 'Clusterbomb Girl' werd genoemd door de Amerikaanse troepen vanwege de manier waarop zij hen dwong om de honderden dodelijke kleine bommen te verwijderen die ze hadden laten vallen op burgergebieden. In de strijd om Zahra te redden, kon ik me geen sterkere medestander wensen.

❧

Marla verliet ons hotel die zaterdagochtend vroeg in alle stilte, terwijl Swain en ik op onze kamers bleven en ons haastten om de deadlines voor de zondagkrant te halen. Mijn instructies waren om zoveel kracht in mijn artikel over Zahra te stoppen, dat de lezers zich gedwongen zouden voelen om gulhartig te geven aan de liefdadigheidscampagne die we dat weekend zouden lanceren.

Het was niet moeilijk om de tragedie van haar verhaal vast te leggen, maar ik wist niet hoe dat verhaal zich verder ontvouwde terwijl ik schreef, en dat was wel moeilijk.

Toen Marla bij het Karameh Ziekenhuis aankwam, zag ze dat het door Amerikaanse tanks en soldaten bewaakt werd tegen eventuele plunderaars die in de verleiding kwamen om er binnen te gaan, zoals ze hadden gedaan bij het eerste ziekenhuis waar Ali lag. Marla hoefde alleen maar tegen de soldaten te glimlachen om zich van hun volledige medewerking te verzekeren. Sommigen hadden wekenlang rondgehangen bij de grens in het zuiden, waar de binnenvallende strijdkrachten zich verzamelden in een mist van testosteron. De meesten hadden vrijwel niets anders gezien dan het met porno bepleisterde interieur van een pantserwagen tijdens de langzame, angstaanjagende, moeizame reis naar Bagdad. Voor allemaal was het heel lang geleden dat ze een Californisch surfmeisje hadden gezien.

Toen ze eenmaal binnen was, vond Marla haar weg naar de brandwondenafdeling en toen naar het bed van Zahra. Tijdens haar korte carrière als eenvrouws-hulporganisatie had ze tientallen onschuldige mensen zien lijden en jammeren op afdelingen zoals deze. Ze had een praktische instelling ten opzichte van haar werk, en concentreerde zich alleen op de manier waarop ze kon helpen. Maar ze werd voortgedreven door dezelfde rauwe emotionele reacties als die mij bewogen. Net als ik, stond ze aan de grond genageld toen ze Zahra zag. Zonder aarzelen besloot ze dat dit kind, dat onder haar verband lag te rillen en haar verbrande gezwollen gezichtje vertrok van pijn, de kans zou worden geboden om te leven, door degenen die haar familie hadden vermoord. Marla zou zorgen dat het Amerikaanse leger haar te hulp kwam.

Eerst moest ze echter een onverwacht obstakel overwinnen. Zahra's grootmoeder stond voor haar met haar armen over elkaar geslagen en een opstandige uitdrukking op haar gezicht. Deze mooie, jonge Amerikaanse beviel haar niet.

'Waar is Hala?' wilde ze weten.

'Hala heeft me gestuurd,' zei Marla, en wenkte een arts om te tolken. 'Hala heeft me gevraagd om Zahra te helpen, en ik ga doen wat ik kan.'

Grootmoeder was niet overtuigd. Ze had beloofd dat Hala haar kleindochter mee kon nemen, en alleen Hala had het recht om dat te doen, zei ze.

'Ik heb Hala mijn woord gegeven,' zei ze. 'Bovendien verwacht ik haar vanmorgen. Alles zal moeten wachten tot Hala komt.'

Wat ze ook probeerde, Marla kon grootmoeder niet overtuigen om mee te werken met een vreemdelinge. En trouwens, zei grootmoeder, waarom zou ze geloven dat Hala, die de Arabische wereld kende en begreep wat de Amerikanen deze stad hadden aangedaan, een Amerikaanse zou sturen in haar plaats?

Marla vertelde haar alles wat ik over Zahra had gezegd, maar het hielp niet. Ze had geen telefoon bij zich, dus krabbelde ze een briefje aan mij en vroeg een taxichauffeur om het naar mijn hotel te brengen. Het briefje smeekte me om te stoppen met schrijven en onmiddellijk te komen.

Ondertussen concentreerde Marla zich op het organiseren van een evacuatie. Ze vorderde een radio en ging op zoek naar iemand met de autoriteit om een transport te bevelen. Ze kwam steeds hoger in de hiërarchie, maar ze kon nog steeds geen toezegging bemachtigen. Dus probeerde ze iets waarvan niemand anders dan Marla zou hebben durven dromen.

Ze beende naar het kordon tanks, vond de hoogste officier, keek hem diep in zijn ogen en bepleitte haar zaak. Bij zijn arm trok ze hem weg van zijn post, het ziekenhuis in. Ze duwde hem bijna naar het bed van Zahra.

'Hier,' zei ze. 'Dit hebben wij aangericht. En nu gaan wij het goedmaken. Of ga je dat meisje hier soms achterlaten om te sterven?'

Grootmoeder was onder de indruk. Minder dan twee uur later waren Zahra en twee andere patiënten op de afdeling in een helikopter onderweg naar een veldhospitaal van het leger.

❦

De tengere, blonde geweldenaar vloog mijn kamer binnen om het nieuws van haar solo-triomf te vertellen, een uur voordat haar briefje aankwam waarin stond dat ze hulp nodig had.

'Zahra is weg,' juichte ze, op en neer springend van opwinding terwijl ik haar omhelsde.

Het was de eerste keer dat ik Marla ontmoette, en wát een ontmoeting. Het was moeilijk te geloven dat dit slanke meisje de strijd was aangegaan met het leger van de Verenigde Staten en zo snel had gewonnen, maar toen kende ik Marla ook nog niet. Ondanks haar jeugdige uiterlijk, bezat ze een ijzeren vastberadenheid. Ik zou al gauw gaan begrijpen dat de gecombineerde kracht van haar passie en haar mededogen een natuurkracht vormde die geen enkele moegestreden marinier kon weerstaan. Het enige wat ze hoefde te doen was een beetje flirten en haar brede glimlach laten stralen, en ze zouden aan elke opdracht gehoorzamen die ze maar wilde geven.

Ik durfde eerst nauwelijks blij te zijn, zo somber was ik de hele middag geweest over Zahra's vooruitzichten. Maar Swain, Steve en ik hadden onze deadlines gehaald, er waren verhalen en foto's onderweg naar de drukker en alweer een rumoerige week liep ten einde. Het was tijd om te ontspannen, voordat er de volgende ochtend weer een nieuwe week begon. Dit was happy hour en toen we een fles of twee opentrokken was Marla, Clusterbomb Girl, engel van barmhartigheid, het middelpunt van het feest.

Toen ze haar glas hief en ons vroeg te proosten op Zahra's goede gezondheid, wist ik dat ik een vriendin en medestander had gevonden. Ze giechelde met me mee toen ik vertelde van de vreemde verzoeken van kantoor om bestanden van geheime inlichtingen en bijzondere weeskinderen. Ze huilde met me mee bij mijn herinneringen aan de meelijwekkendste patiënten op mijn ronde langs de kinderafdelingen van de ziekenhuizen. Maar toen ik aandrong op details van haar missie ten bate van Zahra, wilde ze eerst niets zeggen, uit angst dat ze opschepperig zou klinken. Toen ze het eindelijk vertelde, liet ze haar verbazende prestatie klinken als een gewone dagtaak.

'Ik vertrok daar met de namen van Zahra Kathem en haar arts,' zei ze. 'Het ziekenhuis was omringd door Amerikaanse tanks. Ik kletste me een weg naar de afdeling waar Zahra lag.'

'Marla!' riep ik uit. 'Je weet best dat we daar niet tevreden mee zijn. Kom op, we zijn journalisten. We willen het hele verhaal horen...'

Marla zweeg even en schudde haar hoofd, met tranen in haar ogen. 'Hala, ze zag er zo tragisch en ziek uit. Het meisje lag langzaam te sterven, en dat mocht niet gebeuren. Ik belde met het Amerikaanse leger, legde de situatie uit en zei dat we hulp nodig hadden om te kunnen evacueren.'

Ik drong aan op meer details.

'Alle reacties waren negatief,' ging ze verder. 'Iedereen was op operatie, er waren geen mensen in de buurt om het ziekenhuis te controleren, er waren geen helikopters vrij om het meisje te vervoeren. Tegen de middag was ik behoorlijk boos over al het gedraal. Ik raakte gefrustreerd, omdat ik alleen kon wachten tot ik teruggebeld werd. Dus moest ik iets anders doen. Ik ging terug naar de tanks buiten en sprak net zoveel soldaten aan als nodig was, tot ik uiteindelijk hun commandant te pakken kreeg.'

'En die heb je overtuigd?' vroeg ik. 'Hoe dan?' De kamer bleef even heel stil terwijl wij om Marla heen zaten en ons het tafereel voorstelden.

'Ik smeekte hem om mee naar binnen te komen en te kijken,' zei ze. 'Toen hij Zahra zag, werd hij heel emotioneel. Hij zei dat hij zelf kinderen had, en een van hen was niet veel ouder dan zij. We gingen naar buiten en hij pakte zijn radio en begon te bellen om de evacuatie te bevelen.'

Ze vertelde het heel terloops, maar geen van ons onderschatte de kracht van de persoonlijkheid waarmee ze de weerloze commandant had overtuigd.

'Hij sprak met de ziekenhuisdirecteur over twee andere patiënten die zorg nodig hadden die ze niet konden krijgen op hun brandwondenafdeling. Hij regelde dat ze met de helikopter van Zahra mee konden vliegen,' besloot ze. 'Ik zei tegen hem: "Je kunt trots zijn op wat je vandaag hebt gedaan. Ik ga het je moeder laten weten!"'

Zahra en de twee anderen gingen naar Camp Dogwood, een Amerikaans veldhospitaal dat minder dan een week daarvoor was opgezet. Volgens Marla behandelde dit ziekenhuis niet alleen gewonde coalitiestrijdkrachten, maar nam het nu ook Irakese patiënten op, waaronder brandwondenslachtoffers. Het klonk ideaal: een moeizame tocht over de weg naar Jordanië zou Zahra bespaard blijven en op datzelfde moment was zij veilig in handen van ervaren artsen.

Terwijl de drank vloeide, lachten en huilden Marla en ik in elkaars armen. Deze verbazingwekkende vrouw had iets bereikt dat mij bijna onmogelijk was voorgekomen. Ze had drie hulpeloze slachtoffers van deze verpletterende oorlog gered door het Amerikaanse leger te dwingen om zijn verantwoordelijkheid te nemen. Ze had Zahra gered.

HOOFDSTUK ACHT

Adoptie

'Steve, wakker worden,' zei ik zachtjes. 'Er staan soldaten voor onze kamer die geweren op de deur gericht houden.'

Ik was wakker geworden van luid geklop en sprong uit bed met de hoop dat de schoonmakers teruggekomen waren. We hadden ze al een maand niet gezien. Goddank, deze kamer moet echt een keer goed schoongemaakt worden, dacht ik nog. Eindelijk wordt de was behoorlijk gedaan. Maar toen ik bij de deur aankwam, werd het kloppen bepaald agressief en ik hoorde Amerikaanse stemmen zich buiten nijdig verheffen. Nerveus tuurde ik door het spionnetje.

De Amerikaanse soldaten brulden dat we de deur moesten opendoen, maar ik droeg een belachelijk onthullend nachthemdje en wilde me eerst fatsoenlijk aankleden. Steve zei hun even te wachten. Een halve seconde later vloog de deur uit zijn scharnieren en drongen verscheidene grote hulken met grote geweren schreeuwend naar binnen.

'Op je knieën,' schreeuwden ze, hun geweren op ons gericht.

Lieve God, dacht ik. Hebben we een oorlog overleefd om te sterven in handen van een opsporingsbrigade?

‘Paspoorten!’ zeiden ze dwingend, ook al lagen we nog steeds in onze nachtkleding op onze knieën. Ze zagen er jong en nerveus uit, en hun vingers speelden met de trekkers van hun geweren. Ik wist niet of ik dit wel zo aardig vond. Uiteindelijk mocht ik opstaan en hun mijn Britse paspoort laten zien.

‘Hoe durven jullie zo onze kamer binnen te dringen? Hoe durven jullie ons als misdadigers te behandelen? Hoe durven jullie je geweren op ons te richten?’ riep ik uit, in mijn woede het gevaar van hun wapens negerend. ‘Het is een schande als jullie niet weten dat we journalisten zijn. We zitten hier al weken achter elkaar opgesloten en iedereen die iemand is, weet dat dit al de hele oorlog lang het centrum van de media is. Waarom vallen jullie ons lastig?’

De soldaat bekeek mijn paspoort. ‘We zijn op zoek naar terroristen, mevrouw,’ zei hij.

‘Nou, die zul je op onze kamers niet vinden. Deze kamers worden bewoond door journalisten,’ snauwde ik terwijl ik hem de deur wees.

Toen de laatste soldaat was vertrokken, wist ik dat ik er nodig even uit moest. Dit was al mijn tweede ruzie binnen een week met Amerikaanse soldaten. Er was ook een incident voorgevallen bij een checkpoint toen Steve, Rafed en ik probeerden terug te keren naar het hotel.

Mijn blonde echtgenoot met zijn blauwe ogen was niet interessant voor de soldaten die ons tegenhielden, maar Rafed en ik – de Arabieren – werden uiterst achterdochtig ondervraagd. Toen de soldaten Rafed vertelden dat het hem niet toegestaan zou worden om de rit naar ons hotel voort te zetten, ook al verbleef hij daar al weken in dienst van Steve en mij, waarbij hij zijn gezin achterliet om het bombardement van Bagdad alleen te overleven, ontplofte ik.

De Arabier in mij was razend uit naam van de Irakese vriend die beledigd en vernederd werd door deze westerse soldaten op ons grondgebied. De westerse journalist in mij voelde zich beschaamd en schuldbewust: het kwam door mij dat Rafed gescheiden was van zijn gezin en nu slecht behandeld werd.

'Hij is een Irakees en dit is zijn land,' schreeuwde ik, nutteloos. 'Hij is een van de mensen die jullie zijn komen bevrijden, als je dat nog weet. Hoe durven jullie hem te verbieden om op deze weg te rijden?'

Natuurlijk overtuigde dit de soldaten er alleen maar van dat ik ook gefouilleerd moest worden. Ik werd verzocht om mijn broek op te tillen, zodat een van de soldaten mijn schoenen kon controleren. De vraag werd beleefd gesteld, maar ik was verbolgen.

'Als jullie mijn schoenen zo nodig moeten controleren, doen jullie dat maar zelf,' zei ik. 'Ik ga niet vooroverbuigen om mijn broek voor jullie op te tillen. Buig zelf maar.'

De Amerikaanse soldaten negeerden mijn onbeleefdheid hoffelijk. Een van hen boog zich plichtmatig voorover om mijn zoom te controleren en Steve, Rafed en ik kregen toestemming om te passeren. Ik was nog steeds woedend toen we het checkpoint achter ons lieten, niet in de laatste plaats op mezelf. Ik wist dat het dom was om mijn geduld zo te verliezen. Toch kon ik er niets aan doen. Overal waar ik ging, zag ik niet alleen de soldaten zelf, maar de slachtoffers van hun fouten: verkoolde gezinnen en kinderen zonder ledematen, zonder moeder, en telkens brak mijn hart. Ik had moeite om mijn persoonlijke gevoelens te scheiden van de politiek van het conflict. Deze soldaten liepen te paraderen, terwijl ik vond dat ze zich respectvol zouden moeten gedragen na al het lijden dat hun land had veroorzaakt, vooral voor kinderen zoals Zahra.

Ten slotte kwam ik tot de conclusie dat ik al mijn geluk had opgebruikt. Als ik niet voorzichtig was, zou ik nog doodgeschoten worden vanwege een stompzinnige ruzie. Ik was zo gefixeerd op Zahra en Hawra, dat ik mijn journalistieke perspectief aan het verliezen was. Ik was ook al te lang in Bagdad. We waren hier al meer dan drie maanden en we hadden spionage, dreigementen, bombardementen, slapeloosheid en de aanblik van uiteengerukte families doorstaan. Lichamelijk en geestelijk was ik uitgeput.

Ik wist dat ik gauw terug zou willen naar het nieuws, maar voor het moment moest ik er afgehaald worden. Ik belde mijn baas en vertelde hem dat.

'Je hebt gelijk, Hala,' zei hij. 'Tijd voor vakantie.'

❧

Een paar dagen voor ons vertrek gingen Steve en ik terug naar het huis van grootmoeder om te vragen of wij ons eigen gezin zouden mogen vormen met de restanten van dat van haar zoon. Het leek ons het beste om haar dat voorstel op dat moment te doen, in de hoop dat zij erover na zou willen denken tijdens onze afwezigheid: zou ze toestemming geven om Zahra en Hawra bij ons in Londen te laten wonen? Er waren argumenten voor en tegen, maar wij geloofden dat de voordelen voor de meisjes zwaarder wogen dan de nadelen. Het vooruitzicht om grootmoeder om toestemming te vragen en de mogelijke impact van de kinderen op onze levens vervulden ons met ongerustheid.

De hartelijkheid van onze ontvangst leek een goed teken. Grootmoeder was verrukt dat Zahra Bagdad uit was gevlogen en mijn eigen euforie verdreef de waarschuwingen van JB over de prognose van het kind uit mijn gedachten. Voor zover het grootmoeder betrof, had ik beloofd dat Zahra de noodzakelijke zorg zou ontvangen en had ik mijn belofte vervuld, en nu was haar kleindochter herstellende. In mijn ogen was Zahra gered uit het Irakese hospitaal dat haar niet kon verzorgen, en nu was ze in handen van bekwame Amerikaanse specialisten die haar de best mogelijke behandeling konden geven. Haar brandwonden zouden worden verzorgd, de infectie zou worden overwonnen, de huid zou worden hersteld. Ik had haar gesmeekt om te blijven leven, dus zou ze leven. Ik zag geen reden om grootmoeder te vertellen dat Zahra, ondanks al mijn geruststellende woorden, zou kunnen sterven. Ik geloofde het toch niet, wat de Franse dokter ook had gezegd.

'Uw kleindochter gaat vooruit,' zei ik haar, de berichten doorgevend die Marla die ochtend van haar Amerikaanse contactpersonen had ontvangen. 'Ze zal vast bij u terugkeren als ze helemaal hersteld is.'

Grootmoeder straalde van blijde verwachting. 'Kan ik haar bezoeken?' vroeg ze.

'Ik zal kijken wat de mogelijkheden zijn,' zei ik. 'Ze ligt ergens in een Amerikaans veldhospitaal en misschien is het niet mogelijk om u daarheen te krijgen. Maar ik beloof u dat ze gauw thuis zal komen.'

Toen de thee was opgediend, gingen we samen op de grond zitten waar grootmoeder mij nog meer vrolijke familiefoto's liet zien van de ouders en de broers die Hala en Zahra hadden verloren. Ali, de vader van de meisjes, was taxichauffeur geweest en hun moeder had hun zonen en dochters grootgebracht, van Muntahter, de zoon van achttien, tot Hawra van drie maanden. Ali had waarschijnlijk minder dan tien dollar per dag verdiend, genoeg om zijn vrouw en kinderen te eten te geven, maar niet genoeg voor luxeartikelen in hun schaars gemeubileerde huis van een verdieping. Belangrijker dan dat, vertelde de grootmoeder mij wijs, was dat de familie rijk was aan liefde.

Een tijdlang bespraken we de vooruitzichten van de meisjes in Bagdad. Ik begreep dat ze kansen zouden hebben gehad, als de oorlog niet was gekomen. De kinderen van Irak waren sinds lange tijd de best opgeleide kinderen in het Midden-Oosten. Zahra en Hawra zouden de hoop hebben gehad om in de voetstappen van hun tante te treden en onderwijzeres te worden. Als weeskinderen waren hun opties echter veel beperkter. Grootmoeder had van oorsprong een arme achtergrond. Ze was godsdienstig conservatief, en traditioneel in haar opvattingen. Hoe dol ze ook op haar kleindochters was, het was onwaarschijnlijk dat ze hen zou aansporen om carrière te maken. Haar prioriteit zou waarschijnlijk zijn om hun toekomst zeker te stellen door te zorgen dat ze zo jong mogelijk trouwden.

Ik wist dat grootmoeder haar best zou doen om geschikte echtgenoten te vinden, maar Zahra zou voor het leven getekend zijn en haar kansen waren even troosteloos als die van Marwa, het meisje met het geamputeerde been. De Arabische wereld is geen land van onbegrensde mogelijkheden voor kinderen met gebreken en handicaps. Zahra zou al geluk hebben als ze de tweede vrouw van een oudere man kon worden, die haar zou laten voelen dat hij haar een gunst verleende. Ik kon de gedachte niet verdragen dat ze misschien nooit verliefd zou kunnen worden, nooit in zichzelf zou kunnen geloven, nooit haar eigen keuzes zou kunnen maken.

'Hadjia,' zei ik. 'Ik wil graag iets met u bespreken.'

Ze keek me doordringend aan. Ik was zo nerveus dat ik me er nauwelijks toe kon brengen om de vraag te stellen, die ik al in gedachten had sinds ik Zahra voor het eerst had gezien en haar verhaal had gehoord.

'Zou u willen overwegen om mij Zahra en Hawra te laten adopteren, en ze mee te nemen naar Engeland?'

Grootmoeder keek onthutst. Als ik soms had gedacht dat haar opmerkingen over de moeite die het grootbrengen van de meisjes haar zou kosten, een hint waren geweest dat ik haar plaats moest innemen, had ik mij erg vergist. Het idee was duidelijk nog nooit bij haar opgekomen. Ik wisselde angstige blikken uit met Steve, die ons Arabisch niet kon volgen, maar aan haar reactie kon zien wat ik zojuist had gevraagd.

'Ik beloof u dat ik hun een goed leven zou bezorgen, en ze elk jaar bij u terug zou brengen,' ging ik voorzichtig verder. 'Ik heb zelf geen kinderen, maar ik weet dat ik goed zou zijn voor de meisjes en ik heb hun heel veel te bieden, als u akkoord gaat met mijn plan.'

Grootmoeder zweeg, een blik van uiterste concentratie op haar verweerde gezicht. Toen kwamen de vragen.

'Hoe zouden ze opgevoed worden?' wilde ze weten. 'Welke talen zouden ze leren?'

Omdat ze zelf zo vroom was, vroeg ze natuurlijk ook: 'Hoeveel godsdienstonderwijs zouden ze van jou krijgen?'

Niet de minst belangrijke van haar vragen was: 'Hoe zou ik hen zo vaak mogelijk kunnen zien?'

Ik vertelde haar dat ik al die dingen niet kon besluiten tot wij er met ons drieën over hadden nagedacht. 'Ik weet nog niet alles,' vertelde ik haar. 'Maar ik weet zeker dat we een oplossing kunnen vinden.'

In mijn hart wist ik dat Zahra en Hawra nooit helemaal 'van mij' zouden zijn. Ik zou hen hun wortels en hun thuis, hun familie en hun land niet willen ontnemen. Vanwege hun enorme verlies zou het juist voor deze twee meisjes heel belangrijk zijn om te weten dat hun grootmoeder, twee ooms, tantes en verschillende neefjes en nichtjes nog altijd van hen hielden. Uit levenslange ervaring kende ik het belang van het behoud van zulke banden over internationale grenzen heen. Aangezien ik in Afrika ben geboren en sinds mijn huwelijk in Engeland woon, heb ik geleerd dat mijn hechte relatie met familie in Libanon mij stabiliteit verleent in turbulente tijden. Ik heb altijd iemand gehad tot wie ik me kon wenden voor liefde en steun. Dat zou ik de meisjes nooit willen onthouden.

'Ik zeg niet dat ik ze wil meenemen om te doen alsof ik hun echte moeder ben,' verzekerde ik grootmoeder. 'Ik geloof oprecht dat ze nooit het contact met hun familie moeten verliezen. Ik heb het grootste deel van mijn leven in het buitenland gewoond, maar ik zou nooit zonder mijn werkelijke thuisland Libanon kunnen. Dat heeft me op zoveel manieren verrijkt. En omdat ik dat weet, zou ik de meisjes nooit bij u kunnen weghouden.'

Onverwacht begon grootmoeder te huilen. Ze wiegde heen en weer, haar armen om zich heen geslagen, en hartverscheurende snikken vulden de kamer. Ik wist waarom: ze zag dat de meisjes betere kansen in het leven zouden hebben als ze met mij meegingen, maar ze zag ook de dag voor zich waarop ze afscheid zou moeten nemen van de laatste twee leden van het gezin van haar zoon. De meisjes waren alles wat haar nog van hem restte.

Ze nam mijn beide handen in de hare en kuste ze meermaals. Het gebaar betekende dankbaarheid, maar ze zou heel veel tijd nodig hebben voordat ze afspraken kon maken over de toekomst van de meisjes.

'Dat is een moeilijk verzoek, Hala, laat me erover nadenken,' zei ze. 'Beloof me dat je eerst Zahra zult redden. Beloof me dat. Ik weet dat je het kunt.'

Ik aarzelde. De woorden van JB weerklonken in mijn oren. Geen beloftes, had hij gezegd. Dit was het moment om grootmoeder te vertellen dat er geen garanties waren dat Zahra zou blijven leven. Dat moest ik haar duidelijk maken, dat was ik haar verschuldigd. Maar ze praatte nog steeds.

'Alleen jij kunt zorgen dat Zahra in het goede ziekenhuis blijft,' vertelde ze me. En toen keek ze me in de ogen, zoals ze in het Karameh Ziekenhuis had gedaan. 'Hala, zorg dat ze de behandeling krijgt die ze nodig heeft, maar beloof me nu dat je haar veilig, gezond en genezen terug zult brengen.'

Ik deed mijn mond open om haar te zeggen dat ik die belofte niet kon doen, maar de woorden wilden niet komen. Niet in staat om haar smart te dragen en niet bereid om die te verergeren, hoorde ik mezelf zeggen wat ze zo graag wilde horen. Ik beloofde haar hoop, leven en een stralende toekomst voor haar kleindochter. Moge God het mij vergeven.

HOOFDSTUK NEGEN

In een diep gat

Tijdens de laatste dagen van onze moeilijkste opdracht schepten Steve en ik moed uit het nieuws dat Zahra's toestand zich in het veldhospitaal had gestabiliseerd. Marla bracht nieuws, Swain bracht wijn, en samen vierden we elke avond feest. Bovendien kwamen de cheques met zakken tegelijk binnen op de postkamer van de *Sunday Times*. Zahra's campagne zou talloze andere kinderen helpen en JB, de Franse dokter, voegde zich bij ons om op haar gezondheid te drinken.

Wat de lastige vraag betrof die we grootmoeder hadden gesteld, het zou weken duren voordat we om een eenvoudig ja of nee konden vragen. Terwijl zij erover nadacht, de kwestie doornam met familie en de voor- en nadelen besprak met vriendinnen, konden wij verder niets doen. We zouden over een maand of twee terugkomen, verfrist en hunkerend naar de uitdagingen die de meisjes met zich mee zouden brengen. Alleen de mogelijkheid dat grootmoeder erin zou toestemmen hen deze vervloekte plaats te laten verlaten voor een betere toekomst, was al opwindend.

Het enige wat ons nog te doen stond was inpakken, chauffeurs, plaatselijke assistenten – *fixers* – en onderdak regelen voor de collega's die ons kwamen vervangen, onze contactpersonen vragen om de nieuwelingen te helpen, een paar verhalen voor hen opzetten en onze archieven op orde brengen. We hadden een nieuwsfabriek geschapen, en het zou een langdurige en saaie affaire worden om die over te dragen aan nieuwe managers. Desondanks was ik zo blij om gedemobiliseerd te worden dat ik niet kon ophouden met het neuriën van een geliefd dansnummer: 'I'm coming up... I want the world to know...'

Om ons vertrek te vieren besloot ik een groots afscheidsfeest te geven, dat Marla en mijn krantenvrienden nooit zouden vergeten. We hadden een fatsoenlijke ruimte in de dubbele suite die Steve en ik bewoonden, een om te slapen, de andere om te werken. We hadden ook een geïmproviseerd keukentje; in een van de badkamers had ik campingbranders neergezet. Daar had ik al maaltijden van worstjes uit blik en kaas op bereid voor Swain, met wie we tot laat in de avond op ons balkon op de zeventiende etage hadden gezeten en de bommen op de stad hadden zien regenen. Nu het bombardement afgelopen was en de winkels weer opengingen, wilde ik dat kampeerfornuis gebruiken voor ambitieuzere zaken en potten, pannen en borden vullen met het beste eten dat iemand zich kon wensen in een platgegooide Midden-Oosterse hoofdstad. Als het eten afschuwelijk was, zouden we het wegspoelen met zoveel slechte wijn als een stel journalisten in één nacht kon opdrinken, zodat mijn culinaire vernedering tegen de volgende ochtend zou zijn vergeten.

Rafed werd erop uitgestuurd om gegrilde kip te zoeken terwijl ik mijn speciale ingrediënten bekeek voor mijn *pièce de résistance*. Het enige wat ik kon vinden waren wat sauzen, *tikka* en *jalfrezi*, die ik van een supermarktplank had gegrist zonder te weten of ik ze ooit nodig zou hebben.

Ik ontbeende de kip, bakte stukjes kip in boter en uien op de badkamervloer en strooide er kerriepoeder overheen om het pittiger te maken. Toen goot ik er de supermarktsauzen bij met wat water en liet de hele boel een poosje sudderen. Op een tweede brander deed ik saffraan in een enorme pan rijst, zodat die geurig en goudkleurig werd.

Toen dat klaar was, warmde ik een berg *frankfurters* op en bakte een welhaast industriële hoeveelheid friet.

Al het eten werd uit het zicht van onze zaterdagavondgasten gehouden toen ze aankwamen. Niemand wist wat er op het menu stond en de meesten verwachtten waarschijnlijk tonijn uit blik, omdat we daar al wekenlang voornamelijk op leefden. Terwijl de suite zich vulde met het geluid van kwinkslagen en gelach, kwamen er wijnflessen en bierblikjes op de met kaarsen verlichte tafel te staan en werden worstjes en frieten als hapjes opgediend. Afgezien van het verre gekraak van machinegeweervuur en af en toe een ontploffing, hadden we iedereen en overal kunnen zijn.

Ik was vooral blij om een fantastische collega van de *Sunday Times* te zien die uit het zuiden was meegereden in een tank vol Amerikaanse mariniers. Hij was Italiaans en hield van lekker eten, maar had al wekenlang alleen maar MRE's (kant-en-klaarmaaltijden) van het leger gezien en zag er uitgehongerd uit. Een elegante, Amerikaanse correspondente met een voorkeur voor Prada had in het noorden van het land meegereisd met het geïmproviseerde leger van een uit ballingschap teruggekeerde oppositieleider. De arme vrouw had zich in hangars en schuren moeten zien te redden. Ook zij verdiende het om eens verwend te worden.

De stank van sigarettenrook was zo zwaar dat de geur van specerijen zelfs de meest opmerkzame feestgangers ontging. Dus toen Rafed de enorme pannen kip met kerrie en rijst binnenbracht, gevolgd door schotels boordevol tonijn, worstjes en kaas, werd hij met verbijstering begroet, en daarop volgde gelach. Waar kwam dit festijn vandaan?

'Zo zie je, wij meiden zijn toch nuttig,' zei ik. 'Oorlog of geen oorlog, ik kan nog steeds huiselijk zijn en voor mijn jongens zorgen. Dit is het topteam van de *Sunday Times* en we leven allemaal nog. Goddank.'

Daar proostte iedereen op. Maar toen ik Marla's blik ving, wist ik dat haar gedachten, net als de mijne, uitgingen naar een andere overlevende, ver van de mensen die van haar hielden. Samen hieven wij zwijgend ons glas op Zahra.

❧

Ik moest nog twee laatste bezoeken afleggen voordat ik kon vertrekken. Het eerste was aan mijn vriendin Samia, die uit het ziekenhuis was ontslagen, maar nog steeds in een hotelkamer lag te wachten op een medische evacuatie. Ze sliep toen ik haar kamer binnenglipte en leek te zeer onder de medicijnen te zitten om wakker te worden. Ik bleef een poosje bij haar verpleegster zitten en keek naar het verband om Samia's hoofd, biddend dat ze de volgende keer dat ik haar zag weer de levendige, onberispelijke Samia van vroeger zou zijn. Samia verroerde geen vin toen ik haar ten afscheid kuste.

Het andere bezoek was aan het huis van grootmoeder in de smalle straatjes van de wijk Hay al-Shuhada. Ze stond me bij haar hek op te wachten, zoals altijd in de zwarte chador die haar van top tot teen omhulde. Met een stralende, tandeloze glimlach verwelkomde ze me uitbundig, maar ze gaf geen enkele aanwijzing voor haar mening over het voorstel dat ik haar had gedaan. Ze nam me alleen mee naar de kleine woonkamer waar Hawra en zij 's nachts sliepen onder een foto van de vader van het kind, de lijst nog steeds omwonden met zwart lint.

'Het ziekenhuis zegt dat Zahra's toestand verbetert. Ze doet het goed,' zei ik, het laatste nieuws doorgevend. Ik legde uit dat Marla haar op de hoogte zou houden van al het nieuws uit het veldhospitaal als ik het land uit was.

'Ik ben al drie maanden onafgebroken in Bagdad en ik moet

een poosje naar mijn moeder,' voegde ik toe. 'Als ik terugkom, is Zahra bij u terug. Dan kunnen u en ik samen de toekomst van de meisjes bespreken.'

Grootmoeder, die er na een leven van armoede veel ouder uitzag dan haar vierenvijftig jaar, wat nog verergerd was door het verdriet van de afgelopen weken, knikte ernstig. Ik gaf haar wat geld voor Hawra, die diep in slaap was, en smeekte haar om zich niet beschaamd te voelen, maar te kopen wat de baby nodig had. Hawra had mij zo bekoord dat ik nu al het gevoel wilde hebben dat ik voor haar zorgde, zelfs als ik ver weg was.

'Dit is geen liefdadigheid,' verzekerde ik grootmoeder. 'Dit is van mij voor Hawra, een cadeautje dat ik haar graag wil geven voordat ik wegga.'

Ik zou de komende weken niet alleen Zahra missen – het babyzusje met de grote bruine ogen zou mij in mijn dromen aanstaren tot ik terugkeerde. En dan, als grootmoeder overtuigd was, zou ik haar mee naar huis nemen, haar instoppen in een ledikantje naast mijn bed en de volgende ochtend wakker worden in een nieuw leven voor ons allemaal.

Ik nam afscheid van grootmoeder en zij bad dat Allah mij zou beschermen en me succes zou bezorgen.

'Je bent me door Allah gezonden,' zei ze terwijl ze me in tranen omhelsde. 'Dank je. We zullen je altijd dankbaar zijn.'

Ik verzekerde haar dat de familie haar dankbaarheid verschuldigd was aan Marla. Marla, die het tot haar missie had gemaakt om haar te helpen; Marla, die de afdeling op was gegaan en het lijden van drie patiënten verminderd had; Marla, die verlossing had gebracht waar anders alleen dood en wanhoop zouden heersen.

De oorlog had ons bij elkaar gebracht – Zahra, Hawra, grootmoeder, Marla en mij. Toen ik uit grootmoeders huis de zon inliep, had ik me nooit kunnen voorstellen hoe de komende opstand ons uit elkaar zou drijven.

❧

Aan het einde van die week begonnen we aan de rit door de woestijn die ons uit het oorlogsgebied terug zou brengen naar de vredige normaliteit van ons dagelijks leven. Swain, Steve en ik praatten heel wat af in de auto, maar vermeden terugblikken op de surrealistische verschrikkingen van Bagdad. In plaats daarvan concentreerden we ons op de verrukkingen die ons te wachten stonden in de echte wereld. Wat ik het meest had gemist, besefte ik, was een heet bad, schone badhanddoeken en fris gesteven lakens, en in slaap vallen zonder me af te hoeven vragen of ik in mijn bed vermoord zou worden.

Tussen ons gebabbel door, keerden mijn gedachten telkens terug naar Zahra in het veldhospitaal. Bij ons vertrek had Marla verteld dat mijn meisje misschien zou worden overgeplaatst naar een gespecialiseerde afdeling in Saoedi-Arabië, als ze sterk genoeg was om te reizen. Ik stelde me voor dat ze huidtransplantaties zou ondergaan en dat ik naar haar toe zou gaan om haar te troosten tijdens haar herstel. Het zou een zware tijd worden voor Zahra, en ik wist niet welke littekens er uiteindelijk achter zouden blijven. Voorlopig wist ik alleen dat ik deze twee meisjes wilde helpen. Ik bad tot God dat ik de gelegenheid zou krijgen om dat te doen.

De ambtenaren aan de grens brachten me met een klap terug op aarde. Hadden we de kleden die we bij ons hadden gestolen, vroegen ze. Nee, we hadden ze vóór de oorlog gekocht en de facturen bewaard om het te bewijzen. Hadden we presidentiële paleizen geplunderd voor kunstschatten? Zeker niet. Hadden we schatten meegenomen uit geplunderde musea? Nee, nee, en nog eens nee.

Toen de grensofficieren enkele documenten uit de bagage van Jon Swain haalden, verloor ik mijn geduld en eiste de hoogste functionaris te spreken, die ik vervolgens op volle kracht mijn frustratie liet voelen dat het er na drie maanden in Bagdad uitzag alsof we Amman niet zouden bereiken voordat de avond viel.

'U bent Libanese, nietwaar?' vroeg hij.

'Ja. Wat heeft dat ermee te maken?' snauwde ik.

'Uit welk deel van Libanon komt u?' wilde hij weten.

Diep ademhalen, maande ik mezelf. Laat je niet gek maken. Blijf rustig en regel dit.

'Uit het zuiden,' zei ik liefjes.

'Zie je wel?' riep hij uit, met zijn vuist op tafel en glimlachend tegen de ondergeschikten om hem heen. 'Ik wist het wel! Deze vrouw heeft pit. Ze is niet alleen Libanees, maar komt ook nog uit het zuiden. Daar zijn het allemaal strijders, ook de vrouwen. Zij hebben de Israëli's verdreven, na een bezetting van tweeëntwintig jaar!'

Hij keek me aan. 'U hebt hun moed,' zei hij.

'Nou meneer,' zei ik op mijn minst opvliegende toon. 'Mogen we dan, nu we dat hebben vastgesteld, alstublieft onze spullen pakken en gaan?'

'Natuurlijk,' zei hij. 'Drink ondertussen een kopje thee met ons.'

❦

De volgende dag bereikten we Beiroet, maar die eerste avond wist ik al dat het me tijd zou kosten om me aan te passen aan het gewone leven, zelfs in mijn eigen stad. Steve en ik logeerden bij lieve vrienden, een arts en zijn vrouw, die ons een traditioneel Libanees diner voorzetten met een veelheid van vleesgerechten, sauzen en salades. Het was een heerlijke maaltijd met al onze lievelingskostjes, van auberginedips tot grote kommen *tabouleh* met platte peterselie, aangemaakt met citroensap en olijfolie, maar we konden nauwelijks een hap naar binnen krijgen. Wij hadden niet gemerkt dat we veel gewicht verloren hadden, maar onze vrienden zagen het wel. Ze kregen niet de kans om ons vet te mesten: onze magen leken te zijn gekrompen.

Nadat het feestmaal voor het grootste deel in de koelkast was gezet, gingen we naar een nachtclub. Het was een club waar ik normaal gesproken veel plezier had, maar die avond niet. De muziek stond hard, maar ik wilde alleen maar rustig zitten. Mensen dansten op de tafels, maar ik wilde liever praten. Hoe uitbundiger zij dansten, hoe droeviger ik werd. De vergeten wereld waar wij vandaan kwamen, spookte door mijn hoofd. Beseften die mensen die hier stonden te swingen niet dat er daar weduwen waren die nooit meer zouden dansen? Moeders die niet eens konden huilen om de zonen en dochters die zij verloren hadden, laat staan lachen? Kinderen die moesten leren eten en drinken zonder handen? Wisten ze niet dat Zahra alleen in een Amerikaans veldhospitaal lag, zonder familie om haar te troosten terwijl zij vocht tegen haar pijn? Kon het niemand hier iets schelen?

Ik keek naar Steve aan de andere kant van de bar en fronste mijn wenkbrauwen. Hij begreep het. Het was te vroeg voor ons om hier te zijn. De spanning van de laatste paar weken bedrukte ons. We bevonden ons in een koude, donkere plaats en we moesten langzaam omhoogkomen, net als een diepzeeduiker die de caissonziekte moest vermijden op zijn terugweg naar de zonbeschenen watervlakte. Ik begon te huilen. Mijn vriend de arts behoefde geen uitleg: hij had het begrepen. Hij nam me in zijn armen, knuffelde me en zei: 'We brengen je naar huis, Hala.'

Mijn moeder logeerde in Caïro bij mijn zusje Rana, en daar ging ik vervolgens naartoe. Het volstond niet om hen aan de telefoon te vertellen dat het goed met me ging. Ze moesten het bewijs zelf zien.

De eerste die me op het vliegveld begroette was Lara, mijn liefste nichtje, nu een mooie, stralende zestienjarige. Ze rende naar me toe en wierp zich zo hard op me dat ik bijna omviel.

'Lollie!' riep ze, de bijnaam die ze mij had gegeven zodra ze oud genoeg was geweest om te praten. 'Ik ben zo blij om je te zien!' En om mij te waarschuwen fluisterde ze toen vertrouwelijk: 'Ze hebben zich ongelooflijk ongerust gemaakt.'

Mijn moeder en mijn zusje volgden haar op de voet. Toen ze me in tranen omhelsden, begreep ik dat ze zichzelf ziek hadden gemaakt van de zorgen. Rana huilde als een kind en vertelde me hoe zij en haar vrienden op kantoor wekenlang gevreesd hadden voor elk nieuwsbericht uit Bagdad, doodsbang dat ze vreselijk nieuws zouden horen over Britse journalisten die waren gedood in het kruisvuur of afgeslacht door een verdwaalde raket. Mama omhelsde en kuste me telkens opnieuw, Allah snikkend bedankend dat Hij me weer veilig had teruggebracht.

Toen hield mijn moeder ineens op met huilen en bekeek me met een van haar beruchte blikken. 'Je bent te mager, Hala!' riep ze uit.

Ik vond het niet erg. Ik was overgelukkig met mijn bruuske mama, die ik zo had gemist, aan mijn ene arm, Rana aan de andere en Lara voor ons uit heen en weer springend om geen woord te missen.

'Je ziet er moe uit,' zei mama toen we bij de auto waren. Ze raakte mijn huid aan en schrok. 'Je huid is helemaal droog,' zei ze oprecht geschokt. 'Rana, maak meteen een afspraak voor haar bij die nieuwe spa en schoonheidssalon. Dat is belangrijk, hoor je. Een complete gezichtsbehandeling is wat ze nodig heeft.'

Rana en ik keken elkaar aan en giechelden.

'Verandert ze ooit?' vroeg ik terwijl mama doorging met haar lijst instructies.

'Nee,' zeiden Rana en Lara tegelijkertijd.

Mama vermaande haar respectloze dochters. 'Maak me maar belachelijk, jullie tweeën,' zei ze met een goed gemanicuurde opgestoken vinger. 'Maar op een dag, als ik dood en verdwenen ben, zullen jullie me dankbaar zijn.'

‘We houden zoveel van je, mama,’ zeiden we en ze glimlachte.

‘O, en Rana, niet vergeten,’ zei ze. ‘Hala heeft een manicure en een pedicure nodig. Haar nagels lijken wel die van een man.’

❧

De enige manier waarop ik hen gerust kon stellen was door te genieten, dus dat besloot ik te doen. Rana, met haar onverzadigbare zucht naar plezier, nam me elke avond met haar vrienden mee naar restaurants, clubs en cafés. Mijn dagen bracht ik door met mijn moeder; we bezochten bezienswaardigheden en voerden thuis lange gesprekken als Rana aan het werk was. Ik had hun heel wat aangedaan, besefte ik. Ze waren doodongerust geweest. Maar als ze me zagen zonnebaden bij het zwembad met een glas wijn en een boek, als ze hoorden dat ik lachte en grapjes maakte, zouden ze weten dat ik gewoon de oude was. Dat was ik wel aan hen verplicht.

En zo ging het een paar heerlijke dagen lang. We aten, dronken, winkelden, luierden en kletsten. Ik hield de conversatie luchthartig en vermeed zorgvuldig elke verwijzing naar tankkogels die door de muur van het hotel kwamen en geweren van soldaten die op mijn hoofd werden gericht. Er was maar één serieus onderwerp waar ik wel over moest praten.

Eerst besprak ik het met mijn zus. Ik legde uit hoe Zahra’s gehuil om haar moeder me tot haar had aangetrokken, de verschrikkelijke pijn die ze had verdragen en het verdriet dat nog in het verschiet lag. Maar mijn opwinding over het laatste nieuws, dat de artsen verliefd op haar waren geworden en dat de tedere zorg van de verpleegsters haar herstel bespoedigde, verborg ik niet. Ik zei dat er nog niets zeker was, en dat het voor Zahra en Hawra moeilijk zou zijn om zich aan te passen aan Engeland als ik toestemming kreeg om te adopteren. Desondanks gunde ik mezelf de hoop dat wij op een dag misschien het betoverende kerstfeest zouden kunnen vieren dat we ons altijd hadden gewenst, met onze gezinnen: Rana met haar dochter, en ik met mijn twee dochters.

Natuurlijk was Rana wildenthousiast. 'Wat enig, je krijgt ook meisjes, Halool – meisjes die ik kan leren om zo gek te zijn als ik, niet conservatief zoals jij!'

Ze dacht even na, haar hoofd ondeugend opzij. 'Wat zullen ze een pret hebben met hun tante Rana,' zei ze plagerig.

Toen vervolgde ze ernstig: 'Het zou fantastisch voor je zijn. Ik ben zo blij voor je. O, zusje van me, ga ervoor!'

Ik was zenuwachtiger om mama te vertellen over het verbrande kleine meisje en haar babyzusje zonder moeder of vader om van hen te houden, en over de plannen die Steve en ik maakten om ze een thuis te geven. Ik was bang dat ze het om de een of andere reden zou afkeuren, of me zou vragen of ik geen al te haastige beslissing had genomen, toen ik te uitgeput was om helder te denken. Ik vroeg me af of ze mij aan het twijfelen zou brengen. Ik had haar goedkeuring nodig.

'Denk je dat je van de meisjes zou kunnen houden, zelfs al zijn ze niet van mij?' vroeg ik haar op een avond na het eten. 'Zou je genegenheid voor hen kunnen voelen, of zou je ze altijd als vreemden beschouwen?'

De vraag verbaasde mijn moeder.

'Ik zal van ze houden omdat het onschuldige kinderen zijn,' zei ze. 'Ik zal van ze houden omdat ze bij jou zijn en jou gelukkig maken. Ik denk dat je dit moet doen, Hala. Een goede moeder is niet zomaar iemand die kinderen het leven geeft. Een goede moeder is iemand die kinderen goed opvoedt en hun liefde en zekerheid schenkt.'

❧

Als ik een goede moeder was, zou ik niet vrolijk aan het winkelen zijn geweest toen het telefoontje kwam. We slenterden door de welvarende buurt Zamalek waar Rana woonde, en we waren vanuit de mistige zonneschijn van eind april haar favoriete juwelierswinkel ingedoken. Alle Arabische vrouwen hebben een zwak voor sieraden en ik ben geen uitzondering. Mijn ogen glansden bij het zien van de diamanten ringen, kettingen en oorbellen in de glinsterende vitrines.

'Verwen jezelf, Hala,' zei mijn moeder toen ze zag dat ik betoverd was door een set van twee witgouden ringen bezet met diamanten. 'Je verdient het.'

Een deel van mij wilde verwend worden. Een ander deel voelde zich schuldig dat ik dergelijke extravagante zelfverwennerij ook maar overwoog, terwijl zoveel mensen in Bagdad honger leden.

'Moet ik wel zo mijn geld verspillen, na waar ik ben geweest en wat ik heb gezien?' vroeg ik.

'O, Hala,' verzuchtte mijn moeder. 'Je kunt de wereld niet redden, en je hoeft jezelf niet zo te straffen.'

Ik zwichtte voor mijn ijdelheid en kocht de ringen. De schaamte daarover voel ik nog elke dag, als een litteken dat ik mezelf heb toegebracht.

We liepen samen naar de flat van Rana. Terugkijkend op die middag lijkt het onfatsoenlijk dat ik zoveel plezier beleefde aan het bruisende Caïro, een stad waar mijn pols altijd sneller van ging kloppen. De sfeer is er altijd koortsachtig, omdat iedereen zich van hot naar haar wil haasten, maar door het verkeer tot stilstand wordt gedwongen en geërgerd toetert onder dikke, donkere wolken luchtvervuiling. Ik hield van de gefrustreerde energie van de stad, die ik door me heen voelde jagen.

Het lijkt nu nog weerzinwekkender dat ik die dag voor het eerst in maanden gelukkig was – zo gelukkig dat ik mijn moeder liet schrikken door haar zomaar midden op straat te omhelzen.

'Dank je wel, mam,' zei ik met een grote grijns. Meer hoefde ik niet te zeggen. Ze had me stil en terneergeslagen gezien, en geweten dat ik tijd nodig zou hebben. Nu was ik levendig en opgewekt en dat stelde haar gerust.

Maar niet lang. Mijn mobiele telefoon ging toen we gearmd de straat overstaken.

'Hala, *ma chérie, comment vas-tu*?'

'Hé, Swainy habibi, hoe is het met jou? Ik mis je zo,' grinnikte ik, met het idee dat hij belde voor een flirterig praatje om zichzelf op te vrolijken. Maar toen veranderde zijn toon.

'Hala, ik moet met je praten.'

'Dat kan, zeg het maar,' zei ik in de veronderstelling dat hij een beetje triest was, zoals soms het geval was na een grote opdracht.

'Het gaat om Zahra,' zei hij.

Nog begreep ik het niet.

'Hoe is het met mijn kleine meid? Vertel me nou niet dat iemand me voor geweest is en haar heeft geadopteerd,' schertste ik.

'Nee, dat is het helemaal niet, ben ik bang,' zei hij. Hij praatte zo zacht dat ik moest stilstaan om hem te kunnen horen in de drukte om me heen.

'Marla belde net met erg slecht nieuws, Hala. Het spijt me zo verschrikkelijk, *ma chérie*. Zahra is gestorven.'

Ik had het gevoel dat ik van grote hoogte diep in een donker gat viel. Ik stortte van de hemel in de hel – van een visioen van Zahra die met haar armen wijd op me af kwam rennen, helemaal hersteld en vol levenslust, naar de werkelijkheid van een driejarig weesmeisje gewikkeld in witte mousseline in een eenzame doodskist; van hoop voor de toekomst tot afgrijzen van het hier en nu. Terwijl ik viel, raakte ik in paniek. Mijn moeder naast mij kon ik niet eens zien. Het enige wat ik kon, was schreeuwen: 'Nee!'

Swain probeerde troostende woorden te zeggen. Ik luisterde niet.

'Nee, Jon. Zeg alsjeblieft dat het niet waar is. Je zei dat het prima met haar ging. Een paar dagen geleden zei je dat het goed ging met Zahra. Dat heb je gezegd. Dat zei Marla. Hoe kan ze dan nu dood zijn?'

Ik snikte. O mijn god, dacht ik. Ik heb haar vermoord. Ik heb haar in de steek gelaten. Ik heb haar verlaten door het land uit te gaan.

'Ik heb beloofd dat ze zou leven, Swainy. Ik heb het haar grootmoeder beloofd. Ik zou haar terugbrengen, gezond en wel!'

Mijn moeder had ondertussen haar arm om me heen geslagen en leidde me de straat door naar het appartement van mijn zusje. Swain legde uit dat Zahra's toestand plotseling verslechterd was. De ontstekingen van de brandwonden waren weer opgevlamd en ze was te zwak om ertegen te vechten. Meer wisten ze niet. Marla probeerde meer informatie te krijgen. Hij zou het me laten weten.

'Ik was stomme sieraden aan het kopen,' zei ik. 'Zahra was stervende en ik dacht aan sieraden.'

HOOFDSTUK TIEN

Verdwaald in de maalstroom

De jaren die volgden op die verschrikkelijke dag waren vol verdriet, niet alleen om de paar familieleden van Zahra die nog in leven waren, maar om de duizenden gezinnen die vergelijkbare verliezen leden in de opeenvolgende golven van sektarisch geweld waardoor Bagdad werd overspoeld.

Ik raakte de tel kwijt van alle weduwen die mij hun verdriet vertelden om echtgenoten die van de straat waren getrokken om vastgebonden, gekneveld, doodgeschoten en gedumpt te worden, alleen vanwege de godsdienst van hun familie. Hoe hard ik het ook probeerde, ik kon hun smart niet van me afschudden als de interviews voorbij waren: ik leed met hen mee. Het was nog moeilijker om bij de mannen van vermoorde vrouwen te zitten en te proberen hun verhalen zo objectief en professioneel mogelijk op te schrijven, terwijl mijn gedachten voortjoegen en mijn verbeelding op hol sloeg met beelden van de laatste momenten van de slachtoffers. Het moeilijkste was om vaders en moeders te horen huilen om hun kinderen wier leven, net als dat van Zahra, gestolen of verwoest was door kruisvuur of autobommen.

Hoeveel van deze verhalen ik ook aanhoorde, ik voelde ze nog dagen-, weken-, maandenlang in mijn hart. Ik voelde me verplicht om me ze stuk voor stuk te herinneren, voor Zahra – en voor mijzelf.

Toch leerde ik niet alleen de slachtoffers, maar ook de aanstichters van het geweld kennen. Ik maakte kennis met de milities die in de opstand vochten, en liet me door hen meenemen in een onderwereld die zo ver verwijderd was van het paradijs dat ik voor Zahra, Hawra, Steve en mij had gepland als je je maar kunt voorstellen. Ik sloot vriendschap met opstandelingen, zat midden in de nacht bij hen om inzicht te krijgen in hun moordpartijen. Ik kookte zelfs voor een klein leger opstandelingen, dat zich voorbereidde om hun stad te verdedigen tegen de overweldigende vuurkracht van de Amerikaanse mariniers.

Deels werd ik aangetrokken tot de gewelddadige mannen van Irak, omdat ze me wat journalisten 'scoops' noemen bezorgden, die buiten het bereik van mijn westerse rivalen lagen. Maar ik wilde ook in hun hoofd kijken, om de oorlog te begrijpen. Het schieten en de bombardementen vernietigden zoveel gezinnen als dat van Zahra, die niet geïnteresseerd waren in de strijd tegen de Amerikanen, maar alleen wilden overleven. Iedereen kende de beweegredenen van de Amerikanen uit hun publieke nieuwsberichten en particuliere verklaringen. Slechts weinigen in het Westen begrepen het religieuze fanatisme, de patriottische bezieling en de pure bloeddorst die de milities dreef tot de confrontatie met de bezetters, laat staan met elkaar. Ik vond dat het mijn plicht was om een licht te laten schijnen in de donkere hoeken van belegerde straten en wat inzicht in de situatie te geven.

Op hun beurt werden de strijders tot mij aangetrokken, deels omdat ik hun een stem gaf in de propagandaoorlog, en deels omdat ze veronderstelden dat ik, als moslim, aan de kant stond van degenen die zich verzetten tegen de bezetting. Mijn werk vereiste dat ik onbevooroordeeld en objectief bleef in mijn verslaggeving. Maar nadat ik op een haar na was opgeblazen door een Amerikaanse tank, was bedreigd door Amerikaanse soldaten en bij Zahra de brandwonden had gezien veroorzaakt door een Amerikaanse granaat, moet ik toegeven dat er momenten van zwakheid waren waarin mijn neutraliteit misschien wankelde.

Dat voelden de milities aan. Sommige commandanten beschouwden me als een bondgenoot. Ze vertrouwden me tot het absurde toe en verwachtten in ruil daarvoor hetzelfde van mij. Een van hen, nauw verbonden met Al Qaida, kwam naar me toe met het voorstel om Steve en mij te kidnappen, omdat we volgens hem allemaal voordeel zouden hebben bij de publiciteit. Ik sloeg zijn aanbod beleefd af.

Het is niet gemakkelijk om als vrouw door te dringen tot het overweldigend mannelijke terrein van de opstandelingen. Dat vereiste een zeker machismo van mijn kant. Terwijl ik het vermogen ontwikkelde om met de aanvoerders van de opstandelingen te praten en een M16 geweer van een M18 leerde onderscheiden, flakkerde en doofde mijn verlangen om moeder te worden, dat met hernieuwde felheid had gebrand in de dagen voor Zahra's dood. Terugkijkend zie ik dat ik mijn verdriet verdrong door me kapot te werken in een dorre onderwereld waar niets me eraan herinnerde dat ik, als alles anders was gelopen, twee dochtertjes had kunnen grootbrengen in Londen. Die droom was met Zahra begraven.

❧

De dag waarop ik hoorde dat Zahra was overleden, was de zwartste dag van mijn leven. Ik huilde om haar, om de familie die haar ontstolen was, om de pijn die ze had geleden en de vergeefse inspanningen van zoveel mensen om haar te redden. Ik huilde om haar grootmoeder, die al zoveel verloren had en nu weer een verschrikkelijke schok te verduren kreeg, het besef dat van de zeven kinderen van haar zoon alleen Hawra haar nog restte. En ik huilde bittere tranen van zelfverwijt. Ik had een grote belofte gedaan. Hoe kon ik zo dom zijn geweest om die arme vrouw te vertellen dat Zahra zou blijven leven, terwijl ik wist dat er vijftig procent kans was dat ze zou sterven? Hoe kon ik het land zijn uitgegaan voor rust en ontspanning, terwijl Zahra haar dodelijke strijd leverde tegen bloedvergiftiging? Als ik was meegegaan naar het veldhospitaal, haar hand had vastgehouden en de dokters op hun huid had gezeten, zou dat dan misschien het verschil hebben uitgemaakt tussen leven en dood? Ik zou het nooit weten. En die vragen zou ik meenemen in mijn eigen graf.

Afgezien van Steve, was Sean de enige die ik die dag opbelde.

'Mevrouw Matey!' baste hij, zijn joviale bijnaam voor mij – die iets te maken had met het feit dat ik, in zijn ogen, een bijzonder vriendelijke ziel was. 'Waarom bel jij naar kantoor, Mevrouw M.? Jij hoort vakantie te houden.'

'O, Sean,' huilde ik. 'Ze is dood en het is allemaal mijn schuld.'

Zijn stem veranderde onmiddellijk.

'Wat verschrikkelijk, Hala.'

Door mijn tranen heen tierde ik dat ik had geprobeerd haar te redden en raasde dat ik haar gedood had door weg te gaan.

'Jij hebt haar niet gedood, Hala – je hebt alles gedaan wat in je macht lag om haar te redden,' zei Sean, die zijn best deed om mij te troosten. 'Zahra had jou om voor haar te vechten, en dat is meer dan heel veel ernstig gewonde kinderen hebben. Als jij haar niet kon redden, was ze te ver heen om gered te worden – alleen wisten we dat nog niet. Bekijk het anders. Zahra's verhaal heeft een fortuin opgebracht voor onze actie. Dat geld zal heel veel andere kinderen helpen. Vanwege Zahra krijgen zij een kans om te leven.'

Ontroostbaar kon ik alleen nog uitbrengen: 'Maar Zahra is nog steeds dood, Sean.'

Die nacht zat ik urenlang alleen op mijn kamer naar de twee

ringen om mijn vingers te staren en verweet mezelf mijn verkwisting eerder die dag. Kinderen die het verhaal van Zahra in de krant hadden gelezen, hadden hun zakgeld van één Britse pond naar de inzamelingscampagne gestuurd. Gepensioneerden die niets konden missen, hadden vijf pond overgemaakt met verontschuldigingen omdat het niet meer kon zijn. En ik, die meer om haar zou moeten geven dan wie ook, had een klein fortuin verspild aan glimmende prullen om mee op te scheppen tegenover welvarende vrienden en familie. Nog nooit had ik zo van mezelf gewalgd.

Dus zwoer ik een dure eed. Ik zou die ringen aan mijn vinger houden als een blijvende herinnering aan mijn schaamte, tot ik de moed vond om haar grootmoeder te bezoeken en haar te vertellen hoe laf ik was geweest toen ik haar de werkelijke prognose voor Zahra niet vertelde. Nadat ik grootmoeder om vergiffenis zou hebben gesmeekt, zou ik proberen om mijn fout op de een of andere manier een beetje goed te maken en de ringen aan Hawra geven. Het goud en de diamanten zouden voor haar zijn, in herinnering aan het dierbare zusje dat zij nooit zou kunnen koesteren.

❦

Pas zes weken later keerde ik terug naar Irak in de felle, broeierige hitte van de zomer. Na een maand rouwen leek mijn enige troost te liggen in de terugkeer naar mijn werk, en mijn redactie gaf me toestemming om een aantal opstandelingen op te zoeken en informatie en inzichten te verwerven die een Arabische journalist misschien gemakkelijker kon krijgen dan een westerling. Toen Steve en ik de Irakese grens overstaken, keerden mijn gedachten echter telkens terug naar Zahra, Hawra en grootmoeder. Als de dingen anders waren gelopen, hadden Steve en ik op deze reis misschien de meisjes opgehaald. Dan had ik misschien het gezinsleven kunnen omarmen waar ik sinds mijn jeugd naar hunkerde. Het vooruitzicht om naar hun huis te moeten om mijn condoleances aan te bieden, vervulde me van misselijkheid en vrees. Ik gaf er de voorkeur aan me te begraven in mijn verslaggeving van de oorlog. Hoe gevaarlijker de opdrachten, vertelde ik mezelf, hoe meer afleiding van mijn verdriet en mijn schuldgevoel.

De komst van een nieuwe fixer om ons te begroeten bij ons hotel vormde een welkome afleiding. Ali Rifat was een slimme, maar vriendelijke jongeman die glimlachend onze hotelkamer binnenkwam en zich met een lichte buiging voorstelde. Steve en ik namen hem mee naar de eetzaal van het hotel zodat we elkaar konden leren kennen, en terwijl wij zaten te eten, zag ik Marla tussen de tafeltjes lopen. Omdat ze zo populair was, had ze het eerst te druk met het begroeten van andere gasten om mij op te merken. Toen slaakte ze een kreet van verrukking en kwam op een holletje naar ons toe. We omhelsden elkaar lang en stevig. De laatste keer dat wij bij elkaar waren, was er nog hoop geweest voor Zahra.

Marla en ik hadden meer gemeen dan de strijd om Zahra's leven. We gingen allebei gebukt onder een schuldgevoel over haar dood. Zoals ik mezelf niet kon vergeven dat ik Zahra had achtergelaten om naar huis te gaan, zo ging Marla gebukt onder het idee dat ze meer had kunnen doen om het kind te redden. Maar terwijl ik niet in staat was geweest om me mijn bed uit te slepen in Londen, was Marla naar het huisje van grootmoeder gegaan om het nieuws te vertellen, en was bij haar gebleven toen de oude vrouw het uitschreeuwde in ontsteld ongeloof. Ze had de rouwceremonie en de maaltijd voor familieleden, vrienden en buren bijgewoond op de zevende dag na het overlijden, en ook een soortgelijke plechtigheid die het einde aangeeft van de rouwperiode van veertig dagen die in de islamitische wereld gebruikelijk is. Marla had Zahra's grootmoeder en twee ooms mijn condoleances overgebracht in het door oorlog geteisterde westen van

Bagdad, terwijl ik lag te huilen in mijn kussen in Londen.

Ik had Marla ook aangespoord om meer informatie over het overlijden van Zahra te verkrijgen van het Amerikaanse veldhospitaal, en om de familie te helpen haar stoffelijk overschot terug te brengen om ons meisje bij haar ouders te kunnen begraven. Marla had gedaan wat ze kon, en voerde tegelijkertijd strijd met de Coalition Provisional Authority, die het land regeerde. Ze was vastbesloten om schadevergoeding te verkrijgen voor elke weduwe en elk gewond kind in haar *casebook*. Naast haar bovenmenselijke inspanningen was ik onbeduidend, maar toch strafte ze zichzelf dagelijks met de gedachte dat ze nutteloos was als hulp zich niet onmiddellijk manifesteerde.

'Ik vind het zo heerlijk om je weer te zien,' zei ze ten slotte, en zocht in mijn ogen naar een aanwijzing over mijn gemoedsgesteldheid.

'Het is goed om weer terug te zijn,' stelde ik haar gerust.

Toen ze aan onze tafel ging zitten en Ali een stralende Californische glimlach toewierp, vroeg een ober haar of ze haar gebruikelijke vegetarische schotel wilde. Die stond al klaar: een bord vol rauwe wortel en paprika, in reepjes gehakt en keurig opgestapeld, met daar tussen in komkommer, sla en tomaten. Terwijl ze at bediende ze zich ondertussen van mijn friet en Ali's rijst.

'Grootmoeder wil je heel graag zien,' zei ze na een poosje. Ik keek haar aan en ze las mijn gedachten.

'Ze stelt jou niet verantwoordelijk, Hala,' zei ze. 'Ik ga erheen wanneer ik kan, maar ik weet dat jij degene bent die ze werkelijk wil zien. Ze vraagt steeds naar je. Ga naar haar toe, meid! Je gaat je er vast beter door voelen.'

'Ik heb nog een paar dingen te doen,' vertelde ik haar. 'Daarna ga ik naar ze toe.' Marla glimlachte weer.

Toen ik er later die avond over nadacht, besefte ik dat het niet zo eenvoudig was. Ik wist natuurlijk dat ik erheen moest. Om te beginnen verplichtten godsdienst en traditie me om persoonlijk mijn condoleances aan te bieden. Bovendien was ik grootmoeder niet alleen een verontschuldiging, maar ook een verklaring verschuldigd, omdat ik haar had misleid over de kans die Zahra had om te herstellen. Ik had me door hoop laten verblinden voor rede, en daardoor was een vrouw die al gebukt ging onder een onvoorstelbaar verlies, niet voorbereid geweest op de schok van de dood van haar kleindochter.

En toch voelde ik paniek opkomen bij het idee dat ik naar haar huis moest. Ik besefte dat ik bang was voor het verdriet, dat ik nog had verergerd door mijn stommiteit, en het verwijt dat ik zeker in grootmoeders ogen zou lezen. En ik was nog banger om baby Hawra te zien. Bij het idee dat ik haar in mijn armen zou houden, werden mijn handen klam van het koude zweet. Ik was zo dom geweest om mezelf wijs te maken dat ik die baby als mijn eigen kind zou mogen opvoeden, maar daar was het nu te laat voor. Nu ik een van haar kleindochters had laten sterven, kon ik de oude vrouw niet om de andere vragen. Ze hadden immers alleen elkaar nog.

Ik betreurde het nog steeds dat ik mezelf overhaast had toegestaan om opnieuw te hopen op een kind om te verzorgen, op te voeden en de wereld in te sturen. Maar mijn hartzeer nu ik die droom definitief had verloren, was niets vergeleken bij het verlies dat grootmoeder en Hawra hadden geleden, en ik schaamde me dat ik niet sterker kon zijn. Ik dacht dat ik mijn kinderloosheid had geaccepteerd, toen ik had besloten om niet langer te proberen om zwanger te raken. Maar nu mijn laatste kans op het moederschap vervlogen was, vond ik het zo moeilijk om me voor te stellen dat ik Hawra weer in mijn armen nam en haar zachte kruintje kuste, in de wetenschap dat ze nooit van mij zou zijn. Ik begreep dat ik misschien toch niet in staat zou zijn om hen op deze reis al te bezoeken. Wegblijven was onbeleefd, onaardig en onnoemlijk zelfzuchtig. Maar mijn kwetsbaarheid beangstigde me. Ik voelde dat ik, om sterk te kunnen zijn, misschien een poosje bij Hawra weg moest blijven.

Ik schaamde me zo voor mijn zwakte, dat ik me er niet toe kon zetten om uit te leggen hoe ik me voelde, toen Marla me een paar dagen later foto's van Hawra liet zien. Ik kirde, glimlachte en beloofde dat ik Hawra snel zou opzoeken. Toen Marla weg was, huilde ik lang, en wendde mijn gedachten toen naar het werk van die week. Ik had mijn verdriet al eerder overwonnen door me te verliezen in mijn werk als journalist. Dat zou ik weer doen.

❧

In de loop van de daaropvolgende maanden concentreerde ik me op het schrijven over het ontstellende verval van de veiligheid in het land en de impact daarvan op gewone gezinnen. Ik riskeerde mijn leven om moordenaars te ontmoeten en merkte dat executiepelotons en scherpschutters veilig terrein voor me waren, omdat ze geen emotionele eisen stelden. Hoe vreemd het ook mag klinken, het viel me gemakkelijker om opstandelingen te ontmoeten dan om de grootmoeder van Zahra troost te bieden. Terwijl ik hen bestudeerde, kon ik haar vermijden.

Tijdens mijn eerste ontmoeting met de opstandelingen in de rust van een dadelpalmbosje onder de sterren, zag ik de tekenen van de almachtige storm die komen ging. De gemaskerde mannen van de Irakese islamitische jihad hadden verschillende beweegredenen, maar waren verenigd in hun haat tegen de bezetting. Ze gaven een discrete voorstelling van de vuurkracht van de guerrilla. Ze beschreven hoe ze een Amerikaans konvooi in een hinderlaag hadden gelokt. Ze vertelden dat ze vastbesloten waren om de olie van hun land te beschermen.

Toen Steve klaar was met het fotograferen van de opstandelingen en we afscheid namen, wist ik niet hoe lang deze ongeorganiseerde bende het zou volhouden tegen het geraffineerde Amerikaanse wapentuig, maar ik wist wel dat deze mannen, die Saddam aanbaden en desondanks zij aan zij vochten met degenen die hem haatten, niet zo snel zouden worden verslagen als de Amerikanen dachten. Dit zou een lange oorlog worden. Ik zou alle kracht nodig hebben die ik bijeen kon rapen om er verslag van te doen. Zwakte tonen tegenover groepen zoals deze, kon ik me niet veroorloven. Als zij de bron moesten worden voor artikelen die mij zouden onderscheiden van mijn westerse collega's, moest ik indruk op hen maken met mijn moed.

Naast heimelijke ontmoetingen met de mannen die deze oorlog voerden, bleef ik me bezighouden met de vrouwen en kinderen die er de meest meelijwekkende slachtoffers van waren. De dood van ieder kind herinnerde me aan Zahra, en als ik de angst zag die het gezinsleven geleidelijk verlamde, vroeg ik me af hoe het met de familie van Hawra zou gaan.

Geen enkele straat leek immuun voor tragedie. Een zestienjarige jongen werd opgeblazen door een autobom toen hij op een ochtend een kiosk voor mijn hotel opende. Een paar dagen later bezocht ik zijn moeder die met haar zes jongere kinderen in een flatgebouw in de buurt woonde.

'Ik word om drie uur 's nachts wakker en huil mijn ogen uit mijn hoofd als ik aan hem denk,' zei ze snikkend. Ze had haar twee dochters van school gehaald, omdat ze doodsbang was om hen ook te verliezen. 'Waar moeten we het losgeld vandaan halen als ze ontvoerd worden, en als ze omkomen bij een explosie, wat dan?'

Een verdieping lager werd ik voorgesteld aan haar schoonzus, die voortdurend in angst leefde. Haar man, een taxichauffeur, bracht hun twee zonen van zes en negen elke ochtend naar school en ze moest er niet aan denken dat ze niet thuis zouden komen voor het middageten.

'Telkens als ik een geweerschot of een explosie hoor, trek ik mijn abaya aan en ren de straat op omdat ik slecht nieuws verwacht,' zei ze. 'Ik maak me ongerust over mijn man en ik huil. Stel je voor dat hij gevangengenomen wordt? Of aan flarden wordt geschoten? Elke avond als hij thuiskomt, kus ik zijn handen van blijdschap.'

De angst van de volwassenen trof ook de kinderen. Een vader vertelde me dat zijn zonen elke nacht bij zijn vrouw op schoot sliepen, omdat ze te bang waren om naar hun bedje te gaan. Een moeder zei dat haar zonen een blik hadden opgevangen van een executie op iemands mobiele telefoon en vroegen: 'Wat betekent het als iemand onthoofd wordt? Kunnen mensen onthoofd worden zoals schapen?'

Niet de minste van hun zorgen was geld. Er was weinig werk te krijgen, maar de hele dag thuisblijven was moeilijk met stroomonderbrekingen van wel twintig uur per dag, en veel mensen hadden nauwelijks geld om hun kinderen te eten te geven, laat staan om brandstof te kopen voor een generator voor airconditioning. Als het op zomeravonden te heet was om binnen te slapen, spoten ze insecticiden op de daken om muggen en kakkerlakken te verjagen en legden hun kleintjes daar neer.

Hoe langer de gevechten duurden, hoe meer kinderen werden binnengehouden. Een dagje in het park behoorde tot het verleden en uitjes naar restaurants, vrienden en zelfs familie vonden niet meer plaats. Ik zag paniek in de ogen van Ali, mijn fixer, als zijn vrouw niet onmiddellijk haar telefoon beantwoordde. Hij verwachtte steevast het ergste.

'We zijn voortdurend gespannen, vierentwintig uur per dag,' zei hij eenvoudigweg. 'Ik ben constant bang voor autobommen, ontvoeringen en sektarische moorden. Elke dag als ik het huis uitga, denk ik dat het de laatste keer is dat ik mijn gezin zie.'

Ali compenseerde het thuisblijven voor zijn kleine jongens met zakkenvol cadeaus, videospellen en dvd's. Ik vroeg of hij ooit bang was om ze te verwennen.

'Maar Hala,' zei hij. 'Ze hebben niets anders, die arme kinderen. We moeten iets doen om deze manier van leven draaglijk te maken.'

En wat deden al die families die zich dergelijke luxeartikelen niet konden veroorloven, vroeg ik me af. En grootmoeder en Hawra? Ik probeerde me hun eentonige routine in het kleine betonnen huis voor te stellen en voelde tranen prikken in mijn ogen. Ik had haar dat alles kunnen besparen, als het lot niet anders had beslist, dacht ik. Maar voorlopig kon ik me er niet eens toe brengen om hen te bezoeken. Ik was bang dat ik zou instorten als ik erheen ging. Telkens als ik over Hawra piekerde, overtuigde ik mezelf dat ik alleen iets meer tijd nodig had om te herstellen van de schok van Zahra's dood; dat ik volgende week misschien minder breekbaar zou zijn, of misschien volgende maand, of dat ik op mijn volgende reis eindelijk sterk genoeg zou zijn om op bezoek te gaan.

Naarmate het geweld verergerde en het steeds gevaarlijker werd om naar haar buurt te gaan, leek de belofte van een hereniging met Hawra steeds verder weg. Alles was aan het veranderen, voor Irak en voor mij. Ik was gedwongen om een zekere arrogantie voor te wenden tegenover de gevaren die me omringden. Ik besefte dat ik mijn instelling moest verharden en een deel van mijn gevoeligheid moest afleggen. Ik moest Hawra naar de achtergrond van mijn gedachten verdringen, vertelde ik mezelf. Ik zou werken als een man, om niet langer te denken als een vrouw.

HOOFDSTUK ELF

Dineren met de duivel

Als Marla het al afkeurde dat ik wegbleef bij grootmoeder en Hawra, was ze te warmhartig om dat te laten merken. Dat wil niet zeggen dat ze al mijn gangen goedkeurde. Marla kende de gevaren van het werken in Irak en wist wat er kon gebeuren als iemands geluk opraakte. Terwijl ik mijn leven en dat van Steve op het spel zette met steeds gewaagdere reizen naar gebieden waar geen verstandige vrouw zich zou wagen, werd Marla steeds ongeruster over onze veiligheid.

'Denk eens na over wat je doet, meid,' zei ze dan. 'Er moet een gemakkelijkere manier zijn om de kost te verdienen!'

Zij wist ook wel dat ik mijn werk niet voornamelijk voor de kost deed, net zo min als zij. Sinds de dood van Zahra was ik bevangen door het idee dat ik een missie had, een plicht om te getuigen van de ravage die oorlog veroorzaakt in de levens van onschuldige mensen. Ik was van mening dat de daders van de wreedheden aan beide zijden van het conflict gedijden in de schaduwen, en dat er iets ondefinieerbaar goeds uit zou voortkomen als ik aan het licht bracht wat ze precies deden.

Marla was bezig met een praktischere kruistocht: geld en hulp vinden voor de slachtoffers, niets meer en niets minder. Zij dacht dat het haar zou helpen om compensatie te verkrijgen voor de slachtoffers als ik over hen schreef. Als ik dus naar een belegering, een uitbraak van sektarische gevechten of de inslag van een verdwaalde raket ging, gaf ze mij onveranderlijk haar eigen opdracht mee.

'Zoek uit hoe de vrouwen eraan toe zijn,' zei ze telkens weer. 'De slachtoffers, Hala – die zijn belangrijk. Breng me namen als het kan.' En dan deed ik mijn best om namen toe te voegen aan de lijst van vrouwen en kinderen voor wie Marla schadevergoeding zocht.

In april 2004, een jaar nadat Zahra overleden was, reden Ali en ik naar Fallujah, een bolwerk van soennitische opstandelingen dat belegerd werd door Amerikaanse strijdkrachten. We glipten de stad binnen met behulp van contactpersonen onder de rebellen en zaten weldra aan een lunch van rijst en stoofpot met een aantal strijders, op nog geen tweehonderd meter van de Amerikaanse stellingen. Ze spraken over een jongen van twaalf die kennelijk een Amerikaanse scherpschutter had neergeschoten. Ik vroeg om bij hem te worden gebracht.

Die avond leidden twee gidsen ons naar een smalle steeg waar we de blauwe Buick van Ali parkeerden en aanklopten bij een heel gewoon huisje in een onopvallende rij. Op een matras in de woonkamer zat het meest uitzonderlijke kind dat ik ooit heb ontmoet, samen met een van zijn kameraden. Het was gemakkelijk te zien waarom de hele stad over hem praatte. Hij had een schrille sopraanstem, maar praatte als een man over liefde en verlies, trots en vaderlandsliefde, vernietiging en dood. Zijn naam was Saad en hij was nauwelijks een meter twintig lang.

Toen hij de geruite sjaal afpelde die zijn gezicht bedekte, zag ik dat hij weliswaar nog de gladde wangen en de glimlach van een kind had, maar op weg was om een aantrekkelijke tiener te worden, met grote bruine ogen, een ferme kaaklijn en sterke witte tanden.

Jongens werden snel volwassen bij de ruwe stammen in de soennitische driehoek ten westen van Bagdad. Saad vertelde dat zijn broer van dertien al getrouwd was geweest en een kind had, toen hij stierf in de strijd om Fallujah te verdedigen tegen de Amerikanen. Saad zelf had op de eerste dag van de strijd een oppervlakkige kogelwond aan zijn been opgelopen, zei hij schouderophalend.

Toen mijn inleidende vragen onderbroken werden door explosies in de verte, gevolgd door eentje dichterbij, vertoonde Saad geen tekenen van nervositeit. Zijn engelachtige verschijning was op een vreemde manier in strijd met het duivelse verhaal dat hij vertelde.

Zijn verhaal begon met zijn terugkeer naar de strijd, een paar dagen na zijn verwonding. Die middag was een groep van zijn medestrijders in het noorden van de stad klemgezet door een Amerikaanse scherpschutter. Saad had zijn AK-47 achter zijn rug verborgen, en liep tegen de bevelen in naar het gebouw waar de scherpschutter zich verschanst had.

'Ik wist dat de soldaat zou denken dat ik maar een kind was en niet op me zou schieten,' zei hij.

Hij had gelijk. Toen Saad de Amerikaanse stelling naderde, wendde de scherpschutter zich af. Prompt knielde de jongen op straat, hief zijn geweer en richtte.

'Ik bleef schieten tot ik rook uit zijn lichaam zag komen,' zei Saad.

Ik vroeg me af wat hij ervan vond om zo jong al iemand van het leven te hebben beroofd, en zou het hem hebben gevraagd als de steeg niet was gaan beven onder een reeks explosies, zodat wij ons gedwongen zagen om te vertrekken. Toen Ali en ik uiteindelijk bij zijn geliefde Buick aankwamen, bleek dat die vernietigd was door helikoptervuur.

❦

Ik vertelde mijn ouders nooit wat ik deed in Irak. Ze wisten maar al te goed dat ik samen met honderden andere journalisten het nieuws versloeg. Maar ze hadden geen idee van de onconventionele methodes die ik toepaste om inzicht te verkrijgen in de opstand. Zo zou ik bijvoorbeeld nooit aan mama of baba hebben verteld dat ik bij dageraad zonder enige beveiliging naar een afgelegen boerderij was gereden om een zeer goed opgeleide, meertalige nerd te interviewen, die de executie van een Italiaanse gijzelaar door een schot in het hoofd naast een ondiep graf had gefilmd.

Hoewel mijn moeder liever zou hebben gezien dat ik het leven van haar vriendinnen veranderde als plastisch chirurg, handelsadvocaat of op zijn minst belastingaccountant, was ze toch wel trots op de erkenning die ik begon te krijgen. Mijn vader maakte zich alleen maar ongerust en kon zich er niet van weerhouden om de afdeling buitenland van de *Sunday Times* te bellen om te vragen of er nieuws van mij was.

'Goedemorgen, *my dear*,' zei hij dan tegen Sean in zijn al te familiaire Engels. 'Ik hoor niets van Hala. Gaat het goed met haar?'

Op een dag, toen hij herstellende was van een staaroperatie, vroeg hij mijn moeder om de *Sunday Times* mee te brengen naar het ziekenhuis. Hij dacht dat ik in Bagdad was, dus hij schrok toen hij mijn foto en mijn naam zag staan boven de inleidende alinea van een artikel over Najaf, de heilige stad, waar Amerikaanse strijdkrachten de rebelse troepen van het sjiitische Mahdi-leger hadden omsingeld. Het was maar goed dat hij niet wist dat ik van de Amerikaanse linies naar die van de Mahdi was overgestoken door er langzaam heen te lopen met een scherfwerende helm op mijn hoofd, een zwarte *chador* over mijn tien kilo zware scherfwerende vest, mijn armen in de lucht en een droge mond door de combinatie van vijftig graden Celsius en pure doodsangst.

Wat ik ook niet aan mijn familie vertelde was mijn indruk dat ik beter met mezelf kon leven, naarmate de opdrachten moeilijker waren. Niet alleen omdat het gevaar me belemmerde om te piekeren, maar de gruwelen van de oorlog aan het licht brengen was voor mij ook een eerbewijs aan het kleine slachtoffertje dat mij het meest aan het hart ging. Verslag doen van het conflict leek me geleidelijk te bevrijden van mijn schuldgevoel omdat ik Zahra had laten sterven.

Het probleem was echter dat ik mijn moed begon te verliezen, naarmate ik me in steeds angstaanjagendere situaties begaf. De illusie dat ik als Arabier, moslim en vrouw veilig was in Irak, werd verstoord door de dood van anderen zoals ik, waaronder journalisten, toen de bomaanslagen en onthoofdingen steeds erger werden.

In sommige nachtmerries zag ik mezelf in paniek proberen te ontsnappen aan ontvoerders die harder konden rennen dan ik. In andere staarde ik geknield met gebonden handen in de lens van een videocamera, waarin ik de weerspiegeling zag van een gemaskerde man die van achteren op mij afkwam met een lang, krom mes. Ik had te veel video's gezien waarin de hoofden van gijzelaars bij hun haren naar achteren werden gerukt om hun keel te kunnen afsnijden met de zaagbeweging die aan een onthoofding voorafgaat. Ik had te veel gegil gehoord en de hoge fluittoon van te veel stervende mannen die met een doorgesneden luchtpijp naar hun laatste adem hapten. Zouden ze een vrouw zoiets aandoen, vroeg ik mezelf af. Eerlijk gezegd, ja. Deze slachters waren tot alles in staat.

Toch kon ik me niet door mijn angst laten beheersen. Als ik dat deed, zou ik niet bij machte zijn om mijn plicht te vervullen – niet alleen aan mijn krant, maar aan de mensen in mijn artikelen. Met het toenemen van het geweld was het aantal journalisten dat bereid was er verslag van te doen, afgenomen. We waren met steeds minder mensen om de slachtoffers een stem te geven. Ik vond het heel belangrijk om te blijven schrijven over de Zahra's van deze oorlog, omdat ze anders statistieken zouden worden en, zoals Marla altijd zei: 'Elk statistiekcijfer is het verhaal van een mens die zijn hoop, zijn dromen en zijn mogelijkheden nooit zal verwezenlijken, en een familie achterlaat.'

❦

In plaats van een poosje uit Irak weg te gaan, ging ik niet alleen door met mijn werk, maar legde de meest angstaanjagende en gevaarlijkste opdracht van mijn leven voor aan mijn redactie. Fallujah was een bolwerk van Al Qaida geworden. Vanuit het hele Midden-Oosten en moslimlanden daarbuiten stroomden buitenlandse strijders erheen. Ze doodden Amerikaanse soldaten, Europese gijzelaars en Irakezen die zich verzetten tegen het fundamentalistische regime dat zij het land wilden opleggen. Iedereen wist dat de strijdkrachten van de coalitie de stad zouden moeten innemen. De Amerikanen hadden er zelfs een codenaam voor. Dit moest *Operation Phantom Fury* worden.

Moedig boden westerse journalisten zich vrijwillig aan om *embedded* mee te gaan met de Amerikaanse strijdkrachten in dit angstaanjagende offensief. Maar ik wilde het verhaal anders vertellen, dus vroeg ik om 'ingebed' te worden bij de opstandelingen.

Ik dacht dat ik op die manier zou kunnen schrijven over de gewone inwoners van Fallujah, niet alleen de strijders, maar de bewoners die vastbesloten waren om hun eigendommen te beschermen, of die gewoon te oud of te ziek waren om te vertrekken. Dat waren mijn eigen mensen, redeneerde ik. Ze deelden mijn afkomst en mijn geloof. Hen aan hun lot overlaten was hetzelfde als hen in de steek laten.

Natuurlijk zei ik dat niet zo tegen het hoofdkantoor. Ik betoogde dat een verslag uit een stad zonder andere media een scoop zou opleveren, en dat ik even goed beveiligd zou worden als de vorige keer dat Fallujah werd aangevallen.

'Maar toen stonden de Amerikanen niet op het punt om de stad plat te gooien,' zei Sean, 'en nu zitten alle koppensnellers daar.'

'Die hebben geen belangstelling voor mij,' antwoordde ik met meer vertrouwen dan ik voelde. 'Die raken een vrouw niet aan. En zelfs al zouden ze dat willen, dan zouden mijn vrienden het niet laten gebeuren.'

De discussie ging heen en weer, en uiteindelijk werd mijn verzoek doorgestuurd naar de hoofdredacteur, die van mening bleek dat ik in het veld mijn eigen oordeel moest kunnen vellen.

❧

Ali en ik hadden onderdak geregeld in een moskee die een ziekenhuis was geworden, maar we werden op het laatste moment weggestuurd om te logeren bij mannen die, zo werd mij eufemistisch verteld, 'in de stad waren gebleven om op hun huizen te passen'. Het was ramadan en we mochten er logeren op voorwaarde dat ik elke avond zou koken zodat de mannen hun vasten konden onderbreken. Ik waagde mijn leven om zo professioneel mogelijk te werken en mijn gastheren vonden nog steeds dat mijn plaats achter het aanrecht was.

'Oké,' zei ik, met een glimlach alsof ik het een voorrecht vond.

Onderweg werden we bijgepraat. Driehonderd buitenlandse strijders hadden zich vrijwillig aangeboden voor zelfmoordaanslagen tegen de Amerikaanse bezetters, werd ons verteld. Sommigen zouden worden gebruikt in de honderdachttien voertuigen die al met explosieven waren uitgerust. Anderen zouden afwachten in huizen vol boobytraps. Onder bruggen, op spoorlijnen en in verschillende smalle stegen waren mijnen gelegd.

Het was onmogelijk te bepalen hoeveel hiervan waar was, maar ik zag dikke zwarte kabels over de straten in het stadscentrum lopen, die plaatsen aangaven waar '*improvised explosive devices*' waren geplaatst – bermbommen bedoeld voor Amerikaanse konvooien.

Tegen de tijd dat we het huis bereikten waar we zouden logeren, was er nog maar een uur over voordat de mannen de vasten zouden onderbreken. Een snelle inspectie van de keuken bevestigde mijn ergste vermoedens. Het was er smerig. De verwrongen pannen en potten waren bedekt met een dikke laag oud vet. De meeste pitten van het fornuis werkten niet. Ik vond zout, maar geen kruiden of specerijen. Het was de ultieme keukennachtmerrie.

Terwijl de mannen op zoek gingen naar de ingrediënten voor het feestmaal dat ze om de een of andere reden verwachtten, rookte ik buiten op een afgedankte matras een sigaret en dacht na.

Met vergenoegde gezichten kwamen de mannen terug. Ze dumpten een paar zakken op de keukenvloer, sloten een enkele kookpit aan op een gasfles en lieten Ali en mij alleen om aan het werk te gaan. Maar toen Ali vijf kilo 'vlees' uit een van de zakken haalde, zag ik tot mijn afgrijzen dat hij alleen maar vet in zijn handen had, dat lilde als een drilpudding toen hij het neerlegde. Ik kon me er niet eens toe brengen om het aan te raken.

'Oké, Hala, ik snij dit in stukken terwijl jij de rest klaarmaakt,' zei Ali opgewekt. 'Afgesproken?'

'Dank je, habibi. Maar Ali, ik ben niet gewend om in vol ornaat te werken, met abaya en hoofddoek. Denk je dat ze het erg zouden vinden als ik de hoofddoek afdeed in deze stinkend benauwde keuken?'

Hij ging de mannen waarschuwen om niet in de keuken te komen waar ze ontstemd konden raken door de aanblik van mijn haar. Ik mengde rijst met gebakken uien, fijngesneden aubergines en tomatenpasta en liet het sudderen in een grote pan. Toen bakte ik het vettige schapenvlees dat Ali in brokken had gehakt, met gesneden aardappels, zwarte peper en kurkuma die ik bij een buurhuis had geleend. We schrobden en sneden vijftien komkommers en tomaten in een slabak, maar we hadden alleen azijn en zout als dressing. Toen de elektriciteit uitviel, maakte ik het werk af bij het zwakke licht van een olielamp, en ik moet toegeven dat de maaltijd er in het donker stukken beter uitzag. De mannen reageerden echter alsof ze in een restaurant met Michelin-sterren zaten en de subtiele smaaksensaties genoten van een maaltijd die Gordon Ramsay *himself* had klaargemaakt.

Niet lang na de maaltijd viel de eerste bom. De mannen keken geamuseerd toen ik bij de schok opsprong in mijn stoel. Toen kwam er nog een, en nog een, en algauw was ik net zo aan het geluid gewend als zij. Ik telde achtendertig bommen in het eerste halfuur. De Amerikanen waren hun doelwitten vanuit de lucht aan het bewerken voor de aanstaande grondaanval.

Het amusement na het eten was niet helemaal naar mijn smaak. Toen er weer elektriciteit was, bekeken de mannen video's van 'verzetsacties', te beginnen met beelden van een strijder van het Mahdi-leger die een granaatwerper richtte op een Amerikaanse stelling. Toen hij op de grond hurkte, raakte een kogel van een Amerikaanse sluipschutter hem in zijn been. Hij wachtte even, richtte toen weer. Deze keer raakte een kogel zijn hoofd en hij zakte in elkaar.

'Die sjiiet is een amateur,' zei mijn soennitische gastheer. 'Onze strijders zijn beroeps. De Amerikanen zullen hun lesje binnenkort wel leren.'

Om te bewijzen dat hij gelijk had, stond hij erop dat ik clips bekeek van zelfmoordterroristen van Al Qaida die zich met hun auto's in Amerikaanse konvooien ramden en in oranje steekvlammen opgingen.

In de vroege uren van de ochtend bekeek ik mijn e-mailberichten. Er was er een van Steve, die op mijn aandringen in Engeland was gebleven omdat Irak te verraderlijk werd voor een blonde, blauwogige Britse fotograaf.

'Hi Habibi, ik hou toch zoveel van je! Je bent de sterkste mens die ik ken. Je hebt alle recht om bang te zijn maar vergeet niet dat je je eigen kracht hebt, en de mijne. Neem zoveel als je nodig hebt.'

Hij had er een gedicht bijgevoegd van een van mijn favoriete Libanese schrijvers, Gibran Kahlil Gibran, die de vereniging beschrijft van twee toegewijde, maar onafhankelijk denkende geliefden.

Het kostte maar een paar tellen om van mijn dramatische escapade naar Fallujah een dolle klucht te maken. Terwijl de mannen uitlegden hoe de leidende voorbeelden van de soennitische opstand zich voorbereidden op het martelaarschap, raakte ik ineens afgeleid. Uit de manier waarop ik ernstig bleef knikken bij hun verhalen over heldhaftige opoffering, hadden ze nooit kunnen opmaken dat ik ongesteld was geworden. Deze jonge mannen waren zo conservatief godsdienstig dat ze mijn afgrijzen over het feit dat dit de enige eventualiteit was waarop ik me bij al mijn minutieuze plannen voor deze opdracht niet had voorbereid, niet hadden kunnen begrijpen. Om kort te gaan: ik had niets anders bij me dan vochtige doekjes in een stad die tampons als zondig beschouwde. Terwijl ik gejaagd naar een oplossing zocht, kon ik alleen maar bedenken dat ik gelukkig een spijkerbroek aanhad onder mijn abaya.

Ik deed erg mijn best om stoer te doen over mijn menstruatie, maar toen ik die nacht lag te draaien en te woelen op het van luizen vergeven kussen, besloot ik dat ik voor deze klus niet mans genoeg was. Toen Ali de volgende ochtend voorstelde om naar Bagdad terug te keren om een generator te kopen die ons het offensief door zou slepen, greep ik de kans om hem te vergezellen.

Eerst begreep hij niet waarom. Wekenlang had ik gesmeekt om naar Fallujah gebracht te worden. En nu ik tegen elke verwachting in het hart van de stad had bereikt, wilde ik ineens beslist weg. Pas toen we op de weg naar Bagdad reden, flapte ik de waarheid eruit.

'Goddank heb je hun niet gevraagd om iets voor je te halen,

Hala,' zei hij, en herinnerde me eraan dat tampons verboden waren door fundamentalisten. Toen stelden we ons voor dat Al Qaida te horen kreeg over een krankzinnige buitenlandse die midden in Fallujah naar tampons zocht, en we kregen de slappe lach.

Ik belde Sean om te zeggen dat we Fallujah verlaten hadden, op zoek naar een generator. Ik merkte wel dat hij mijn verklaring niet geloofde, maar ik was niet van plan om hem wijzer te maken. Tegen de tijd dat ik alles had wat een moderne vrouw nodig heeft, was Fallujah verzegeld en de verwoesting begonnen. Ik kon er alleen nog verslag van doen, zoals elke andere journalist, vanaf een waarnemingspost die mijlen ver van de actie verwijderd was. Het was een deprimerend einde aan mijn verhaal. Ik had Zahra niet kunnen helpen, en nu kon ik zelfs mijn zelfgekozen opdracht niet afmaken.

Pas achteraf begrepen Ali en ik hoeveel geluk we hadden dat we Fallujah op dat moment hadden verlaten. Een groot deel van de stad werd verwoest bij de bliksemaanval, en de opstandeling die ons verblijf had geregeld, vertelde me dat hij in de dagen na ons vertrek van de ene schuilplaats naar de andere had moeten rennen, zonder water of voedsel.

'Je zou het nooit overleefd hebben,' zei hij. Sommige van de mannen bij wie wij hadden gelogeerd waren gewond geraakt, andere waren gedood.

Uiteindelijk was ik dus dankbaar voor mijn vertrek, en ik besloot dat ik mijn vrouwelijkheid al te lang had ontkend. Als ik iets had geleerd in Fallujah, was het dat ik niet kon ontsnappen aan het feit dat ik een vrouw was. In de loop der tijd zou ik daar ook wel weer blij om kunnen zijn, geloofde ik. Het zou binnenkort tijd worden om na te denken over wat ik voor Hawra kon doen.

HOOFDSTUK TWAALF

Een engel in de hemel

Het was voor mij – en ook voor Hawra, geloof ik – een grote tegenslag dat de gebeurtenissen samenspanden om me te beletten naar haar toe te gaan, toen ik me daar eenmaal sterk genoeg voor voelde. Elke nieuwe ontwikkeling versterkte mijn verlangen om haar te zien, maar maakte het ook moeilijker om haar te vinden.

Verschillende factoren overtuigden me ervan dat ik klaar was om Hawra weer te zien. De schok van de dood van Zahra was na twee jaar wat minder geworden; door een zekere mate van lof voor mijn werk voelde ik me beter over wat ik aan het doen was en wie ik was, en een heerlijke, lange lunch met verwaarloosde vrienden had me eraan herinnerd dat we bijzondere mensen dicht bij ons moeten houden tijdens moeilijke momenten in ons leven, en ons niet van hen af moeten wenden.

Ik keerde vroeg in 2005 terug naar Bagdad en was me er scherp van bewust dat ik Hawra's tweede verjaardag had gemist, net als de eerste. Ik dacht aan alle veranderingen die ze had ondergaan sinds ik haar voor het laatst had gezien toen ze drie maanden oud was, en de wetenschap dat ik die niet had meegemaakt deed me verdriet. Ik stelde me voor dat ze met zes maanden was gaan zitten en een paar weken later was gaan kruipen. Met acht maanden zou ze vast voedsel hebben leren kennen in de vorm van groentesoep. Met tien maanden zag ik haar voor me met haar vingertjes in hummus, stoofpot en rijst. Ook *tashreeb* zou ze heerlijk hebben gevonden, brood gedrenkt in bouillon met rijst erbij.

Met één jaar, als ze achtereenvolgens had leren lopen en praten, zou ze toe zijn geweest aan *marak* – stoofpot van gehakt vlees met aubergine en tomaten in knoflooksaus, en zelfs de gevulde wijnbladeren hebben geprobeerd die bekendstaan als *dolma's*. Het was echter twijfelachtig of grootmoeder zich de *kebabs* zou kunnen veroorloven waar Irak beroemd om is in de Arabische wereld. Wat had ik ze graag voor haar klaargemaakt.

Het sektarische geweld in Bagdad was echter zo toegenomen dat zelfs Marla, die meer risico's nam dan de meeste westerlingen door rond te rijden in een ongepantserde auto zonder bewaking, de familie niet langer bezocht. Hele buurten verdwenen uit het zicht omdat het niet langer veilig was om erheen te rijden. Sjiitische moordcommando's waarden rond in de straten, marktpleinen sidderden onder de impact van soennitische autobommen. Ik stuurde mijn reportages op vanuit een stad verlamd door angst, voortdurend met mijn gedachten bij Hawra en me afvragend hoe haar grootmoeder haar zou beschermen. Geleidelijk begon mijn vrees om hen te bezoeken – en het effect dat dat op mij zou hebben – af te nemen. Ik wilde alleen nog maar dat het gevaar voorbij zou zijn, zodat ik hen kon helpen. Maar ik wist dat ik de familie nooit zou kunnen bereiken in een buitenwijk vol milities, bezaaid met de lijken van ongewenste bezoekers.

Wat kon ik anders doen dan wachten tot deze vloedgolf van geweld voorbijging? Pas als de slachtingen ophielden en de ontploffingen afnamen, kon ik me gaan verzoenen met grootmoeder.

Ondertussen zette Marla, voor zover de checkpoints, wegafsluitingen en avondklokken dat toestonden, haar eisen tot schadevergoeding zo goed mogelijk voort en aarzelde niet om zichzelf in gevaar te brengen als ze daarmee het bewijs kon verzamelen dat ze nodig had. Ze reisde heen en weer tussen de gewonde kinderen en het leger dat zij de schuld gaf van hun verwondingen, ook al voerden haar tochten haar langs wegen die berucht waren vanwege bombardementen, sluipschutters en ontvoeringen.

Net als al Marla's vrienden maakte ik me zorgen over haar bereidheid om risico's te nemen, maar ik bewonderde haar om haar moed. Zij complimenteerde mij op haar beurt met hartelijke woorden over mijn vastbeslotenheid om verslag te doen vanuit een aantal van de gevaarlijkste brandhaarden in de omgeving.

'Hala,' krabbelde ze in een briefje dat ze in mijn postvak in het hotel achterliet. 'Jij bent een vrouw zoals ik zou willen zijn. Fantastisch. Bedankt voor alles wat je doet en omdat je de coolste bent, meid.'

Ik had haar hetzelfde kunnen schrijven.

❧

En toen ging vroeg in de ochtend in april 2005 de telefoon naast mijn bed in Londen, waar ik uitrustte tussen twee reizen naar Bagdad. Het was Jon Swain. Aan zijn zachte, verdrietige stem, een echo van de keer dat hij me had gebeld over het overlijden van Zahra twee jaar eerder, hoorde ik dat er alweer iemand van wie wij beiden veel hielden, was gestorven.

'Ik heb vreselijk nieuws, Hala,' zei hij terwijl ik rechtop ging zitten. 'Marla is dood. Ze is gisteren overleden.'

Hij kon nauwelijks uit zijn woorden komen. 'Het is zo vreselijk, Hala, zo verschrikkelijk. Ze is door een autobom gedood.'

Ik zocht naar woorden maar kon mijn stem niet vinden. Mijn tranen stroomden heel snel. Mijn hart bonsde, maar mijn adem stokte. Het bleef stil aan de andere kant van de lijn, alsof Swain uitgeput was, nu hij mij het nieuws had verteld.

'Ik kan niet praten, Jon,' fluisterde ik ten slotte. 'O god... ik bel je later terug.'

Waar was Steve? Ik moest hem vinden. Langzaam liep ik de ene trap na de andere af, naar het geluid van stemmen in onze keuken in het souterrain. Beelden van Marla boven het ledikantje van Zahra, in een omhelzing met grootmoeder, spelend met Hawra, flitsten voor mijn ogen langs. Ik was verdwaasd en gedesoriënteerd.

Ik zag de moeder van Steve, die bij ons logeerde, 'goedemorgen' zeggen maar ik kon haar niet horen.

'Je bent vroeg op. Koffie?' vroeg Steve. Ik gaf geen antwoord. Ik liep recht op hem af, legde mijn voorhoofd tegen zijn borst en begon te huilen. Ik kon de woorden niet uitspreken.

'Hala,' zei Steve dringend. 'Wat is er aan de hand? Praat tegen me, zijn het je ouders? Zeg iets.'

'Marla is dood. O god, Steve, Marla is dood,' jammerde ik terwijl ik me op de vloer liet zakken en onbedwingbaar trilde.

Steve kwam naast me op de tegels zitten en praatte zachtjes tegen me: 'Vertel, Hala. Praat tegen me. Wat is er gebeurd?'

'Alsjeblieft, alsjeblieft,' smeekte ik. 'Ga Jon bellen. Vraag het hem. Ik kon niet met hem praten.'

Steve omhelsde me, wiegde me heen en weer om me te sussen en kuste mijn haar, maar hij was ook te geschokt om iets te kunnen zeggen. Het enige wat ik kon uitbrengen tussen mijn snikken door was: 'O god, waarom?'

❧

In overeenstemming met haar levenswerk, het helpen van hulpeloze oorlogsslachtoffers, had Marla haar laatste ochtend doorgebracht bij de familie van een gewond kind. Onderweg naar een Amerikaanse basis om schadevergoeding te vragen, was ze omgekomen.

Haar route bracht haar op de weg naar het vliegveld van Bagdad, misschien wel het gevaarlijkste stuk snelweg van het land. In tegenstelling tot de westerse *contractors* die vijfduizend dollar betaalden voor gepantserde voertuigen en lijfwachten om hen erover heen te rijden, reed Marla in een gewone, gedeukte, ongepantserde auto. Ze reisde zoals altijd zo goedkoop mogelijk, en haar enige bescherming was de zwarte abaya die ze droeg om zich te vermommen.

Gebruikmakend van dezelfde procedure die ik had gezien op de video's in Fallujah, had een zelfmoordterrorist zijn voertuig in een konvooi geramd dat toevallig voor Marla reed. Er ontvlamde een vuurbal en Marla's auto werd verzwolgen. Amerikaanse soldaten trokken haar uit het wrak maar negentig procent van haar lichaam was verbrand. Ze kwam net lang genoeg bij bewustzijn om te zeggen 'ik leef', en stierf toen door shock. Ze was achtentwintig, of, zoals ze het zelf op haar kenmerkende, opgewekte manier zei, 'prachtentwintig' jaar oud.

Marla had zoveel bereikt in haar korte leven. Na de dood van Zahra was ze teruggekeerd naar Amerika om te lobbyen bij wetgevers en om donors te verzamelen. Zij inspireerde het congres van de Verenigde Staten om zeventien en een half miljoen dollar uit te trekken voor burgerslachtoffers in Irak en Afghanistan, en haalde de George Soros Open Society Institute over om haar veldwerk te financieren.

Toen was ze teruggegaan naar Irak en was daar gebleven, ook al was ze lichamelijk en geestelijk uitgeput en had ze in haar leven meer dood en verdriet gezien dan de meesten van ons ooit zullen doen. Zoals mijn collega Catherine Philp van *The Times* zei: 'Haar vakantie in Thailand kon wachten, dat jongetje met zijn afgeschoten been niet.'

Catherine, een van Marla's beste vrienden, las een lofrede voor tijdens haar begrafenis in Californië: 'Ze vond iets om van te houden in de meest onwaarschijnlijke mensen, maar had de grootste moeite om van zichzelf te houden.' Catherine vertelde de duizend aanwezigen: 'Elke morgen zei ze tegen zichzelf in de spiegel: "Vandaag zal ik een betere Marla zijn." Ze begreep niet dat ze al zoveel beter was dan de rest van ons.'

❦

Dagenlang kon ik niet ophouden met huilen. Ik huilde als ik 's avonds laat naar bed ging en ik huilde nog als ik 's ochtends wakker werd. Ik barstte in tranen uit in supermarkten en boekwinkels, bij familie en vrienden. Het leek alsof ik al mijn emoties twee jaar lang had opgekropt; nu was de dijk gebroken. Mijn tranen stroomden in een vloedgolf van verdriet om Marla en Zahra, van woede omdat ze zo zinloos gedood waren, en van angst dat ik de volgende zou zijn.

Mijn nachtmerries kwamen terug, angstaanjagender dan ooit. In een steeds terugkerende droom werd ik in een lijkenzak gestopt en in het bagageruim van een vliegtuig van Bagdad naar Beiroet geschoven waar mijn familie wachtte, geschokt door het nieuws van mijn dood. Het was niet zo'n onredelijk beeld: op mijn laatste vlucht uit Irak leunde mijn bagage tegen de doodskist van een deskundige van de Canadese explosievenopruimdienst.

Algauw kwelden mijn nachtelijke angsten me ook overdag. De aanblik van de lijkenzak en het geluid van de rits als ik werd opgesloten in het donker, bleven me bij, hoe ik me ook inspande om ze van me af te zetten.

Het vergde een zekere moed om mijn lafheid op te biechten op kantoor. 'Ik kan nu niet terug,' snikte ik tegen Sean. 'Ik kan het niet aan. Misschien over een poosje.'

'Neem alle tijd die je nodig hebt,' zei hij. Ik vond geen troost in zijn steun, ik werd gekweld door zelfverwijt. Ik had werk te doen in Irak. Het was belangrijk. Me opsluiten in mijn huis in Londen betekende mensen in Bagdad in de steek laten, niet in de laatste plaats grootmoeder en Hawra. Welk recht had ik om terug te schrikken voor de gevaren waar zij elke dag mee moesten leven?

Ali, mijn fixer, dacht kennelijk dat ik mijn verstand verloren had en misschien had hij wel gelijk. We praatten uren met elkaar via Skype. Hij herinnerde me aan het islamitische geloof dat we deelden. Hij vertelde me hoe sterk ik was. Hij probeerde me te inspireren met plannen voor geweldige artikelen die we zouden kunnen schrijven als ik terugkwam. Ik kon alleen zeggen dat ik het vertrouwen, de kracht en de wil niet had om het aan te kunnen.

Telkens weer las en herlas ik Marla's briefje, op zoek naar een diepere betekenis. Ze zei dat ze de vrouw wilde zijn die ik was. Ik wist dat ze geen hoge dunk zou hebben van de muis die ik was geworden. Maar hoe moest ik de moed en de durf terugvinden die ze in mij zo had gewaardeerd?

Ik zocht een e-mailbericht op dat ik haar had gestuurd toen ik hoorde dat ze terugging naar Bagdad. 'De situatie is erg verslechterd vergeleken met vroeger,' had ik geschreven. 'Marla, wees alsjeblieft heel voorzichtig, neem geen risico's meer.' Maar natuurlijk had ze wel risico's genomen. Haar werk liet haar geen keuze en het mijne net zo min.

'We helpen heel veel kinderen met medische zorg,' had ze net voor haar dood aan Swain geschreven. 'Deze plek blijft mijn hart breken – moet nodig weg – maar moeilijk!'

❧

Nu ik niet naar Bagdad ging, kon ik meer tijd doorbrengen met mijn nichtje Lara in Londen. Mijn zus, Rana, had haar van Caïro naar een Engelse kostschool gestuurd en ze had vreselijke heimwee. Ik werd haar plaatsvervangende moeder.

Ik liet haar in de weekeinden bij ons logeren en we winkelden, kookten en bekeken films. We praatten over alles, van haar inschrijving aan Britse universiteiten tot mijn werk in het Midden-

Oosten. Haar van het station halen werd het hoogtepunt van mijn week, en haar terugbrengen het dieptepunt. We kregen zo'n hechte band dat ik haar ook doordeweeks dagelijks opbelde.

Het feit dat Lara er zo'n afkeer van had om ver van haar familie te zijn, herinnerde me eraan hoe erg ik dat als kind had gevonden. Als ze bij ons thuis kwam, omhelsde ze me en zei: 'Lollie, je ruikt net als mama.' Het deed me denken aan Rana die me opzocht, bij me op schoot kroop en zei: 'Je ruikt net als mama, Hala. Ik mis haar zo,' toen wij zo jong op kostschool zaten.

Lara's tegenwoordigheid in ons leven en de liefde die ik voor haar voelde, verminderden mijn smart op een manier die ik nooit voor mogelijk had gehouden. De band tussen ons was zo sterk, dat het bijna leek alsof zij mijn eigen kind was. Door haar dacht ik steeds vaker aan Hawra.

Zou ik op een dag een even hechte band met Hawra kunnen hebben? Ik begon te geloven dat ik van Hawra kon houden, ook al woonde ze niet bij mij. Ik wilde haar persoonlijk laten zien wat ik voelde en haar praktische hulp geven, in plaats van me zinloos zorgen te maken op duizenden kilometers afstand.

Het kostte me zes maanden, maar uiteindelijk besefte ik dat het net zo moeilijk voor me was om uit Irak weg te blijven, als om terug te gaan. Marla had geweten dat er voor elk slachtoffer waar zij schadevergoeding voor zocht, tientallen anderen waren die wanhopig hulp nodig hadden. Dat gaf haar de kracht om door te gaan. Voor elk slachtoffer van wie ik het verhaal opschreef om de gruwelen van de oorlog duidelijk te maken, waren er tientallen van wie het lijden nog onder de aandacht gebracht moest worden. Dat moest ook genoeg zijn om mij door te laten gaan, besloot ik.

Iedereen heeft een favoriete luchtvaartmaatschappij. De mijne was het Vliegende Tapijt dat tussen Beiroet en Bagdad vloog. Die naam moest iedereen toch wel grappig vinden? Voor iemand die er als kind van droomde te worden weggevoerd door een betoverd tapijt, was het perfect. Maar bij deze gelegenheid zou het tapijt me naar een nachtmerrie brengen. Ik vreesde elke minuut van de reis en elke dag in een stad geteisterd door geweld dat eerst 'mijn' kind had opgeëist, en toen mijn vriendin. Zou ik mijn angst het hoofd weten te bieden?

De enige troost was dat het vliegtuig met de achttien zitplaatsen een lange, donkere, knappe piloot had, kapitein Hussam Taweel. Ik zat op mijn koffer te wachten tot hij verscheen, zoals altijd met een stralende lach voor zijn passagiers en een omhelzing voor regelmatige reizigers zoals ik.

'Ben jij er weer, dwaas mens? Kom op, ga mee,' zei hij.

Bij aankomst in Bagdad nam ik onder aan de vliegtuigtrap afscheid van hem met de woorden: 'Wat er ook gebeurt, beloof me dat je week in, week uit hierheen zult blijven vliegen, tot je ons weer kunt meenemen. Jij hebt me hier afgezet. Jij zorgt dat je me hier weer weghaalt, hoe dan ook.'

'Ik kom je halen. Beloof me wel dat je voorzichtig zult zijn en geen gekke dingen zult doen,' zei hij. 'Geen malligheid meer zoals in Fallujah, Hala.'

De brave kapitein kon niet weten dat Fallujah boven aan mijn planning stond. Ik wilde kijken of ik Hawra kon bezoeken, maar eerst moest ik vertellen hoe het de 'stad van moskeeën' verging, een jaar na het offensief dat Fallujah grotendeels had verwoest. Door een klein probleem liep ik vertraging op: een contactpersoon bij de opstandelingen vertelde me dat een van de groepen van mijn komst had gehoord en me wilde ontvoeren, om me voor vijftigduizend dollar aan Al Qaida in Iran te verkopen. Gelukkig vonden we een andere groep bereid om onze veiligheid te garanderen en ons in vermomming door de checkpoints te loodsen. Uiteindelijk wankelde Steve in traditionele Arabische kleding als een idioot rond op een paar plateauslippers, het equivalent van hoge hakken in het Westen, in een moment waarop angst en humor op een bizarre manier samengingen.

Vlak daarna dachten we dat we onder vuur lagen, maar toen begrepen we dat de schoten werden afgevuurd om de 4–3 overwinning op Syrië te vieren, die het Irakese voetbalteam een gouden beker opleverde in de West-Asian Games. Het was een zeldzaam moment van ontspanning in een stad waar geweervuur meestal de hervatting van een wanhopige kringloop van opstand, represailles en wraak aankondigde.

Het geweld in Bagdad was echter zodanig toegenomen dat er geen sprake kon zijn van het opsporen van Hawra en haar grootmoeder. In het voornaamste lijkenhuis van de stad lagen honderden onopgeëiste lichamen, sommige met gaten van elektrische boren in hun gezicht, andere uiteengereten door bommen.

Het verhaal van een arts over twee kinderen die waren gewurgd met een stuk groene stof, bewees dat iedereen een doelwit kon zijn. Maar ik kon op geen enkele manier contact opnemen met grootmoeder om te weten te komen of Hawra en zij veilig waren. Ik wist niet eens in welke straat ze woonden, omdat het adres aan de chauffeur was gegeven die ons erheen bracht, en ik geen spoor van hem kon vinden.

Na vier moeilijke, gevaarlijke en frustrerende maanden kregen we opdracht om Irak voor de kerstdagen te verlaten. Ik vond het moeilijk om een vakantie te plannen in de wetenschap dat de opstandelingen van plan waren om steeds meer geweld te plegen in hun omgeving. Het was nog moeilijker om naar het vliegveld te rijden langs de plek waar Marla was omgekomen omdat zij haar verantwoordelijkheden tegenover het volk van Irak boven haar verlangen naar een korte vakantie had gesteld.

Steve en ik voelden ons niet veilig tot we in de luchthaven waren. Pas toen we op onze vlucht stonden te wachten, waagde ik het om iets van aangename verwachting te laten ontstaan. Het leek een eeuwigheid te duren voordat kapitein Taweel in de verte verscheen en de opwinding door mijn lichaam trok. Hij beende doelbewust op ons af, stralend bij de gedachte dat hij weer achttien passagiers vanuit het hectische geweld van Bagdad naar Beiroet mocht brengen, dat de genoegens van een vreedzame samenleving had omarmd, voor een poosje in elk geval. Ik keek al even stralend terug, in de wetenschap dat ik over een paar uur in de veilige schoot van mijn familie zou zijn. We omhelsden elkaar.

'Ben je daar weer, dwaas mens?' zei hij zoals gewoonlijk. 'Kom mee, volg me maar, dan breng ik je naar huis.'

Kort na ons vertrek keek kapitein Taweel vanuit de cockpit over zijn schouder naar mij en riep: 'Hala, Fallujah, recht onder je.' Toen ik vanuit de hemel omlaag keek naar de stippen die de oriëntatiepunten van de stad vormden, leek het alsof Fallujah in een andere dimensie van tijd en ruimte bestond. Eindelijk kondigde de kapitein aan dat we het Irakese luchtruim hadden verlaten.

'Geen gedans in de gangpaden, Hala,' zei hij. 'Mijn vliegtuigje zou het niet aankunnen.' Toen nodigde hij ons uit voor een sigaret in de cockpit, om hem onze meest recente avonturen te vertellen.

Toen mijn opluchting dat ik Bagdad uitvloog in een passagiersstoel in plaats van in een lijkenzak wat minder werd, zakte mijn humeur al snel. Ik was altijd neerslachtig met kerst, maar dit jaar werd ik overweldigd door de gedachte aan de kinderen die ik niet gekregen had. Ik wist dat ik, als ik de feestdagen in Londen doorbracht, steeds voor me zou zien hoe Zahra en Hawra cadeautjes openmaakten terwijl Steve en ik liefhebbend toekeken. Ik kon het niet verdragen. Het huis zou leeg lijken, hoeveel vrienden ik ook op de borrel vroeg.

Er zat me nog iets anders dwars. Ik had er genoeg van om in een mannenwereld te leven, uitgeput door mijn omgang met de hardste van alle harde mannen, uitgeput door eindeloze verhalen over moordlustige folteraars met elektrische boren en marktslachtingen. Meer dan wat ook had ik behoefte aan een poosje onvervalste, schaamteloze lichtzinnigheid met mijn oude vriendinnen in Beiroet. Ik snakte naar roddel, gegiechel en een goede kapper.

'Ik kan het dit jaar niet, Steve,' zei ik. 'Ik wil niet nog een kerstmis doen alsof. Ik wil thuisblijven bij mijn familie in Libanon en voor de verandering meisjesachtig zijn. Ik wil alleen maar over manicuren en pedicuren praten, niet over politiek.'

Dus vloog hij door naar Londen om zijn familie plezier te doen, terwijl ik mezelf plezier deed.

❧

Met de jaarwisseling waren mijn gedachten bij Hawra. Het was januari 2006, en ze zou drie jaar oud zijn. Ik stelde me voor dat ze met poppen speelde, haar grootmoeder nadeed, opstandig werd. Maar ik vroeg me ook af of ze bang was voor het geweld dat in de hele stad dreigde. Schrok ze van het geluid van geweerschoten? Rende ze angstig naar grootmoeder als een explosie de buurt deed beven? Marla was mijn enige contact geweest met de familie en ik wist dat ze zou willen dat ik naar hen toe ging, zoals zij had gedaan.

Tegen het einde van de vakantie hunkerde ik naar nieuws. Maar haar familie had voor zover ik wist geen telefoon. Ik kon niet zomaar opbellen en 'gelukkig nieuwjaar' zeggen. Noch kon ik, als ik hun adres al zou vinden, het risico nemen om iemand namens mij naar grootmoeders huis te sturen: na een nieuwe toename van sektarische moorden hadden de beveiligingsadviseurs van de *Sunday Times* ons gewaarschuwd tegen reizen in en rond Bagdad, tenzij het absoluut noodzakelijk was.

Steve en ik keerden in januari toch terug, maar ik brak mijn voet en moest maandenlang in Londen blijven. Het leek wel een eindeloze, gekmakende vicieuze cirkel. In juni ging ik terug, vastbesloten om grootmoeder te vinden als ik klaar was met mijn opdracht, maar toen kreeg ik een telefoontje dat me tot op het merg verkilde.

Het kwam van een betrouwbare contactpersoon, wiens adviezen over onze veiligheid vaak een bron van geruststelling waren geweest. Bij deze gelegenheid was zijn dringende stem even alarmerend als wat hij me te vertellen had: mijn naam was op een *hitlist* geplaatst.

'Er is besloten om jou en je collega's te liquideren,' zei mijn informant. 'Jij moet een tweede Atwar Bahjat worden.'

Atwar was een Irakese televisiester en een vriendin van mij totdat ze als eerste Arabische vrouwelijke journaliste werd ontvoerd door de doodseskaders. Sinds zij vier maanden geleden was vermoord, had ik dagelijks aan haar gedacht.

'Je bent als doelwit genoemd – er bestaat specifiek gevaar,' zei de stem. 'Ga niet naar buiten.'

Ik moest denken aan het lijkenhuis in Bagdad dat ik net had bezocht. Sinds het begin van het jaar waren daar meer dan zesduizend lijken binnengekomen, vaak ernstig verminkt. We moesten snel handelen om in leven te blijven. Ik voelde me boos, kwetsbaar, hulpeloos en bang. Kortom, ik begreep wat het was om Irakees te zijn.

Het verschil was dat ik een veiligheidsnet had, en dat ontbeerden gewone Irakezen. Steve was al aan de telefoon met ons beveiligingsteam. Binnen een uur stonden er tien voormalige leden van de Royal British Navy klaar om ons onder leiding van een voormalig officier van de Special Boat Service naar de internationale Groene Zone van Bagdad te brengen. De volgende dag namen we het Vliegende Tapijt naar Beiroet, en moesten we onze dromen van hereniging met Hawra en grootmoeder voor de afzienbare toekomst uitstellen.

❧

Bijna een jaar lang schreef ik zo goed mogelijk via Skype en e-mail over Irak vanuit Londen en Beiroet. Mijn beste werk richtte zich als altijd op kinderen. Eén artikel verhaalde de smart van een moeder die haar baby verloren had bij de geboorte, omdat ze het ziekenhuis niet had kunnen bereiken na de avondklok. Een ander verhaal ging over een jonge vader die zijn driejarige dochter gedag had gekust, een riem met explosieven om zijn middel had gebonden en zich had opgeblazen bij een Amerikaans checkpoint, uit wraak voor het per ongeluk doodschieten van zijn vrouw door Amerikaanse soldaten.

Ik wil niet doen alsof het gemakkelijk was om deze verhalen vanuit de verte te vinden. Ook had ik er geen plezier in om ze te schrijven, in mijn eentje gevangen in de stilte van mijn studeerkamer, met uitzicht op de regen die onze tuin in Londen doordrenkte, verlangend naar de blauwe lucht en de drukte van een Arabische hoofdstad.

Mijn rusteloosheid werd nog erger na telefonische vraaggesprekken met twee vrouwen, een sjiitische en een soennitische, wier echtgenoten uitsluitend vanwege hun godsdienstige gezindheid vermoord waren. Een van de vrouwen was zich aan het voorbereiden geweest op de thuiskomst van haar man, die in het buitenland een academische post bezette en die hun nieuwe baby voor het eerst kwam bewonderen. Ze vertelde me dat hij was ontvoerd en vermoord voordat hij haar kon bereiken.

'Het verhaal van deze twee vrouwen heeft me terneergeslagen,' schreef ik aan een bevriende journalist in een e-mail. 'Ik vond mezelf zo gevoelloos toen ik aandrong op details, ook al heb ik erg om hen gehuild na de interviews. Ik weet niet of ik dit soort dingen nog wel kan. Het is allemaal te triest.'

'Verman je,' antwoordde mijn lieve vriend. 'Jij bent een van de mensen die ze hoop geeft. Als jij hun verhaal niet vertelt, wie dan wel? Zo moeilijk is het niet... Ik weet dat je denkt aan wat zij hebben en wat wij hebben, dus hou vol. Denk aan hen... x.'

Dat was juist het probleem. Ik dacht de hele tijd aan hen.

Ergens, op de een of andere manier, leek ik deel van hen te zijn geworden, en zij deel van mij. Ik kon niet over iemands verlies horen en mijn schouders ophalen, zoals dat een keiharde journalist betaamt. Om elk sterfgeval waar ik over schreef, rouwde ik. Nadat ik weer een prijs had gekregen voor mijn rapportages vanuit Irak, gaf ik een kleine toespraak voor een aantal van de beste schrijvers en radio- en televisiemedewerkers van het land, maar ik kon weinig levensvreugde opbrengen. Ze moeten me voor gek hebben gehouden toen ik vroeg: 'Is het wel juist om op deze manier te profiteren van de ellende van anderen?'

Ik dacht lang na over het e-mailbericht van mijn vriend terwijl ik me het hoofd brak over wat ik moest gaan doen. Ik wist niet of ik de mensen die ik had geïnterviewd hoop had gegeven, zoals mijn vriend had gesuggereerd, maar ik gaf ze wel een stem, zodat hun smart onmogelijk genegeerd kon worden. En hoe meer ik erover nadacht, hoe meer ik besefte dat het verhaal van Zahra voldoende reden was om in Irak te blijven werken. Het had weerklank gevonden, geld opgeleverd, anderen geholpen. Maar het was vergeten, zelfs door lezers die door haar martelgang geïnspireerd waren om het verdriet van andere kinderen te verzachten en geld hadden gegeven voor onze liefdadigheidsactie. Voor mij vertegenwoordigde Zahra het leed van de afgelopen vier jaar. Haar zusje Hawra, de enige overlevende van de vreselijke luchtaanval van 4 april 2003, stond voor veerkracht en hoop voor de toekomst. Ik moest terug naar Bagdad. Ik moest Hawra zien.

❧

Mijn besluit viel samen met een afname van het geweld, al was dat nog steeds duizelingwekkend. Het liep tegen het einde van 2007 en de Amerikaanse '*troop surge*' had een zekere mate van orde hersteld. Soennitische milities die woedend waren over het lukrake moorden van Al Qaida, dreven de buitenlandse strijders uit hun bolwerken. Het sjiitische Mahdi-leger had het vuren grotendeels gestaakt. De omstandigheden in Bagdad begonnen te verbeteren. Maar hoe kon ik grootmoeder opsporen zonder adres, nu Marla, onze tussenpersoon, dood was?

Ik zocht het laatste briefje op dat ik van Marla had gekregen:

Faiz kan je helpen om Haiwa (?) te vinden
Maar als hij niet terug is
bel je mijn andere chauffeur Shutait (?)
(Ik vraag wel of ik een briefje kan achterlaten)
Liefs aan Steve en Ali,
xxx
Marla
PS *Kan niet wachten om je te zien zondag*

Marla was mijn gids. Haar chauffeur Faiz was tegelijk met haar overleden, maar misschien kon deze 'Shutait' me naar het huis van grootmoeder brengen.

Ik stuurde een e-mailbericht naar een goede vriendin van Marla, die sinds haar dood haar organisatie aanvoerde. Zij kende Shutait niet, maar raadde me aan om met een andere vriendin van Marla te praten, een tijdschriftjournaliste in New York. De journaliste in New York verwees me naar een Irakese verslaggeefster die ondertussen naar Londen was verhuisd. Zij vond uiteindelijk twee telefoonnummers van een man die geen Shutait heette, maar Shawkat. Het eerste nummer was onbereikbaar. Toen ik het tweede nummer belde, nam Shawkat op.

Hij wist waar grootmoeder woonde. Ik smeekte hem om naar haar toe te gaan, maar met een plaatselijke chauffeur die hem er veilig heen zou kunnen brengen.

Drie dagen later belde Shakwat me op.

'Hala, het was ongelooflijk,' zei hij. 'Ze herinnerde zich mij helemaal niet, ook al had ik haar verschillende keren bezocht, maar zodra ik jouw naam noemde lichtten haar ogen op in herkenning.

Maar Hala, ik moet je waarschuwen. Ze zei dat ze teleurgesteld was dat je hen in de steek had gelaten en nooit naar hen had gevraagd. Dus bereid je voor op verwijten.'

Daarna zei hij iets verrassends. Toen ik grootmoeder voor het laatst zag, waren er geen mobiele telefoons in het land maar nu had ze er een. Hij gaf me haar nummer.

❧

Nu stonden er nog slechts twee obstakels tussen Hawra en mij. Het eerste was de *Sunday Times*. Mijn redacteur buitenland was bang dat ik nog steeds bedreigd werd. Maar toen we het beveiligingsbedrijf raadpleegden dat ons uit Bagdad had weggehaald, hoorden we dat de moordenaars, nu er een jaar voorbijgegaan was, wel andere doelen zouden hebben. Ik kon terugkeren voor een kort bezoek, werd me verteld. Als er geen moeilijkheden ontstonden, kon ik de volgende keer langer blijven.

Het tweede obstakel, mijn nichtje Lara, was een heel ander verhaal. Nu ze in Londen op de universiteit zat, woonde Lara bij ons terwijl ze studeerde. Wanneer was Lara volwassen geworden? Nog niet zo lang geleden vroeg ze me om *oudi*, haar babytaal voor melk, en hield ik haar op schoot terwijl ze aan haar flesje zoog en mij met grote donkere kijkers aanstaarde. Nu noemde ze me nog steeds Lollie, zoals ze altijd had gedaan, maar ze zat op de universiteit en had haar eigen meningen – over de Palestijnse kwestie en de benarde situatie van de straatkinderen in Brazilië, over democratie en het redden van de hele wereld. Een van haar sterkste overtuigingen was dat ik geen voet meer in Irak moest zetten.

Lara's aanwezigheid in ons huis vervulde me van een vreugde die ik nooit eerder had gekend. Zelfs nu ze eenentwintig was, had ze veel tedere liefde en zorg nodig. Ik ontdekte hoe het was om te wachten tot ze terugkwam van colleges, als we over haar dag praatten, en van avondjes uit, waarop ik wakker bleef om me ervan te verzekeren dat ze veilig thuiskwam. Ik vond het heerlijk om haar Libanese lievelingskostjes voor haar te bereiden, haar mee uit te nemen en te verwennen en wat extra geld toe te stoppen als ze het nodig had om die ene speciale jurk te kopen.

Het kan zijn dat Lara 'bemoederen' – en dat deed ik helemaal niet slecht, al zeg ik het zelf – iets van mijn schuldgevoel over mijn fouten met Zahra verlichtte. Bovendien toonde Lara's onvoorwaardelijke liefde me dat ik niet haar enige voogd hoefde te zijn om moederlijke gevoelens voor haar te koesteren. Ik vroeg me af of hetzelfde zou gelden voor Hawra. Zou ik haar misschien op een dag beschouwen zoals Lara – met dezelfde trots en liefde die elke moeder zou voelen voor een dochter op de rand van volwassenheid? Ik kon het niet zeker weten.

Wat ik wel zeker wist, was dat mijn plan om naar Bagdad terug te keren Lara diep ongelukkig zou maken. Steve en ik besloten het haar te vertellen terwijl we het avondeten bereidden. De geur van knoflook en koriander hing in de lucht terwijl ik aan het kokkerellen was op de moeder van alle fornuizen, mijn rode Lacanche. Lara hakte paprika, radijs en tomaten voor haar lievelingssalade, een Libanese *fatouche*.

Steve keek toe en zette zich schrap voor een storm van emoties. Terwijl wij ons ongerust maakten over Lara, die voor zichzelf zou moeten zorgen, zou elke dag die wij in de gevarenzone doorbrachten, haar wanhopiger en angstiger maken. Ze had zo'n fobische angst voor Irak dat ze weigerde om de naam uit te spreken, en er alleen naar verwees als 'die slechte, afschuwelijke plek'. Ik vertelde haar het nieuws dan ook op vanzelfsprekende toon, maar ik hield haar gezicht ongerust in de gaten.

'En als jullie iets overkomt?' vroeg ze onmiddellijk, haar ogen vol tranen. 'Ik wil niet dat jullie daarheen gaan. Waarom gaat er niet iemand anders?'

'Omdat het mijn werk is,' legde ik geduldig uit. 'Omdat ik daar nodig ben. Omdat mijn krant wil dat ik ga.'

Ik zei niet wat ik dacht: 'Omdat het tijd is dat ik mijn schuld onder ogen zie.'

Lara keek me aan.

'Lollie, beloof je dat je terugkomt? Beloof je dat je daar niets zal overkomen?'

Ik aarzelde. Weer werd er een grote belofte van mij gevraagd. Niet alleen was ik voorzichtiger dan ooit met beloftes, nu ik de mijne aan Hawra's grootmoeder had verbroken, maar ik wist dat geen enkele journalist die in die periode naar Irak vertrok, zeker kon zijn van een ongedeerde terugkeer. Maar ze had mijn belofte nodig, net als grootmoeder indertijd.

'Het komt allemaal goed,' zei ik, in de hoop dat ze niet zou zien hoe mijn maag fladderde, niet zou horen hoe mijn hart bonsde. Ik beloofde dat ik veilig thuis zou komen. Ik beloofde dat ik bij haar afstuderen zou zijn. Ik beloofde dat ik op haar bruiloft zou komen.

'Natuurlijk kom ik terug,' vertelde ik haar. 'Onze tijd samen is nog lang niet voorbij.'

Ondertussen, hielp ik haar herinneren, waren er dingen te doen in huis: toezicht houden op de wekelijkse schoonmaakster, de post nakijken of er iets belangrijks bij zat, de deuren op slot doen.

'O, en niet te vergeten: geen wilde feesten – en geen vriendjes te logeren. Daar ben ik heel ouderwets en streng in, en vergeet niet om hard te werken aan je studie...'

Uiteindelijk zat Lara te giechelen, maar de tranen glommen nog in haar mooie bruine ogen.

HOOFDSTUK DERTIEN

Ben je bang voor de dood, Hala?

Op een warme ochtend in mei stapten Steve en ik in Beiroet aan boord van het Vliegende Tapijt voor het laatste deel van onze reis. Mijn humeur was verbeterd met het opgaan van de zon, die de ramen van het appartement van mijn ouders verlichtte bij dageraad. De geur van gardenia's en rozen versterkte mijn verwachting van de heerlijkheden die in het verschiet lagen. Toen mijn moeder mij bezorgd omhelsde en kuste ten afscheid, kon ik niet wachten om mijn kleine meisje met diezelfde warmte te begroeten en in mijn armen te nemen. Ik wilde haar haren strelen, in haar ogen kijken en – eindelijk – de belofte om voor haar te zorgen nakomen die ik had gedaan toen ze drie maanden oud was.

In de taxi naar het vliegveld beefde ik innerlijk bij het idee dat ik, tegen de tijd dat we deze weg terugnamen, een enorme verantwoordelijkheid op me zou hebben genomen. Ik had Hawra in de steek gelaten op elke reis naar Bagdad in de vijf jaar sinds ik haar voor het laatst had gezien. Als we elkaar eenmaal weer hadden gevonden, zou ik haar nooit meer kunnen negeren. Op de korte termijn zou ze eenvoudige dingen van me verwachten – kleren, snoep en dergelijke – en misschien hulp bij haar scholing.

Op de langere termijn zou ze begrijpen dat een welvarende vrouw uit Londen een meisje uit een arm deel van Bagdad veel meer te bieden had: buitenlandse reizen, een perspectief op de wereld, een paspoort naar een betere toekomst. Zulke gewichtige verwachtingen moeten nooit luchthartig worden opgevat.

Alles was aan het veranderen, en het Vliegende Tapijt was geen uitzondering. Als Steve en ik in het verleden van Beiroet naar Bagdad vlogen, was het vliegtuig niet veel groter dan een directievliegtuig met een handvol toegewijde doorzetters onder de persoonlijke bescherming van kapitein Taweel. Nu was de kapitein vervangen door een onpersoonlijke piloot met een heel team op een veel groter vliegtuig, vol zakenmannen en kooplustigen die met de buit van hun plundertochten op overdadige markten en in winkelcentra naar de soberheid van Bagdad terugkeerden. De gesprekken onder de passagiers gingen niet meer over milities en moorden, maar over import en export en de modellen en kleuren van het seizoen. Het had elke andere commerciële vlucht kunnen zijn.

Ik sloot mijn ogen en mijn geest voor het banale gebabbel om me heen, en dreef weg in mijn eigen speciale wereld.

Toen ik erover nadacht, was er op die dag ook in mij iets veranderd. Op zoveel eerdere reizen naar Bagdad was ik vervuld geweest van doodsangst. Deze keer versnelde mijn hartslag zich niet en zaten mijn darmen niet in de knoop als ik dacht aan de komende weken. We hadden het aanbod aanvaard van een rijke inwoner van Bagdad die ons onderdak en beveiliging wilde geven. Zijn beveiligingspersoneel zou ons afhalen van het vliegveld en we mochten verblijven in zijn eigen *compound*. Het gevaar van ontvoering was nu minder geworden. Het risico dat ons iets zou overkomen was klein. In plaats daarvan zouden we de vreugde ervaren onze familie te omhelzen. Ik stelde me het enthousiasme voor dat Hawra's engelengezichtje zou oplichten, als ik haar hielp om de cadeautjes uit te pakken die ik meegebracht had uit Londen.

Maar hoe zou grootmoeder op mij reageren na zo lange tijd, vroeg ik me af. Marla had me altijd gezegd dat grootmoeder me graag wilde zien, maar het was moeilijk geweest om met haar te praten aan de telefoon.

❧

Het had me een hele dag gekost om genoeg moed te verzamelen voor dat telefoontje, een maand voordat ik naar Bagdad vloog. Toen ik grootmoeders nummer intoetste, trilden mijn handen als die van een angstig kind.

Aarzelend begon ik: '*Al salaam aleikum* (vrede zij met u), hadjia. Ik ben het, Hala.'

'*Wa aleikum salaam* (en vrede zij met u),' antwoordde ze. 'Hala, waar ben je?'

Ik legde uit dat ik vanuit Londen belde, dat Shawkat me haar nummer had gegeven. 'Ik was bang dat u me vergeten was,' zei ik.

'Nee, Hala, ik ben je niet vergeten. Maar waar ben je geweest? Wat is er met je gebeurd?' Ze klonk verwijtend. Ik was bang dat er beschuldigingen zouden volgen.

'Alstublieft, hadjia,' zei ik om dat te voorkomen. 'Dit is niet het goede moment om daarover te praten. Ik bel om u te laten weten dat ik binnenkort naar Irak kom en dat ik hoop u en de kleine Hawra te bezoeken...'

Het bleef even stil op de lijn.

'Hoe is het met haar? Vindt u het goed als ik kom?'

'Met Hawra gaat het goed, ze is groot, bijna zes nu. Aanstaande herfst gaat ze naar school,' zei grootmoeder. 'Maar Hawra is alleen, Hala. Het leven is moeilijk. Ik had verwacht dat jij haar in de loop der jaren zou helpen, en je verdween.'

Ik kon het nauwelijks verdragen.

'Dat weet ik, hadjia, en dat spijt me werkelijk, maar ik kan het allemaal uitleggen als u me op bezoek laat komen.'

Ik probeerde de sfeer wat te verlichten.

'Wilt u me een *istikana* thee aanbieden, in zo'n Irakees glas?'

Ze liet zich vermurwen.

'O, Hala,' verzuchtte ze. 'Je bent van harte welkom en het zal ons een eer zijn om je te ontvangen.'

Ik wilde me graag een beeld van Hawra kunnen voorstellen, dus vroeg ik hoe groot ze was geworden en of ze dun of mollig was. Ik wist nog dat mijn moeder me op die leeftijd de bijnaam Radio had gegeven, omdat ik voortdurend praatte, en daarom vroeg ik of Hawra spraakzaam of stil was. Ik wilde vooral weten welke kleren ze leuk vond en hoorde opgelucht dat ze een voorkeur had ontwikkeld voor mouwloze jurkjes en spijkerbroeken. Dat was belangrijk: het leek onwaarschijnlijk dat ze streng werd opgevoed zoals zoveel meisjes van haar leeftijd in de sjiitische wijken onder invloed van de fundamentalisten. Mouwloze jurkjes nu, betekende een grotere waarschijnlijkheid van een opleiding, een carrière, enige onafhankelijkheid in haar latere leven, dacht ik.

'Hawra heeft gevoel voor mode. Ik kan haar niet bijbenen,' zei grootmoeder, en ik glimlachte.

Toen vroeg ze iets wat ik niet had durven verwachten.

'Wil je met haar praten, Hala? Ze staat vlak naast me.' Ik kon haar onmogelijk uitleggen hoe vreselijk graag ik met Hawra wilde praten.

'Ja, heel graag,' zei ik zacht. 'Geef haar maar.'

Plotseling hoorde ik een beleefd klein meisje zeggen: 'Vrede zij met u, *Khala* (tante) Hala,' en ik voelde een serene rust in me varen. Hawra was verlegen, zoals elk meisje van haar leeftijd zou zijn, en ik hoorde dat grootmoeder haar aanspoorde om me te vragen waar ik was geweest, of ik op bezoek kwam en wanneer ze me zou zien.

'Vertel eens, Hawra,' zei ik. 'Wat zou je graag willen dat ik voor je meenam? Jurkjes of spijkerbroeken?'

'Ik houd van mooie jurken, T-shirts en spijkerbroeken,' liet ze me ernstig weten.

Ik begreep dat ik voor zo'n jong Irakees meisje met mijn Libanese accent moest klinken als iemand van een andere planeet, dus vroeg ik haar om me grootmoeder weer aan de lijn te geven en nam afscheid.

'Hadjia, voordat ik ophang, wil ik u nog vertellen hoe blij ik ben dat ik u gevonden heb,' zei ik ten slotte.

Mijn grootste zorg was, dat ik niet wist wat er nu zou gebeuren. Grootmoeder sloot het gesprek af met de opmerking dat we veel te bespreken hadden. Ik kon haar gedachten niet raden, maar nog zorgwekkender was dat ik niet zou weten wat ik zelf dacht tot ik Hawra echt in mijn armen hield.

Zou ik vervuld zijn van spijt over de verloren jaren, verteerd door bitterheid omdat ik haar niet als mijn eigen dochter kon opvoeden, gegrepen door een verschrikkelijke aandrang om haar mee naar huis te nemen, al wist ik dat dat onmogelijk was? Of zou ik ontdekken – en dat hoopte ik – dat mijn vroegere zelfgerichtheid verdwenen was door het voorbijgaan van de tijd en het leed dat ik had gezien in mijn werk, dat mijn gevoel voor verhoudingen hersteld was en mij alleen nog het simpele verlangen restte om dit kind te helpen?

Grootmoeder en ik spraken af om elkaar een week na mijn aankomst in Bagdad te zien. Eerst moest ik terug naar Sadr City om verslag te doen van het militaire offensief dat daar begon. Tijdens die opdracht zou ik een aantal ziekenhuizen bezoeken waar ik vijf jaar eerder was geweest, waar mijn verhaal was begonnen met de zoektocht die eindigde in de vondst van Hawra's aanbiddelijke zusje. Meer dan wat ook wilde ik het leven van alledag zien, niet voor de strijders, niet voor de politici, maar voor gewone gezinnen. Dat was de wereld waarin Hawra zou opgroeien.

Zodra ons beveiligingskonvooi – een gepantserde auto met drie jeeps ervoor en nog drie erachter – de beruchte weg opreed van de luchthaven naar het centrum van Bagdad, merkte ik nog een grimmige verandering op. De duizenden palmbomen die deze weg altijd in twee nette rijen omzoomd hadden en bezoekers begroetten met de aanblik van ordentelijkheid en groene levenslust, waren verdwenen.

Sinds de aanleg van de weg hadden hier trotse dadelpalmen gestaan. Tien meter hoog, met wortels die twee keer zo diep in de grond staken, waren ze even sterk gebleken als de generaties soldaten die ertussendoor hadden gemarcheerd. Maar sinds 2003 hadden hun stammen een nieuw soort strijder verborgen. Opstandelingen gluurden ertussendoor, in afwachting van een Amerikaans legervoertuig om de dodelijke explosieven te laten ontploffen die ze in het holst van de nacht hadden neergelegd. Zelfmoordterroristen hurkten in de schaduw van het gebladerte tot een geschikt doelwit zich aandiende in de vorm van Amerikaanse soldaten die zich verzamelden bij een wegversperring. Dus hadden de Amerikanen besloten dat het veiliger zou zijn om elk van deze majestueuze bomen met hun bulldozers te verwijderen. Generaties veerkrachtige schoonheid waren in minder dan twee jaar met de grond gelijk gemaakt.

Ik begreep waarom de Amerikanen het hadden gedaan. Wat ik niet begreep was waarom zoveel vernieling nodig was geweest. Deze bomen hadden tientallen jaren van verwaarlozing doorstaan maar ze hadden zorg nodig om te bloeien en vruchten te dragen – ongeveer zoals Irak en zijn bevolking, dacht ik. Het land had gesmeekt om bemind te worden in kritieke tijden. De reactie was totale vernietiging geweest.

'Er is nog iets veranderd,' zei ik tegen Steve terwijl we naar het centrum van de stad stoven. 'Wat is er nieuw?'

Ik stel Steve vaak zulke vragen. Ik laat hem mijn ogen openen voor wat ik niet kan zien om me heen. Als verslaggever concentreer ik me op de mensen die ik ondervraag. Ik reconstrueer hun levensverhalen. Ik reken op Steve als fotograaf om de omgeving voor me in te kleuren. Bijna alles wat ik schrijf is doordrongen van zijn observaties en inzichten. Die dag hoefde Steve echter niet veel te zeggen – toen we het centrum van Bagdad binnenreden, kon de metamorfose zelfs mij niet ontgaan.

De ooit verenigde stad van zes miljoen zielen was een doolhof geworden van betonblokken en wegversperringen, dichtgemetselde ramen en muren van bijna zeven meter hoog, om de soennieten van de sjiieten te scheiden. De Amerikanen hadden er een labyrint van gemaakt, ingewikkeld genoeg om de meest geraffineerde sektarische moordenaar in de war te brengen. Elke enclave werd bewaakt door gewapende mannen met de opdracht om indringers tegen te houden, en om Bagdadi's te verhinderen elkaar naar het leven te staan.

'Goeie god, wat hebben ze gedaan?' zei ik hardop.

In hun pogingen om terroristen buiten te houden, hadden ze de metropool aan de machtige rivier de Tigris omgebouwd tot een stad van beton en schaduwen. Collega's en families waren gescheiden uit angst dat zij elkaar met messen, bommen of geweren aan flarden zouden rijten.

Gemeenschappen waren afgesneden van moskeeën en scholen. Vanuit hun isolement keken zij uit op het nieuwe stadslandschap. Op sommige grijze muren hadden kunstenaars bonte schilderingen van groene weiden, kermissen of de glorie van eeuwenoude Mesopotamische beschavingen afgebeeld, allemaal even ver verwijderd van het Bagdad van de 21e eeuw.

Andere muren waren bepleisterd met posters voor allerlei attracties, van de plaatselijke kebabtent tot een graad aan de universiteit van Oekraïne. Weer andere toonden vijandige graffiti tegen de Verenigde Staten, Israël, Iran of, onheilspellender, de premier van Irak zelf. De meeste muren waren alleen maar lelijke plakken steen die gemeenschappen doorsneden als een kortetermijnoplossing voor de veiligheidscrisis. Het kwam mij eerder voor als een voorraad langetermijnproblemen voor de toekomst.

Dit was de zogeheten balkanisering van Bagdad waar ik over had gelezen, maar niet in had geloofd tot ik het met eigen ogen zag. Voor mij was er een gelijkenis die dichterbij was dan de Balkan. Ik had deze tweedeling in mijn eigen stad Beiroet gezien. Maar zelfs gedurende een burgeroorlog van zeventien jaar had Beiroet nooit zijn toevlucht gezocht tot zoiets extreems. Uit ervaring wist ik dat dit niet de manier was om verdeeldheid tussen gemeenschappen te genezen. De les van Beiroet was dat de haat niet verdween als een hele gemeenschap uit een gebied werd verdreven en werd gescheiden van hun buren. Vroeg of laat moesten verdeelde gemeenschappen zich verzoenen. De barrières die waren opgericht in Bagdad zouden de verdeeldheid die de maalstroom van moord had veroorzaakt, alleen maar verlengen.

❧

Nergens in Bagdad werd die verdeeldheid die maand sterker gevoeld dan in Sadr City, de overvolle sloppenwijk met twee miljoen verwaarloosde inwoners die hun verbolgenheid over het uitblijven van verbeterde leefomstandigheden onder de nieuwe Irakese regering uitdrukten in steun aan de grootste sjiitische militie, het Mahdi-leger. Mijn terugkeer in Bagdad viel samen met een poging van het officiële leger om, met steun van de Amerikanen, het Mahdi-leger de macht in Sadr City te ontnemen. Honderden mensen kwamen om bij deze krachtmeting tussen Nouri al-Maliki, de eerste minister, en Muqtada al-Sadr, de radicale geestelijke die het Mahdi-leger aanvoerde.

Gekleed in een zwarte abaya waarin mijn hele lichaam schuilging behalve mijn gezicht, mijn handen en mijn voeten, werd ik naar een rendez-vous gereden met een commandant van het Mahdi-leger die Muqtada heette, net buiten Sadr City. Ik wenste dat Steve met me mee had gekund. Alle betrokkenen hadden echter besloten dat hij achter moest blijven, in elk geval tot ik had bepaald hoe gevaarlijk het voor een blanke Britse man met blond haar was in Sadr City. Vijf Britse gijzelaars die een jaar eerder waren ontvoerd bij het ministerie van Financiën in Bagdad, waren niet meer teruggezien. De meeste waarnemers geloofden dat ze gevangen waren genomen door aanhangers van het Mahdi-leger, en sommigen dachten dat ze werden vastgehouden in Sadr City. Of dat waar was of niet, wij wilden niet het risico nemen dat Steve de zesde gijzelaar zou worden. Hem veilig achterlaten in de compound van onze gastheer betekende echter dat ik me kwetsbaarder voelde op onze rit naar het strijdgebied.

Er was weinig veranderd sinds ik voor het laatst in Sadr City was, net voor de doodsbedreiging die me achttien maanden eerder uit Irak had verdreven. Het verkeer op de kruispunten stond vast met auto's en door paarden voortgetrokken karren, en schapen graasden op stukjes braakliggend terrein vol onkruid. Zelfs de smalste straten lagen vol met afval. Ongezuiverd afvalwater borrelde op uit gebroken rioolbuizen en stroomde door talloze steegjes. De enige verandering was dat de infrastructuur zo mogelijk nog slechter geworden was. Niet erg bevorderlijk voor de doelstelling van de coalitie om harten en zieltjes te winnen.

Ik hoefde niet lang te wachten op evenementen en geluiden die het uitstekend zouden doen in de krant.

'Kom mee, Hala,' zei Muqtada toen hij de telefoon had neergelegd. 'Bereid je voor, het is je geluksdag.'

Muqtada had te horen gekregen dat er een aanval zou worden gelanceerd op de straat Al-Quds, die de scheidslijn vormde tussen de Mahdi-strijdkrachten ten noorden ervan en het Irakese leger ten zuiden ervan.

Beide partijen wisselden hevig machinegeweervuur uit, en het lawaai bereikte een hoogtepunt toen ze elkaar bestookten met mortiergranaten die in winkels sloegen aan beide zijden van de

Al-Quds, zodat er in de hele wijk brokstukken neerstortten. De kakofonie vervaagde, om vervangen te worden door het gierende gefluit van de kogels die scherpschutters op straat afschoten. Het was tijd om dekking te zoeken.

Mijn begeleider hamerde op de poort van het dichtstbijzijnde huis waar een vrouw me haar binnenplaats binnenhaalde en zich voorstelde als Salma Jamila, een ongehuwde onderwijzeres van veertig die daar woonde met haar bejaarde ouders. Toen ze hoorde dat ik verslag kwam doen van de gevechten, haalde ze een plastic stoeltje en plaatste het tegen de muur van de binnenplaats, zodat ik eroverheen kon gluren om te zien wat er gebeurde. Ze was een koelbloedige gastvrouw in een crisissituatie – ze verdween de keuken in en kwam stralend terug met flessen sinaasappelsap op een dienblad, terwijl er nog geen honderd meter verderop mortiergranaten op straat insloegen.

Bovendien arriveerde er nog een gast, een neef, commandant van het Mahdi-leger genaamd Abu Ali, die een vrije dag had. Hij omhelsde Jamila, zei dat hij haar vader een bezoek kwam brengen en vertelde over zijn arrestatie een paar dagen daarvoor.

Om ongeveer zes uur 's avonds op die eerste dag kreeg Muqtada in de auto onderweg naar het centrum van Sadr City weer een telefoontje, waarna we teruggingen naar de frontlinie. Deze keer trachtten Mahdi-strijders het Irakese leger en de Amerikaanse strijdkrachten terug te dringen, om mensen te kunnen redden die begraven zouden zijn onder ingestorte gebouwen.

We reden door nog meer straten met open riolen, langs kinderen die voetbalden in tochtige steegjes en oude vrouwen die vanuit hun deuropeningen naar ons tuurden, en kwamen ergens terecht waar mannen op straathoeken koud water overhandigden aan strijders die even van de frontlinie waren weggelopen. Het gedreun van artillerievuur kwam dichterbij en ik vroeg Muqtada dringend om te stoppen. We begonnen gevaarlijk op te vallen in een lege straat die rechtstreeks naar de vuurlinie leek te leiden.

'Maar het is een eind lopen, Hala,' protesteerde Muqtada.

'Dat weet ik, maar het is in elk geval veiliger,' antwoordde ik. 'Ik hoef geen service van deur tot deur – niet aan de frontlinie.'

Ik vertelde Muqtada niet dat ik een grote angst koesterde om in een auto te worden beschoten, sinds mijn zusje Rana, indertijd pasgetrouwd, werd geraakt toen ze in Beiroet met haar man naar huis reed nadat ze ons op een avond in Beiroet had bezocht. Een dumdumkogel afgevuurd door een sluipschutter had de voorruit versplinterd en Rana liep verwondingen op aan haar gezicht, hals en arm. Ze had geluk dat ze het had overleefd: een fragment van een kogelscherf had haar slagader op een millimeter na gemist.

Muqtada parkeerde en we liepen naar voren, tussen gelederen strijders van het Mahdi-leger door, die een steeg hadden gevuld met granaatwerpers, karabijnen en machinegeweren. Het gieren van de kogels van scherpschutters werd steeds luider, maar waar mijn hart bonsde en mijn benen trilden, trokken de geharde militiestrijders die me begeleidden zich nergens iets van aan.

Toen we een hoek om gingen, zag ik honderd meter voor me aan de rechterkant een school staan. Ik vroeg me af hoe lang het zou duren voordat de leerlingen terug zouden kunnen komen, toen een explosie ons bijna omvergooide. Een artilleriegranaat was op de speelplaats geland en de klaslokalen waren verwoest door granaatscherven. Ik bevroor van angst en hurkte op de grond, snakkend naar adem met mijn armen over mijn hoofd. Iemand schreeuwde me toe dat ik niet verder mocht.

Verder? dacht ik. Denk je dat ik gek ben?

Voor de tweede keer die dag klopte een strijder op het dichtstbijzijnde hek, en ik werd een besloten binnenhof in gewenkt. Ondertussen was ik zo geschokt dat mijn benen me nauwelijks naar binnen wilden dragen. Terwijl Muqtada en een paar van de andere mannen buiten rustig stonden te roken, begaf ik me naar de achterkant van het gebouw op zoek naar bescherming. Ik keek welke muur er het veiligst uitzag, en liet me er hijgend en met gesloten ogen tegenaan zakken.

Drie oude vrijsters die er woonden probeerden me te kalmeren, hoewel ik niet kan zeggen dat ik bijzonder rustig werd van hun geredder. Ze bleken een winkeltje te voeren vanuit dit huis. Hoe ze klanten dachten te trekken aan de frontlinie was mij een raadsel, maar ze haalden een grote fles 7-Up tevoorschijn die heel welkom was. In tegenstelling tot hun collectie granaatscherven, die ze me daarna lieten zien.

'Waar komt dit allemaal vandaan?' vroeg ik, verbijsterd over de hoop dodelijke metalen scherven.

'O, er komt hier elke dag wel wat terecht,' zei een van de vrouwen schouderophalend, alsof het de meest natuurlijke zaak van de wereld was. 'Soms vliegt het naar binnen, als we de deuren openlaten.'

Ik had echt een sigaret nodig.

Muqtada riep me. Hij moet mijn angst hebben gezien toen ik naar buiten kwam, me scherp bewust van het gieren van de kogels van scherpschutters dat nog even dichtbij was als eerst. Toen lachte hij me uit.

'Ben je bang voor de dood, Hala?'

Ik keek hem wezenloos aan.

'Als sjiiet zou je dat niet moeten zijn,' verklaarde hij luchthartig. 'Als de dood mij komt halen, word ik een martelaar, in de voetsporen van de sjiitische imams.'

Hè ja, dacht ik. Mijn leven is in handen van iemand die het niet kan schelen of hij doodgaat.

Ik deelde zijn mening niet. In angstaanjagende situaties had ik mijn angst nooit verborgen. Overmoed leidt tot fouten. Het spoort mensen aan om onnodige risico's te nemen. Ik heb geweren altijd gevreesd en gerespecteerd.

'Ik ben niet zo vroom,' zei ik tegen Muqtada. 'Hoe nuttig is een dode journalist?'

Toen besefte ik dat we zo haastig naar de actie waren gerend dat ik mijn scherfwerende vest vergeten was onder mijn abaya.

'En nog iets,' zei ik. 'Ik heb mijn vest niet aan. Mijn buitenlandredacteur zal niet blij met me zijn als ik zonder mijn scherfvest word gedood.' Muqtada straalde.

'Oké,' zei hij en riep zijn vriend. 'Jij loopt in het midden en wij dekken je aan beide kanten tot we weer bij de auto zijn. Ik ben een grote vent en een kogel die deze kant op komt moet eerst door mij heen voordat hij jou bereikt. Ik denk wel dat je zo veilig zult zijn.'

Toen we eindelijk weer bij zijn huis waren, bespraken we de gevechten van die dag terwijl zijn kinderen vredig aan zijn voeten speelden. Zijn vrouw diende geroosterde kip met tomaten op, gevolgd door sterke, zoete thee. Ik was klaar voor mijn bed.

❧

De dood van Zahra had me geleerd om niet alleen over het conflict te schrijven, maar over de slachtoffers. Tegen de tijd dat ik aankwam in april 2008, was het dodental in een maand van strijd opgelopen tot negenhonderdvijfendertig. Daaronder bevonden zich ongeveer zevenhonderd burgers, volgens het personeel van de verschillende ziekenhuizen. Ik vroeg Muqtada om me naar het Sadr General Hospital te brengen zodat ik het zelf kon zien. Op zulke plaatsen had ik in 2003 Ali Abbas, en later Zahra gevonden. Hier zou ik kunnen getuigen van de werkelijke slachtoffers van de oorlog, onafhankelijk van verklaringen van politieke en militaire functionarissen.

Op een kaal stuk grond buiten de ingang van het ziekenhuis hurkten vijftien van top tot teen in het zwart gehulde vrouwen in een zandstorm, weeklagend en wachtend op hun doden. Bliksem flitste, donder rolde en de gewaden van de vrouwen waren bespat met de modder die uit de hemel vol regen en zand viel. Ze merkten het niet eens.

'*Ya'mma, Ya'ba* (ach moeder, ach vader),' riep Amira Zaydan, een alleenstaande vrouw van vijfenveertig die zich op haar gezicht en haar borst klopte in haar verdriet om haar ouders Jaleel van vijfenzestig en Hanounah van zestig jaar oud, wier huis was ontploft nadat het kennelijk was geraakt door een Amerikaanse raket.

'Waar zijn jullie, mijn broers,' snikte ze, treurend om Samir van tweeëndertig, en Amir van negenentwintig die ook waren omgekomen samen met hun vrouwen, van wie er een negen maanden zwanger was.

'Wat hebben jullie misdaan, mijn kinderen?' klaagde ze tegen de geesten van vier neven en nichten die het dodental van tien familieleden vol maakten bij de ramp die de vorige dag had toegeslagen. 'Moeders, kinderen, baby's, allemaal verdwenen, allemaal om niets.'

Het weeklagen van Zaydan en haar radeloze vriendinnen werd even overstemd door gillende sirenes toen ambulances het hek van het ziekenhuis binnenstoven met de nieuwste lading slachtoffers. Artsen en verpleegsters renden met beklemde gezichten het vervallen ziekenhuis uit om de gewonden en de stervenden op te vangen, terwijl administratieve medewerkers naar de huilende vrouwen keken en zagen dat ze ontroostbaar waren.

Zaydan had het ziekenhuis al vierentwintig uur nauwelijks verlaten, sinds het huis van haar familie was verwoest toen zij en haar zus Samira van drieënveertig het middagmaal bereidden. Buren probeerden lichamen uit het puin te graven, toen er nog een raket landde, en minstens zes reddingswerkers doodde.

Naast de twee zussen was hun broer Ahmad van vijfentwintig als enige overlevende van de familie bij het ziekenhuis aangekomen, met beenwonden en in shock. 'Ik heb iedereen verloren,' was het enige dat hij kon uitbrengen.

Zaydan wachtte nog steeds op zeven familieleden, die uit het puin moesten worden opgegraven om naar het Sadr General te worden gebracht. De andere drie lagen in het lijkenhuis, waaronder een neefje van drie, op een brancard in een plas bloed uit een hoofdwond. Zelfs naar de harteloze normen van de wrede Irakese oorlog was dit een meedogenloze strijd, dacht ik. Er waren zoveel kinderen onder de doden en gewonden.

Naast Zaydan zat haar buurvrouw Um Aseel Ali, die haar man en drie zonen van zes, vier en twee jaar oud had verloren toen hun huis werd opgeblazen door een raket.

'Terwijl ik naar ze toe rende, viel de tweede raket,' weende ze. 'Ik begon hun namen te roepen. Ik zocht naar ze en probeerde het puin weg te graven. Wat hebben we misdaan om dit te verdienen? Wat hebben wij [de premier] Maliki aangedaan?'

Terwijl zij sprak, huilde naast haar zachtjes een andere vrouw, Um Marwa Muntasser. Haar zwangere dochter Marwa had dezelfde aanval overleefd, maar werd onder verdoving gehouden, zonder te weten dat haar man Samir, haar vier jaar oude zoontje Sajad en haar dochtertje Ayat van twee allemaal gedood waren.

'Was mijn dochter een strijder?' vroeg Muntasser. 'Mijn dochter was geen strijder. Zij en haar gezin waren onschuldige burgers, die zich nergens mee bemoeiden, en nu zijn ze dood.' Het dodental in de rij van zes huizen die deze families bewoonden, steeg tot vijfentwintig.

Lina Mohsen van vierentwintig liep verdwaasd door het ziekenhuis toen ik haar trof, haar gezicht bevlekt met bruin stof. De ene minuut stond ze naar haar peuter Ali van anderhalf te kijken, die op de binnenplaats van hun huis speelde, vertelde ze – en de volgende minuut werd het huis getroffen door een raket.

'Ik begon hem te roepen, schreeuwde zijn naam, probeerde hem te vinden, maar ik zag hem niet door het stof en de rook,' zei ze. Uiteindelijk vond ze hem en zag dat hij dood was.

'Ik verwijt het Maliki en zijn regering en alle machthebbers dat ze dit laten gebeuren,' zei ze. Toen barstte ze in tranen uit en liep weg.

In een ander ziekenhuis, het Imam Ali, hoorde ik het verhaal van Muqtada Raed, een jongetje van twee dat geen enkele kans had om te herstellen van de granaatscherfwond in zijn been. Hij kronkelde op zijn dunne plastic matras en jammerde tegen zijn vader, Ahmad, die wist dat er niets gedaan kon worden om hem te redden. Het dijbeen van het kind was diep doorsneden toen het huis van het gezin werd geraakt, ook weer door een raket van de Verenigde Staten, naar het scheen. Hij bloedde overvloedig. Uiteindelijk begonnen zijn ogen te knipperen en vielen dicht; artsen haastten zich naar zijn bed, klopten hem zachtjes op zijn gezicht om hem bij bewustzijn te houden. Hij stierf diezelfde avond.

❧

Het was onvermijdelijk dat mijn gedachten terug zouden keren naar 2003, op mijn ellendige zoektocht door de ziekenhuizen van Bagdad naar verhalen voor mijn krant.

Bij de aanblik van de wond die de granaatscherf had veroorzaakt in het been van Muqtada Raed, herinnerde ik me zo levendig hoe ik Ali Abbas zonder zijn armen vond, dat het was alsof hij voor me lag en uitlegde: 'Een granaat heeft ze afgehakt, ziet u'. Ik verlangde ernaar om hem terug te zien.

Toen ik hoorde dat de kleine Muqtada was gestorven, dacht ik terug aan de dag dat ik het nieuws over Zahra had gehoord, hoe ik had geschreeuwd op straat en gehuild op mijn kamer en mezelf had vervloekt omdat ik mijn vingers met diamanten bekleedde, terwijl mijn kind in haar lijkwade lag.

HOOFDSTUK VEERTIEN

Ali, de zeventienjarige staatsman

De Hunting Club in de welvarende wijk Mansour was een haven van rust, in een stad verwoest door sektarisch geweld. De versterkte muren en bewapende lijfwachten verborgen een rustige, vreedzame plek, waar de seculiere middenklasse bijzonder op gesteld was. Nergens anders in de stad konden ze zich op een gezonde manier in het zweet werken op tennisbanen van gravel, en vervolgens kiezen tussen een sauna of een duik in het zwembad voor de lunch. Het gebabbel bij het aperitief ging niet over het onwaarschijnlijke geploeter van gewone Baghdadi die zonder werk of geld zaten, maar over de winstgevende zakelijke mogelijkheden bij de heropbouw van de stad, en over kinderen die van de opbrengsten een opleiding genoten in het buitenland. In de tijd van Saddam werd deze club vaak bezocht door Uday, zijn psychopatische zoon. Uday had ooit in een dronken bui zijn pistool afgevuurd boven de hoofden van de andere clubleden, en er werd gezegd dat hij een bed had neergezet in een biljartkamer boven, waar hij jonge meisjes verkrachtte die zijn aandacht trokken als hij uit het raam naar feestjes op de glad gemaaide grasvelden keek. Nu was de club eenvoudigweg de elegantste ontmoetingsplek in de stad. En dat baarde me zorgen.

Ik had deze oase van sproeiende fonteinen en welige bomen gekozen voor een reünie met Ali Abbas, omdat het verschil met de erbarmelijke ziekenhuiskamer waar hij me vijf jaar geleden had gevraagd om hem zijn afgehakte armen terug te geven, niet groter kon zijn. Maar toen ik hoorde dat hij onderweg was in een auto, was ik ineens bang om de jongen in verlegenheid te brengen. Zou de eetzaal van de Hunting Club, met zijn kroonluchters en de verfijnde atmosfeer en opzichtige goede manieren, wel zo'n prettige omgeving zijn voor een tiener die met zijn voeten at?

'Wat heb ik me in vredesnaam in mijn hoofd gehaald?' vroeg ik aan Steve terwijl ik door de marmeren entree ijsbeerde.

Mijn man keek me met een opgetrokken wenkbrauw aan alsof hij wilde zeggen: Je verwacht toch niet echt dat ik daar antwoord op geef?

Ik was sowieso verbijsterd dat Ali in Bagdad was. Ik wist dat hij in Groot-Brittannië kunstarmen aangemeten had gekregen, dat had ik in de krant gelezen. Ik was altijd van plan geweest om hem daar eens op te zoeken. Toen ik besloot om Hawra op te sporen, bedacht ik dat het ook tijd was om uit te vinden wat er met Ali was gebeurd. Net voordat ik uit Londen vertrok, had ik mijn voelhoorns uitgestoken, maar al snel na mijn aankomst hoorde ik dat hij hier was voor een lang bezoek. Mijn contactpersoon had zelfs zijn telefoonnummer.

Dus terwijl ik afwachtte tot de beveiligingskwesties geregeld waren zodat ik naar Hawra kon, belde ik het nummer van Ali, in de hoop dat hij een uurtje of twee voor me zou hebben. Het was niet alleen omdat ik mijn nieuwsgierigheid wilde bevredigen over zijn strijd om te overleven en de nog complexere strijd die hij moest hebben gevoerd om zich aan te passen aan zijn verwondingen. Ali speelde ook een cruciale rol in mijn verhaal. Als die dappere kleine jongen er niet was geweest, zou mijn kantoor me nooit hebben opgedragen om een 'andere Ali' te zoeken voor de liefdadigheidscampagne. Het was Ali, die me op het spoor van Zahra had gezet, Ali die de weg had bereid zodat ik Hawra zou ontmoeten. Het leek gepast dat ik nu, bij mijn terugkeer in Bagdad, opnieuw bij Ali begon.

'Alloo,' antwoordde hij op zangerige toon, waarin zelfvertrouwen en charme weerklonken.

'Mijn naam is Hala Jaber,' begon ik met veel minder zelfvertrouwen, me afvragend of hij zich mij zou herinneren. Mijn naam zei hem natuurlijk niets. 'Ik ben journaliste bij de *Sunday Times* en momenteel ben ik in Bagdad, en ik zou je heel graag willen ontmoeten als je daar tijd voor hebt.'

'Komt u uit Londen?' vroeg hij, en ik wist meteen dat hij geïnteresseerd genoeg was om iets af te spreken.

Toen de auto met Ali erin de oprijlaan van de Hunting Club opreed, dacht ik aan het angstige kind wiens wereld uiteengevallen was toen het plafond van zijn slaapkamer instortte, en de meubels in vlammen opgingen. Ik herinnerde me de ontreddering in die ogen met de lange wimpers toen hij naar de stompjes keek waar zijn armen hadden gezeten. Ik hoorde weer de shock in de schrille stem waarmee hij de woorden: 'Neemt u mij mee?' uitsprak en de grimmige arts met zijn vrijwel zekere voorspelling dat de jongen zou overlijden.

De knappe jongeman die van de achterbank sprong toen zijn oom de deur opende, kon niet verder verwijderd zijn van dat visioen. Bij elke stap in mijn richting straalde Ali levenslust en zelfverzekerdheid uit. Hij droeg een voetbalshirt in het uitbundige rood van de Manchester United Football Club, een passie van hem, zoals ik weldra zou ontdekken. Het zou je niet meteen zijn opgevallen dat de korte, door de zwakke bries gestreken mouwen leeg waren, omdat je blik, net als de mijne, zou worden aangetrokken door zijn verblindende glimlach. Aangezien we elkaar niet de hand konden schudden, begroetten we elkaar eenvoudigweg met stralende gezichten. Mijn grijns was even breed als die van hem.

'Wat ben je gegroeid!' riep ik dwaas, opgewonden als een liefhebbende tante die te lang weg is geweest. Ik bewonderde zijn indrukwekkende lengte, sterke botten en brede schouders. Steve begreep dat ik het gevaar liep zowel mijzelf als Ali in verlegenheid te brengen, en complimenteerde hem nogal bars met zijn shirt. Als een geboren Manchester-man en fan van United sinds hij oud genoeg was om het woord 'bal' te zeggen, had Steve algauw genoeg met Ali te bespreken. Ze wandelden samen het restaurant binnen, kameraadschappelijk kletsend over de triomf van hun club in de Europese Champions League de week tevoren. Ik liep achter hen aan met de zevenentwintigjarige oom van Ali, Mohammed Ali Sultani.

'Ali heeft hulp nodig,' vertrouwde Mohammed me toe toen we naar onze tafel gewezen waren. 'Zonder mij wil hij niet terug naar school in Groot-Brittannië, maar ik kan geen visum krijgen om het land binnen te komen.'

Dat verhaal moest wachten terwijl we onze bestelling plaatsten. In eerste instantie aanvaardde Ali alleen water; Mohammed hield zijn neef het glas voor als hij een slok wilde.

Terwijl hij van Steve naar mij en weer terug keek, lichtte Ali's gezicht op in herkenning. 'Ik herinner me jullie,' zei hij. 'Toen ik hier in het ziekenhuis lag, vertelde tante Jamila me dat een Britse fotograaf wat geld voor mij had gegeven. Hij nam een zak snoep en chocola mee.'

Ali glimlachte naar Steve: 'Dat was u.'

Daardoor kwam het beeld van tante Jamila aan zijn bed weer bij me op, die de vliegen wegjoeg en met een stukje karton boven zijn hoofd wapperde om zijn brandwonden te verkoelen. Ik herhaalde de woorden die hij tegen me had gezegd – 'Komt u me mijn armen teruggeven? En mijn handen?' – en zag aan zijn gezicht dat hij zich dat ook herinnerde. Hij bleef heel stil en zwijgend zitten, toen het gewicht van mijn herinneringen op hem neerdrukte.

Steve zag dat het tijd was om de stemming wat op te monteren. Dat doet hij vaak als hij vindt dat mijn vragen te intens worden voor mijn arme ondervraagde slachtoffers. Hij valt me in de rede om hun even rust te geven, in de wetenschap dat ik meer resultaten zal bereiken als ik later weer terugkom op mijn vragen.

'Let maar niet op die anderhalve meter dwerg,' zei hij, een oud grapje van hem dat ik al lang niet meer leuk vind (ik ben een meter zestig lang, en erg gehecht aan die laatste tien centimeter) maar dat elke keer een lach ontlokt aan degene die het moet ontspannen. 'Ze is maar een journalist die schrijft en schrijft over helemaal niks. Laten we het over serieuze zaken hebben.' En daarmee bracht hij het gesprek weer op voetbal.

Ali giechelde hees en samen begonnen ze aan een opgewekte analyse van de spits van Manchester United, Cristiano Ronaldo – zijn volmaakte talent en onvolmaakte karakter – tot ik zag dat onze gast bereid was om nog een paar vragen te beantwoorden.

Ik wilde graag dat hij zijn opmerkelijke verhaal van begin tot eind vertelde en Ali was een gewillige verteller, om redenen die hij voor het einde van zijn verslag zou bewaren. Maar terwijl hij aan zijn glas nipte en zich schrap zette om de traumatische gebeurtenissen van 2003 opnieuw te beleven, zag ik dat hij last had van vliegen, net als toen we hem hadden leren kennen in het ziekenhuis. Ze leken te voelen dat hij zich niet kon verdedigen. Hij schudde heftig met zijn hoofd en schouders om ze te verjagen.

'Waarom heb je je armen niet bij je?' vroeg ik hem.

'Die heb ik in Londen gelaten,' antwoordde hij nuchter. 'Ze zijn zwaar, dus besloot ik om ze een poosje af te doen. Ik dacht dat ik hier twee maanden zou blijven. In plaats daarvan ben ik hier al bijna een jaar. Tegen de tijd dat ik terugga ben ik waarschijnlijk vergeten hoe ik ze moet gebruiken.'

Die laatste opmerking ging vergezeld van een meesmuilende grijns, dus glimlachte ik om zijn grapje.

'En trouwens, ik gebruik toch liever mijn voeten om te eten, mijn tanden te borstelen, te schrijven,' legde hij uit. 'Ik kan typen met mijn tenen. En ik ben onverslaanbaar op de Playstation, ook al gebruik ik daar ook mijn voeten voor. Een jaar lang kon niemand op school me verslaan op de Playstation.' Weer die grijns.

Toch was vastzitten in Bagdad terwijl hij belangrijke examens zou moeten afleggen in Londen niet om te lachen, dacht ik. Ik weerstond de neiging om te vragen waarom hij hier was als de mensen in Groot-Brittannië dachten dat hij daar een nieuw leven had opgebouwd. Het leek me het beste om bij het begin te beginnen en er later op terug te komen. Voorzichtig spoorde ik hem aan om ons te vertellen wat hij zich kon herinneren van de dag dat hij gewond was geraakt.

❧

Het was 31 maart 2003, begon hij. Hij was op familiebezoek geweest bij verwanten in de buurt en laat en slaperig thuisgekomen in het dorpje Arab al-Khrsa, twintig kilometer ten zuidoosten van Bagdad. Voor een huis met maar twee slaapkamers woonden er veel mensen. Zijn vader Ismaeel, een boer die palmbomen teelde en vee en kippen fokte, had twee vrouwen. Bij zijn eerste vrouw Leila had Ismaeel zes dochters en een zoon. Zij deelden een van de slaapkamers. In de andere kamer sliep Ismaeel met zijn tweede vrouw Azhar, hun jongste zoon Abbas van tien en Ali, die twee jaar ouder was. Azhar was vijf maanden zwanger van hun derde kind.

Ali viel in slaap met zijn hele familie om zich heen.

'En toen voelde ik het dak op ons storten en de hitte van een helse vlammenzee,' zei hij, zo intens dat het vuur in zijn ogen leek te branden.

Ali besefte dat hij doordrenkt was met bloed maar, erger nog, dat zijn beide armen in brand stonden. Hij zag de vlammen uit zijn onderarmen komen en voelde dat het vlees weggebrand werd van zijn handen tot zijn ellebogen. Op dit moment van hevige pijn en onvoorstelbare angst, dacht Ali dat hij een nachtmerrie had. De werkelijkheid trof hem toen hij een buurman hoorde binnenkomen om Leila en haar kinderen te redden, die er met snijwonden en shock vanaf kwamen.

'De buurman zag mij niet. Ik lag onder al het puin. Ik moest hem roepen om te zeggen waar ik was,' zei Ali. 'Mijn armen stonden in brand terwijl ik onder het puin lag.'

Er waren ondertussen verscheidene andere mensen gekomen en samen trokken ze hem eruit. Hij hoorde schreeuwen – waarschijnlijk Leila die krijste dat hij naar het ziekenhuis moest worden gebracht – en riep om zijn moeder.

'De buurman reed me in zijn auto naar het ziekenhuis. Ik was bij bewustzijn, maar ik kan me niet herinneren dat ik onderweg veel pijn voelde,' zei hij. Wat hij zich nog wel herinnerde, was dat hij een dokter in het Kindi Ziekenhuis iemand hoorde vertellen dat er geen hoop meer voor hem was. Toen werd hij wakker en ontdekte hij dat hij een operatie had gehad, dat zijn verkoolde armen geamputeerd waren en dat hij nooit soldaat zou worden, zoals hij had gedroomd. Hij was ontroostbaar.

Op dat punt onderbrak Ali zijn verhaal en keek fel de tafel rond.

'Er was geen reden om ons huis te raken,' zei hij. 'Mijn vader fokte koeien en kippen.' Ik knikte zwijgend.

Overweldigd door pijnlijke herinneringen nam hij even zijn toevlucht tot wat zwarte humor. 'Een huis was niet genoeg voor hen,' ging hij verder met een verbitterd lachje. 'O nee. Ze moesten de naastgelegen huizen van de rest van mijn familie ook raken en zo werden er vijftien mensen gedood.'

Wat Ali indertijd niet had kunnen weten was dat er in en rond het buurstadje Za'Faraniya verschillende belangrijke doelwitten lagen voor de Amerikaanse bommenwerpers. Naast de twee fabrieken waarvan werd vermoed – ten onrechte, naar later bleek

– dat er biologische wapens werden geproduceerd, stonden er ook een nucleair onderzoekscentrum en een raketfabriek in de buurt. Het gehucht omringd door akkers vol tuinbonen en radijzen, waarvan Ali's vader had gedacht dat de familie er met rust gelaten zou worden in de tijd van Saddam, lag midden in de vuurstorm toen de oorlog begon.

In de ziekenhuiskamer waar Steve en ik hem hadden gevonden, onder de primitief geconstrueerde kooi met de gescheurde deken erover, durfde Ali niet aan zijn tante Jamila te vragen waarom zijn vader en moeder en zijn broertje niet op bezoek kwamen. De waarheid – dat zijn oom Mohammed hen verkoold had aangetroffen in het bed waarin ze lagen, en Ali's armen in het graf van zijn vader had gelegd – was veel te schokkend voor hem, nu hij al zoveel te lijden had. Dus bleef Ali zich afvragen wat er met zijn ouders was gebeurd, waar zijn armen waren en wie ze terug zou brengen om ze weer aan zijn verbonden stompjes te zetten. Hij kon zich het leven niet voorstellen zonder zijn armen.

Het onmiddellijke gevaar voor Ali was niet het onvermogen van het personeel van het Kindi Ziekenhuis om brandwonden of bloedvergiftiging afdoende te behandelen, maar het wegvallen van wet en gezag nadat de Amerikaanse strijdkrachten Bagdad bezetten zonder orders om plunderingen te verhinderen. Volgens Ali besloten de artsen en verpleegkundigen op den duur dat het te gevaarlijk werd om naar hun werk te komen.

'Alleen een mannelijke verpleger die vlakbij woonde kwam elke dag terug om mijn brandwonden te verschonen en me af te koelen,' zei hij. Die verpleegkundige bezocht hem tweemaal daags, en ging dan terug naar zijn gezin. Gedurende de rest van de tijd moest zijn tante hem zo goed mogelijk verzorgen, alleen. Uiteindelijk zette de verpleger Ali en zijn tante in een ambulance en bracht hen naar een veiliger ziekenhuis in Sadr City.

❧

De paar foto's die Steve van Ali had genomen, hadden een langdurige impact. Zodra de foto's in Groot-Brittannië op een voorpagina verschenen werd het prachtige kind, wiens verminking de gruwel van 'nevenschade' samenvatte, een icoon van de oorlog. Mijn Libanese vriendin Samia Nakhoul interviewde Ali de dag nadat ik bij hem was, en haar artikel voor Reuters werd in de hele wereld gepubliceerd. Ali's onwaarschijnlijke instinct voor schrijnende opmerkingen – 'Als ik mijn armen niet terugkrijg, pleeg ik zelfmoord,' zei hij tegen Samia – hielpen om hem tot een internationale beroemdheid te maken. Er werd meer dan een miljoen pond geschonken aan een fonds dat Britse kranten in zijn naam hadden opgezet. Maar hoewel het geld werd verdeeld onder eerzame liefdadigheidsinstellingen, werd het meeste toegewezen aan projecten in plaats van aan individuen, en de meeste journalisten die het verhaal vermeldden deden niets voor Ali, die dagelijks meer gevaar liep om te sterven door bloedvergiftiging.

Het vereiste de tussenkomst van een verslaggever met een groot hart, die Ali niet had ontmoet en alleen in een artikel een verwijzing naar hem had opgenomen, om te zorgen dat hij Irak op tijd verliet om gered te worden. Peter Wilson van de krant *The Australian* werd door een filantroop gevraagd wat hij kon doen om te helpen. Wilson reageerde door de autoriteiten in Koeweit te vragen of Ali daar kon worden opgenomen op een gespecialiseerde brandwondenafdeling. Tien dagen nadat Steve zijn foto had genomen, werd Ali per luchtbrug het land uit gevlogen.

In een onbekende plaats, zelfs zonder het gezelschap van de journalisten die hij even had leren kennen, miste Ali zijn vader en moeder meer dan ooit.

'Niemand had me op dat moment nog verteld dat mijn beide ouders dood waren, maar ik voelde vanbinnen dat ze omgekomen waren. Vanbinnen wist ik het,' vertelde hij ons ernstig. Toen men eindelijk vond dat hij klaar was om de waarheid te horen, waren de weinige resterende familieleden die hem hadden kunnen troosten ver weg. Hij huilde 's nachts, alleen, om zijn ouders, maar ook om zichzelf.

'Ik dacht bij mezelf, wat moet ik nu doen? Ik begreep dat ik niet in staat zou zijn om alle normale dingen in het leven te doen die ik met mijn armen kon,' vertelde hij.

Maar zelfs in die crisisperiode gedroeg Ali zich volwassener dan te verwachten was op zijn leeftijd en vertoonde al tekenen van de zelfredzaamheid die hem nadien zo goed van pas zou komen. Hij besloot zich goed te houden, zei hij. Hij koos ervoor zijn verzorgers niet te belasten met zijn verdriet of zijn angst voor de toekomst.

'Ze zouden niet veel hebben kunnen doen aan de dingen die me op dat moment kwelden,' legde hij zachtjes uit. 'Hadden zij mijn ouders tot leven kunnen wekken? Hadden zij me mijn echte armen terug kunnen geven? Ik wist dat het antwoord op beide vragen nee was, dus had klagen geen zin.'

In plaats daarvan wijdde hij zich aan het slopende proces om zijn gezondheid terug te krijgen. Vier pijnlijke operaties volgden in even zoveel maanden, waaronder huidtransplantaties op zijn borst en zijn rug. Hij hield het vol met de hulp van Ahmed Mohammed Hamza, een Irakese jongen van veertien met wie hij vriendschap sloot in het ziekenhuis. Net als Ali had Ahmed een bombardement overleefd, maar ook hij zou er de rest van zijn leven de gevolgen van dragen. Zijn rechterarm en zijn linkerbeen waren geamputeerd.

Toen hij hoorde dat zijn bekendheid had geleid tot aanbiedingen voor verdere behandeling van Zweden tot Spanje en van Canada tot Californië, besloot Ali dat zijn nieuwe vriend mee moest profiteren van alle kansen die op zijn weg kwamen. Als hij uitstekende medische zorg kreeg op een exotische, verafgelegen plek in Europa of Amerika, dan Ahmed ook. Toen er uiteindelijk gekozen moest worden tussen een kans op revalidatie in Canada of in Groot-Brittannië, vroeg Ali zijn toekomstige weldoeners om zijn vriend ook te helpen. De Canadezen konden Ahmed niet ook opnemen. De Britten – in de vorm van een liefdadigheidsinstelling de Limbless Association – waren bereid om zowel Ali als zijn vriend te helpen. Aldus geschiedde. De eerste minister van Koeweit stelde Ali zijn privéjet ter beschikking en hij arriveerde in stijl in Londen.

Maar om redenen die Ali nog moest uitleggen, waren al deze inspanningen op de een of andere manier uitgelopen op een bizarre omkering van het lot. Zoals hij het zei met een van zijn verbitterde lachjes: 'Ahmed zit in Londen en ik in Bagdad. Ik bracht hem daarheen en ik kwam hier vast te zitten.'

❧

Nu Ali de moeilijkste delen van zijn verhaal had verteld, vroeg Steve hem of hij zijn eetlust had hervonden. En inderdaad, hij was uitgehongerd. Om hem niet in verlegenheid te brengen met een formele lunch in de club, stelde ik voor dat we aan tafel zouden bestellen, maar zouden eten in het nabijgelegen huis waar wij logeerden om meer op ons gemak te zijn. Ali was het daarmee eens en onze lijfwacht regelde een meeneemmaaltijd van gegrilde kip en kebabs van lamsgehakt.

Terwijl Steve en Ali hun gesprek over voetbal hervatten, zette ik de maaltijd klaar op een lage koffietafel in de woonkamer, met het idee dat Ali daar gemakkelijker met zijn voeten zou kunnen eten. Ali verraste me echter door te vragen of het eten naar de eettafel verplaatst kon worden, waarschijnlijk omdat hij vond dat het voor ons aan tafel gemakkelijker zou zijn om met mes en vork te eten. Toen de lunch begon, lepelde oom Mohammed hapjes in Ali's mond.

Dat deed hij met zoveel toewijding dat hijzelf geen hap nam totdat Ali's enorme tienereetlust was verzadigd met een tweede bord vol. Op zeker moment hield Ali op met kauwen en keek me aan terwijl ik een sigaret opstak en mijn neergekrabbelde aantekeningen doornam.

'Eet u niet?' vroeg hij. Ik grinnikte.

'Soms eet ik wel, maar over het algemeen ben ik geen grote fan van eten,' zei ik.

Steve viel me in de rede met een van zijn flauwe grappen. 'Natuurlijk eet ze niet – kijk maar hoe mager ze is,' riep hij uit.

Ali zweeg even om me te bekijken, en zei toen ernstig: 'Ik zou niet willen beweren dat ze mager is. Ik vind haar precies goed, volmaakt gezond, precies zoals ze moet zijn.'

Het bleef even stil terwijl wij verwerkten dat Ali iemand leuk vond die oud genoeg was om zijn moeder te zijn. Toen barstten we allemaal in lachen uit. Ali deed mee, genietend van zijn rol als de komediant die wat verlichting had gebracht in een dag van moeilijke gesprekken. Dat zou nog een paar keer gebeuren terwijl hij ons vertelde wat er in Groot-Brittannië met hem was gebeurd.

Ali had duidelijk het beste gekregen wat de Britse gezondheidszorg en het onderwijssysteem te bieden hadden. Met een gul aangeboden gratis plaats aan de particuliere Hall School in Wimbledon, die normaal gesproken tienduizend pond per jaar moest kosten, begon Ali niet ver daarvandaan in het Queen Mary's Hospital, Roehampton, een ziekenhuis met een wereldberoemde, baanbrekende deskundigheid op het gebied van protheses, aan zijn revalidatie. Voor een jongen die geen Engels sprak en een afschuwelijke handicap had, moest zowel school als therapie heel zwaar zijn. Vooral de revalidatie was bijzonder veeleisend.

Eerst leerde Ali om veel dagelijkse taken in het leven met zijn tenen uit te voeren, van typen tot het gebruik van een theelepeltje, van uitkleden tot een deur van het slot halen. Zoals elke andere stap op de weg naar onafhankelijkheid, vereiste dit ijverige oefening en onuitputtelijk geduld. Toen werd hem een mechanische rechterarm aangemeten, compleet met elleboog, pols en hand. Ali leerde ermee eten en drinken, maar leerde ook om zijn verwachtingen te matigen over wat hij zou kunnen met een kunstarm. Ten slotte werd hij uitgerust met elektrische armen. Hij was verrukt toen hij zag dat de tatoeage van Manchester United waar hij om had gevraagd erop gestempeld was, maar onaangenaam verrast door hun gewicht: ongeveer anderhalve kilo elk. Na verloop van tijd vond hij dat de voordelen van het kunnen manoeuvreren van drie vingers aan elke hand van deze armen niet opwogen tegen de hinderlijke last die ze vormden voor een energieke jongen aan het begin van zijn tienerjaren.

'Ik kreeg genoeg van de armprotheses,' zei hij. 'Ik vond ze te zwaar. Ik had het idee dat ik constant een zware tas bij me droeg. De artsen zeggen dat het beter is als ik ze vaker draag, om onafhankelijker te worden. Maar ik gebruik liever mijn voeten.'

Ali kreeg ook een extra paar armen voor puur cosmetische doeleinden en die droeg hij graag naar school. 'Ze zien er echter uit en ze zijn niet te zwaar, maar je kunt er niet veel mee doen,' vertelde hij.

Na een paar maanden en eindeloze lessen in Groot-Brittannië verlangde Ali al even wanhopig naar huis als zijn familieleden naar hem verlangden. Maar het was niet alleen moeilijk voor deze jongen om naar de plaats van de ramp te gaan die zijn leven had veranderd en zijn familie van het leven had beroofd, er moesten ook veiligheidsmaatregelen worden getroffen om te vermijden dat kidnappers zo'n beroemd personage als een onweerstaanbaar doelwit zouden beschouwen. Het bezoek werd grotendeels geheimgehouden.

'De eerste keer dat ik terugkwam, leek alles anders dan voorheen,' zei Ali. 'Vroeger voelde ik me veilig in mijn land. Toen ik terugkwam was ik een beetje bang omdat ik wist dat het geweld toenam.'

Hij had heimwee naar zijn oude huis. 'Maar daar kon ik niet lang blijven, ook al had een van mijn ooms van vaderskant een huis gebouwd op dezelfde plek,' zei hij, langzaam pratend om zich zijn turbulente gevoelens rustig te kunnen herinneren. 'Ik besloot dat ik daar niet kon blijven. Ik moest er steeds aan denken dat mijn familie in dat huis was omgekomen. Ik huilde. Ik moest er weg. Ik ging bij een andere oom van moederskant logeren.'

Uiteindelijk was het Ali's jaarlijkse bezoek aan het graf van zijn ouders en zijn broertje waardoor hij vast kwam te zitten in Irak. In Londen deelde hij een huis met zijn vriend Ahmed. Een oom zorgde voor Ali's dagelijkse behoeften, waaronder wassen en baden, en de vader van Ahmed zorgde voor hem. De twee volwassenen en de twee kinderen maakten er eerst het beste van. Maar in 2006 kon Ali's verzorger niet langer blijven. Hij moest voor zijn eigen familie zorgen. Een andere oom – Mohammed – bood aan om met Ali naar Londen terug te gaan na het bezoek van die zomer, maar kon niet op tijd een visum krijgen. Ali ging alleen terug, en moest zich op Ahmeds vader verlaten voor de persoonlijke taken die een van zijn eigen familieleden zou moeten uitvoeren. Dat vond hij onverdraaglijk.

Aan het eind van zijn bezoek aan Irak in 2007 weigerde Ali dan ook terug te gaan naar Londen, tenzij oom Mohammed ook meeging. In Londen weigerden de ambtenaren die Ali zijn verblijfsrechten hadden toegekend om oom Mohammed het visum te verstrekken, dat hij zelfs voor een tijdelijk bezoek nodig had. Die impasse betekende dat Ali het examenjaar miste dat hij nodig had om zijn opleiding te vervolgen en naar de universiteit te kunnen. Toen ik contact met hem opnam, had hij in het laatste stadium van de voorbereidingen voor die belangrijke tussenexamens moeten zitten. Hij bevond zich echter op vierduizend kilometer afstand, en had niets beters te doen dan voetballen met zijn vrienden in de smorende hitte van Bagdad.

Hij speelde graag in hetzelfde Manchester United-shirt dat hij droeg in de Hunting Club – dat het nummer zeven droeg en ooit had toebehoord aan zijn held, David Beckham. Beckham had het hem aangeboden tijdens een bezoek aan het terrein van de club in Old Trafford. De voetballer had er zelfs voor gezorgd dat Ali's naam op de rug werd aangebracht. Later werden per koerier namens Beckham shirts met de handtekening van alle spelers van Manchester United bezorgd. De hartelijkheid van deze gebaren van een sportsuperster vormde een grotesk contrast met de kleinzieligheid van de anonieme ambtenaar op Binnenlandse Zaken die Ali de steun had ontzegd van de oom tegenover mij, die hem voerde omdat hij zichzelf niet kon voeden.

'Ik moet om allerlei redenen altijd iemand bij me hebben,' zei Ali. 'Ik begrijp niet waarom ze hem dat visum geweigerd hebben.'

Oom Mohammed verborg de teleurstelling van de familie over de autoriteiten van Groot-Brittannië niet, het land dat zoveel voor zijn neefje had gedaan. Hij zei dat Binnenlandse Zaken de verzekering wilde dat hij in staat zou zijn om in zijn behoeften te voorzien als hij in Groot-Brittannië was, maar omdat hij geen baan had, kon hij dat niet garanderen. 'Ik ben Ali's voornaamste verzorger,' zei hij eenvoudig. 'Ik had verwacht dat ze mijn terugkeer mogelijk zouden maken.'

Een van de minder dringende frustraties van Ali was, dat hij de climax van de finale van de Champions League niet eens had kunnen zien, omdat de elektriciteitsvoorziening van de stad meer dan vijf jaar na de invasie van Irak nog steeds niet helemaal hersteld was. Na drie penalty's in de strafschoppenserie na de verlenging tegen Chelsea was het scherm van de kleine televisie waar Ali zich met zijn vrienden omheen had geschaard door een elektriciteitsstoring zwart geworden.

'Tegen de tijd dat de generator aansloeg, waren de strafschoppen afgelopen,' zei hij, maar hij deed er luchthartig over door eraan toe te voegen dat hij nooit aan het resultaat had getwijfeld want 'mijn team wint altijd'.

Toen het gesprek wat ernstiger van toon werd, zei hij dat hij vond dat hij en alle andere kinderen die gewond waren of wees waren geworden door verkeerd gerichte of verdwaalde Amerikaanse bommen schadevergoeding moesten krijgen. Dat was precies wat Marla ook had geloofd.

'Noch de Amerikaanse regering, noch de Britse – of zelfs de Irakese – regering heeft ons ooit gevraagd naar ons welzijn,' zei Ali. 'Zowel de Amerikaanse als de Britse regeringen zijn verantwoordelijk voor het doden van mijn ouders en mijn familie. Het is niet meer dan logisch dat zij mij schadeloos stellen voor mijn verlies.'

Tot voor kort had Ali vastgehouden aan jongensdromen over het navolgen van zijn andere idool, Sir Alex Ferguson, de manager van Manchester United, door op een dag zijn eigen club te leiden. Zijn schoolhoofd, Timothy Hobbs, had andere ideeën. 'Hij is een zeer talentvolle jongen,' zei Hobbs. 'Hij pikt talen gemakkelijk op. Hij zou iets geweldigs kunnen worden in public relations en in de politiek. Hij heeft een heel aantrekkelijke persoonlijkheid en een fantastisch communicatievermogen.'

Om dat te bereiken zou Ali echter kwalificaties nodig hebben. Zijn familie vond dat al het goede werk om hem te helpen zijn enorme tegenslag te overwinnen, stukgelopen was op kleingeestige bureaucratie. Ik moest het wel met hen eens zijn. Deze jongen was een symbool geworden, niet alleen van het leed dat door oorlog wordt veroorzaakt, maar ook van mededogen voor de slachtoffers. Moest Ali nu ook een symbool worden voor de mislukte pogingen van de coalitie om het Irakese volk te helpen na de val van Saddam?

Ik vroeg Ali of hij het erg vond om tijdens zijn tienerjaren steeds in de schijnwerpers van de media te worden afgebeeld als een symbool van dit of dat. Sommige jongens zouden die aandacht gênant hebben gevonden, vooral op zijn leeftijd. De vraag leek hem te verbazen.

'Natuurlijk niet,' zei hij met grote waardigheid. 'Zo kan de wereld zien dat oorlogen verkeerd zijn en dat er veel onschuldige burgers gewond raken als gevolg ervan.'

Ali vertelde welsprekend over verleden, heden en toekomst van zijn land. Hij zei dat hij geen wrok koesterde tegen de Amerikaanse en Britse strijdkrachten die de invasie van zijn land hadden aangevoerd.

'Ik heb niets tegen de mensen,' zei hij. 'Ik weet dat velen van hen tegen de oorlog waren – en nog zijn. Ik ben alleen geschokt en boos over de regeringen die dit alles veroorzaakt hebben. Ze hadden slimme bommen en domme hersenen.'

Wat de situatie in Irak op dat moment betrof, betreurde Ali het verlies van vrienden zowel als familie en het onvermogen van zijn stiefbroers en zussen om werk te vinden in een economische depressie waardoor zijn stiefmoeder Leila afhankelijk was van zijn invaliditeitsuitkering uit Groot-Brittannië. Hij vatte de conclusies samen van een aantal van mijn eigen artikelen over doodseskaders die de professionele klasse het land uitjoegen.

'Weet u wat het probleem is?' zei hij. 'Dat alle goede mensen vertrokken zijn en helaas alleen de slechte hier zijn gebleven.'

Maar ondanks alle kansen die hem in het buitenland wachtten, voelde Ali nog steeds verplichtingen tegenover zijn eigen verscheurde land, de plicht om zijn medemensen te helpen herstellen van de trauma's van de oorlog. 'Misschien kan ik op een dag iets goeds doen voor Irak en zijn toekomst,' zei hij. 'Al ben ik nog niet tot een besluit gekomen over de manier waarop ik zou willen helpen, maar ik zou graag een soort dokter worden.'

Bij het horen van zijn analyse van alles wat er fout gegaan was en zijn visioen over de weg voorwaarts was ik vervuld van trots op Ali en van optimisme voor Irak, maar de Britse autoriteiten leken doof te zijn voor het pleidooi van zijn familie om oom Mohammed een visum te geven, en blind voor de gevolgen voor een jongeman die zo graag verder wilde met zijn leven. Hij had laten zien dat hij de veerkracht, de intelligentie en de energie had om zoveel meer te zijn dan alleen maar een fotogeniek oorlogsslachtoffer.

Wat moet het demoraliserend voor hem zijn geweest om persoonlijk te ervaren dat een regering, die toch had verklaard het volk van Irak te willen bevrijden van een dictator, hem uiteindelijk zo in de steek liet. Ali had geen woede getoond. Ik was razend.

Ik had Ali nog een laatste vraag te stellen. Wat bedoelde hij met 'een soort dokter worden'?

Hij vertelde me botweg dat het voor hem zonder armen moeilijk zou zijn om de meeste vormen van geneeskunde te beoefenen. Desondanks geloofde hij dat hij psycholoog kon worden om anderen te helpen traumatische ervaringen in hun leven te overwinnen, net als hij.

'Er zijn waarschijnlijk duizenden kinderen zoals ik – sommige met nog ernstigere verwondingen en handicaps – die niet zoveel geluk hebben gehad als ik, die niet dezelfde kansen in het leven hebben gekregen als ik,' zei hij ernstig. 'Voor die mensen vind ik dat we iets moeten doen. Ik vind dat ik op de een of andere manier moet helpen.'

Deze staatsmanachtige woorden van een jongen van zeventien deden me aan Hawra denken. Hawra was een van de kinderen over wie hij het had. Zij had haar hele naaste familie verloren, net als Ali. Maar in tegenstelling tot Ali had zij geen publiciteit gekregen. Er kwam geen hulp van mensen die het goed met haar meenden, omdat bijna niemand wist hoezeer zij geleden had. Terwijl Ali werd gefotografeerd, gehuldigd en kosteloos werd opgeleid, zagen de kansen voor een onbekend meisje van vijf er somber uit, en haar vooruitzicht op een goede opleiding was vrijwel nihil.

Ali had me geïnspireerd.

'Ik vind dat ik op de een of andere manier moet helpen,' had hij gezegd.

HOOFDSTUK VIJFTIEN

Hawra vinden

De dag van de hereniging begon zonnig en kalm, maar terwijl ik mijn tweede kop koffie dronk en mijn vierde sigaret opstak, joeg de adrenaline sneller door mijn lichaam dan ik zou willen. Hawra en haar grootmoeder kwamen om twee uur die middag en ik had alles nauwkeurig gepland, met het idee dat het me zou helpen om rustig te blijven. Maar alleen bij het idee dat ik hen weer zou zien, was ik al duizelig van de zenuwen.

In mijn gedachten had ik de scène van onze hereniging al vele keren gerepeteerd. Ik had diep nagedacht over een kleine toespraak voor grootmoeder, waarin ik haar om vergiffenis zou vragen omdat ik Zahra had laten sterven. Maar ik wist dat geen enkele repetitie me kon voorbereiden op mijn eerste omhelzing met Hawra. Ik wist niet hoe ik zou reageren, laat staan wat ik zou zeggen tegen een kind van vijf dat geen dag uit mijn gedachten was geweest sinds ze drie maanden oud was, maar zich mij onmogelijk kon herinneren.

Tegen de tijd dat de late voorjaarszon hoog aan de middaghemel stond, was elke aanspraak op koele afstandelijkheid vervlogen naarmate mijn emoties het kookpunt bereikten. Mijn voornemen om deze ontmoeting rationeel te benaderen, versmolt in een gloeiende stroom van angst. En als de aanblik van Hawra nu eens visioenen aanwakkerde van een huiselijk leven met een geadopteerde dochter, in plaats van de carrière die ik had gesmeed door van de ene brandhaard naar de andere te reizen? En als ik mijn armen om haar heensloeg en niet alleen werd bevangen door mijn spijt dat ik geen gezin had kunnen stichten, maar door een nieuwe vastberadenheid om dat alsnog te doen?

Vijf jaar lang hadden gevaarlijke opdrachten de vakvrouw bepaald die ik geworden was. Ik had zo hard gewerkt, zoveel risico's genomen om mijn status te verwerven, voor zover ik die bezat. Kon een uur met Hawra het meedogenloze, angstaanjagende gezwoeg van maandenlang in Irak een groteske vergissing doen lijken? Zou ik ervan overtuigd raken dat ik, toen ik mijn ambitie om moeder te worden inruilde voor de ambities van mijn carrière, de slechtste keuze van mijn leven had gemaakt?

Deels om die vraag niet aan Steve te stellen en deels bij wijze van afleiding, ging ik naar mijn kamer in het huis van de vrienden waar we logeerden en pakte de kleren in die ik in Londen had gekocht om aan Hawra te geven. Ik herinnerde me mijn bezoek met mijn nichtje Lara aan een Baby Gap in een chic deel van de stad en haar opwinding toen we met uitpuilende tassen weer naar buiten liepen.

'O Lollie, ze wordt het best geklede, hipste meisje in heel Irak,' had Lara giechelend uitgeroepen. En ik had met haar meegelachen, opgelucht dat ik voor het eerst in jaren niet was ingestort in een kinderkledingzaak.

'Gedraag je,' sprak ik mezelf nu streng toe. 'Wat voorbij is, is geweest. Concentreer je op de toekomst.'

Mezelf bevelen geven had geen enkel effect. Ik kon niet stilzitten. Ik kon me niet ontspannen. Tot mijn verontrusting merkte ik dat ik nauwelijks kon praten. Ik raakte in die toestand die Steve kende als 'hyper', net op een moment dat ik zo evenwichtig en samenhangend mogelijk moest zijn.

Ik belde Sean, in de hoop dat hij via de telefoon iets van zijn rust op mij zou kunnen overbrengen.

'En als ik nu helemaal instort als ik hen zie?' stamelde ik. 'Als alles waar ik de laatste jaren voor gewerkt heb ineens oplost?'

'Wat zit je precies dwars?' vroeg hij, worstelend om de krankzinnige te begrijpen die hij aan de lijn had.

Ik probeerde hem uit te leggen dat ik niet wist of ik mezelf die middag wel in bedwang zou kunnen houden, of meegesleept zou worden door mijn emoties.

'Het hart en het hoofd gaan nooit samen, Sean, ze lopen altijd evenwijdig aan elkaar,' krijste het Dwaze Mens. 'Ik weet met mijn verstand dat alles goed is – ik heb mijn uiteindelijke besluit genomen wat het moederschap betreft – maar wat als mijn hart bezwijkt?'

Wat mij het meest zorgen baarde was dat grootmoeder zich ineens tot mij zou kunnen wenden en zeggen: 'Ik wil dat jij Hawra meeneemt.' Dat was heel goed denkbaar. Bagdad was niet de beste plaats om een kind op te voeden, en grootmoeder werd oud. Ze vroeg zich ongetwijfeld af wat er van haar verweesde kleindochter terecht moest komen als zij er niet meer was. Zou ze denken dat een journalist uit Londen de beste oplossing bood voor dat lastige probleem? En zo ja, hoe zou ik dan reageren, nu ik mijn leven op een ander spoor had gezet?

Sinds de dood van Zahra had ik me ingesteld op een toekomst zonder kinderen. Op die veronderstelling had ik mijn carrière opgebouwd. Zou ik vastbesloten genoeg zijn om een verzoek om Hawra op te nemen te weerstaan, of zou ik mijn positie opgeven voor het kind? In feite werd ik verscheurd. Logischerwijs zou het onverstandig zijn om Hawra op deze relatief late leeftijd nog te ontwortelen. Maar diep in mijn hart wist ik dat ik grootmoeder niet zou kunnen afwijzen, als ze mij het kind opdrong. Ik had geen vastomlijnde antwoorden op deze vragen, omdat ik niet redelijk kon nadenken. Naarmate twee uur dichterbij kwam, grensde mijn onrust aan paniek.

❧

Ik belde grootmoeder om zeker te zijn dat de auto die ik voor hen had besteld inderdaad onderweg was.

'O, Hala,' zei ze ademloos. 'De chauffeur stopte aan het eind van de weg en weigerde verder te rijden, en ik weet niet waar je bent. Ik ben verdwaald en bang.'

Op dat moment wist ik: al die tijd dat ik nerveus was over de ontmoeting met grootmoeder, was zij zenuwachtig om mij te zien. Toen ik belde om de afspraak te maken, had ze me een standje gegeven: 'Hawra vraagt al naar je sinds vorige week, toen je had zullen komen.' Ik dacht dat het de opmaat was voor ernstigere verwijten als we elkaar zouden zien. Maar toen ik haar aan de telefoon hoorde tobben, werd me duidelijk dat zij minstens even nerveus was over die dag als ik.

Deze arme vrouw was naar een chic adres gesommeerd door iemand uit een van de landen die haar land bezet hielden. Ze had vijf jaar eerder zeker geloofd dat ik invloedrijk was en geloofde dat waarschijnlijk nog. Ongetwijfeld zou ze het gevoel hebben dat haar beminde kleinkind op enigerlei wijze voordeel zou hebben bij een band met mij, als alles vanmiddag goed ging. Natuurlijk maakte ze zich zorgen. Dat moest wel. Haar nervositeit kalmeerde me.

Om alles nog erger te maken, bleek grootmoeder me niet te kunnen bellen voor aanwijzingen.

'Hala, ik kan niet lezen of schrijven, dus ik weet niet welk nummer van jou is of hoe ik het moet bellen,' zei ze openhartig. 'Ik weet alleen hoe ik een binnenkomend telefoontje moet beantwoorden.'

Ik beloofde haar dat ik haar elke paar minuten terug zou bellen.

Vergezeld van een van de lijfwachten van onze gastheer, die altijd alert waren op mogelijke ontvoerders, verlieten Steve en ik het huis en keken de weg af op zoek naar een levensteken van een oude weduwe en een klein meisje.

We zagen niemand.

De bewaker belde met mijn telefoon en stelde vast dat onze gasten vlakbij waren. Hij zei grootmoeder om rechtdoor de weg af te lopen en beval ons om naar binnen te gaan en te wachten.

'Jullie moeten niet alleen buiten zijn,' zei hij. 'Ik ga hen zoeken en meebrengen.'

Steve en ik knikten, maar zelfs toen de lijfwacht ons achterliet om onze gasten te gaan zoeken, konden we ons er niet toe brengen om naar binnen te gaan. De zon brandde op de stoffige palmen langs de weg en mijn hoofd bonsde in koortsachtige verwachting. Op dit uur van de dag was de hitte zo fel, dat een nevel ons het zicht benam op een militair konvooi dat de heuvel kwam afrijden in onze richting. Toen dacht ik dat ik, tussen twee voertuigen in, een paar bewegende schaduwen ontwaarde. Zodra ik ze had opgemerkt, verdwenen ze weer uit het zicht, maar ik wist zeker dat het mijn familie was.

'Daar!' zei ik wijzend tegen Steve. Mijn man tuurde door de lens van zijn camera om een duidelijker beeld te krijgen.

'*Eh*,' zei hij – ja in het Arabisch. 'Zij is het, met het kind.'

Daarop zag ik hen, flakkerend als een luchtspiegeling in de verte terwijl ze zich naar ons toe repten: de strenge gestalte van grootmoeder, van top tot teen gehuld in de zwarte chador die bij iedere doelbewuste stap om haar heen fladderde, en naast haar een sierlijk klein meisje in een fleurig oranje jurkje, half lopend, half huppelend om haar bij te houden.

Steve had me er al nauwelijks van kunnen weerhouden om hen met de lijfwacht mee tegemoet te lopen. Nu was ik niet meer te stuiten. Ik begon langzaam op hen toe te lopen, met het idee dat het hoffelijker zou zijn om grootmoeder zo te begroeten dan daar te blijven staan als een officiële hoogwaardigheidsbekleder in afwachting van een verlate gast. Ik wilde haar zo graag op haar gemak stellen met een ontspannen, informele ontvangst. Maar toen grootmoeder opkeek en mij zag staan, sprongen de eerste tranen me in de ogen en kon ik me niet langer beheersen. Ik voelde mijn voeten zich afzetten en begon te rennen, zonder acht te slaan op de protesten van Steve en de lijfwacht. Toen ik er bijna was, spreidde grootmoeder haar armen, en ik vloog haar omhelzing in.

We wiegden heen en weer en klemden ons steeds dichter aan elkaar vast. Het was een opluchting dat grootmoeder snikte aan mijn borst. Het betekende dat ik mijn tranen voor haar niet hoefde in te houden. We huilden samen hard. Grootmoeders tranen druppelden mijn bloes in. De mijne druppelden op haar abaya. Ik geloof dat we niet om onszelf huilden, niet om elkaar, maar om het kind dat ons in het begin bijeen had gebracht. We herinnerden elkaar aan dat kleine meisje, onverbiddelijker dan welke foto van haar dan ook. Even rouwden we weer helemaal opnieuw om Zahra.

Terwijl die golf van verdriet mij overspoelde met een vlaag herinneringen, keek ik in de waterige blauwe ogen van grootmoeder en we glimlachten allebei om onze vertoning. Ze kuste mijn betraande wangen en op mijn beurt kuste ik die van haar. Ik werd me ineens bewust van een emotie die oprees tussen alle andere, een emotie die me verbaasde.

Ik had het gevoel dat ik heel lang had gerend, en eindelijk op mijn bestemming was aangekomen. De reis was lang geweest, de weg moeilijk begaanbaar. Maar toen ik in grootmoeders armen rende, was het alsof ik werd omhuld door vergiffenis. Dit was de absolutie, waarnaar ik op zoek was geweest sinds Zahra's dood. Nu ik die had gevonden, ontspande mijn hele lichaam zich. Op de een of andere manier was ik lichter. Het gewicht van de schuld die ik jarenlang had meegedragen, begon te verdwijnen.

Grootmoeder keek me aan en zei eenvoudigweg: 'Je bent teruggekomen, Hala.'

Ik knikte. Ik was niet alleen naar Bagdad teruggekeerd. Ik was in de familie teruggekeerd.

Het was tijd om mijn aandacht te wijden aan het verbijsterde kind naast grootmoeder. Eindelijk was daar het kleine meisje dat in mijn gedachten was geweest sinds ze een baby was. Toen ik bij haar neerhurkte, wist ik meteen dat ze vanaf dit moment altijd deel zou uitmaken van mijn leven.

Hawra, de enige overlevende van een gezin van negen mensen die werden gedood bij een van de meest afschuwelijke luchtaanvallen uit de eerste oorlogsdagen, was simpelweg een schoonheid. Met haar gave gezichtje, het glanzende haar dat het omlijstte, haar sierlijke houding en de aanhankelijke manier waarop ze haar grootmoeder die zo overstuur was, troostte door op een tedere manier haar hand vast te houden, was Hawra alles wat ik me ooit had kunnen wensen in een dochter.

Ze keek me aan met grote bruine ogen waarin haar onthutstheid te lezen was over het tafereel waar ze zojuist getuige van was geweest en haar behoedzaamheid ten aanzien van deze vreemde vrouw voor haar, die lachte en huilde tegelijk. Ik zei tegen mezelf dat ik haar niet moest overstelpen met mijn emoties, maar tevergeefs. Mijn instinct kreeg de overhand. Ik moest haar oppakken en in mijn armen voelen. Toen ik haar optilde, kon ik me er niet van weerhouden om haar mooie wangetjes te kussen en mijn gezicht in haar verrukkelijk geurende haar te verbergen. Ik was zo uitgelaten, zo extatisch, dat ik haar niet meer neer kon zetten.

❧

Een film die Steve maakte van onze hereniging eindigt met een onwaarschijnlijk beeld waarin ik, met mijn één meter zestig, langzaam op de camera afloop, met Hawra, groot voor haar leeftijd, nog steeds tegen me aangeklemd. Ik liep in het Arabisch tegen haar te prevelen dat ze niet bang moest zijn, maar de spanning in het lijfje in mijn armen wijst op een zeker onbehagen, om het zacht uit te drukken.

Terwijl we de stalen hekken van het huis van onze gastheer binnengingen, verontschuldigde ik me uitgebreid tegenover grootmoeder dat ik haar helemaal naar de buitenwijk Mansour had gesleept. Dat had ik gedaan op advies van de beveiligingsmensen, die erop stonden om haar straat te verkennen voordat ze mij erheen konden brengen. Grootmoeder verzekerde me dat ze het begreep, maar ik merkte dat ze nerveus om zich heen keek toen de dikke eiken voordeur openging en de overdadig gemeubileerde woonkamer zichtbaar werd, waar de vloer bekleed was met Perzische tapijten en zelfs de asbakken van kristal waren. Ik dacht aan de bescheiden woning waar ik haar gevraagd had om haar twee kleindochters te mogen adopteren, en hoopte dat ze zich niet te ongemakkelijk zou voelen op de weelderige bank waar ik haar heen leidde. Hawra's ogen straalden bij de aanblik van zoveel pracht.

Toen er thee was geserveerd voor onze gast, was het tijd voor mijn kleine toespraak. Die was wel ingestudeerd, maar oprecht gemeend.

'Het spijt me zo,' zei ik tegen grootmoeder. 'Het spijt me zo verschrikkelijk dat ik u teleurgesteld heb en dat ik Zahra niet heb kunnen redden.'

Ik had verwacht dat dit voor grootmoeder het teken zou zijn om alle verwijten te spuien die zich in de loop der jaren moesten hebben opgestapeld, als ze zich mijn falen herinnerde om de grote belofte te vervullen die ik had gedaan, dat Zahra zou blijven leven. Maar deze wijze oude vrouw antwoordde met mededogen.

'Maar Hala, je had haar niet kunnen redden,' zei ze rustig. 'Dit was Allahs wil. Jij kon niets doen om Zahra's lotsbestemming te veranderen.'

Ze zweeg even, en de smart die ik had gezien in het Karameh Ziekenhuis keerde terug op haar gezicht toen ze zich onze wanhopige dagen aan Zahra's bed herinnerde.

'We mogen niet twijfelen aan Allahs wil,' ging ze verder. 'Jij kon Allahs wil niet veranderen, Hala. Het stond zo geschreven.'

Even brak haar stem. Toen zag ze mijn verdriet, en zei troostend: 'Hala, liefje, daar ben ik nooit boos om geweest. Ik heb jou nooit verantwoordelijk gehouden.'

'Maar ik had het u beloofd, grootmoeder. Ik had u beloofd dat ik haar terug zou brengen,' protesteerde ik.

'Dat had je niet gekund. Haar lot lag immers niet in jouw handen, Hala. Ze was niet voorbestemd om te leven. Je hebt je best gedaan voor Zahra. Marla en jij hebben allebei je best gedaan, en daar zal ik jullie eeuwig dankbaar voor blijven.'

De manier waarop ze naar me keek, zei me echter dat grootmoeder nog niet klaar was om mijn handelwijze helemaal te verontschuldigen.

'Ik was niet boos op je vanwege Zahra,' zei ze. 'Maar ik was teleurgesteld dat je Hawra in de steek liet – ons je rug toekeerde en nooit meer op bezoek kwam. Daarvoor moet ik je berispen.'

En dat was alles. Ik had me schrap gezet voor een woedende tirade. Er lag geen boosheid in haar toon, maar de directheid van haar taalgebruik gaf aan hoezeer ik tekort was geschoten ten opzichte van grootmoeders hooggespannen verwachtingen. Ik moest haar uitleggen wat ik zelf nauwelijks begreep – waarom ik zo lang was weggebleven of, zoals zij het stelde, waarom ik Hawra in de steek had gelaten. De woorden die ze koos had ze ook kunnen gebruiken om een moeder te beschrijven die haar pasgeboren kind had verlaten, of een koe die haar kalf niet wilde zogen.

'Ik heb mezelf gedwongen om weg te blijven,' zei ik.

'Waarom?'

Ik haalde diep adem. 'Omdat ik boos was op mezelf,' zei ik. 'Ik moest mezelf vergeven voordat ik u weer kon zien.'

Ze nam mijn hand. Ik wist niet of ze begreep wat ik bedoelde, maar ze wist dat ik ook rouwde om Zahra's dood en dat schiep een band tussen ons. Ze zag ook dat ik Hawra niet was vergeten, noch het ongeluk dat de familie had getroffen.

'Mijn zoon Ali was geen soldaat, Hala,' zei ze, abrupt van onderwerp veranderend, misschien uit mededogen met mij. 'Hij was gewoon een taxichauffeur. Het enige wat hij wilde was zijn familie onderhouden. Ze doodden hem en zijn vrouw en mijn kleinkinderen en waarvoor?'

Ik had geen antwoord voor haar.

'Deze twee grote landen, Amerika en Groot-Brittannië, ze hebben hen allemaal gedood en van Hawra een weeskind gemaakt. Ze hebben er niet eens aan gedacht om haar schadeloos te stellen,' voegde ze eraan toe. 'Ze is helemaal alleen, Hala. Ze heeft alleen mij nog maar, en ik ben een zieke oude vrouw. Zolang ik leef zal niemand haar slecht durven behandelen, maar wat gebeurt er met haar als ik dood ben? Wie zal haar dan verzorgen? Zíj zouden in haar behoeften moeten voorzien. Zíj zouden haar zekerheid moeten geven als ik er niet meer ben. Maar kijk eens naar me. Denk je dat ik in staat ben om naar de Amerikanen toe te gaan om hun te vragen dit kind schadeloos te stellen voor wat ze haar allemaal ontnomen hebben? Zou er iemand naar me luisteren?'

Het was akelig om te zien hoe ze gekweld werd door de gedachte aan wat er over een paar jaar met Hawra zou kunnen gebeuren. Ik bewonderde de kracht die ze had gevonden om haar onvoorstelbare verlies te verwerken en op haar gevorderde leeftijd de plaatsvervangende moeder te worden van een klein baby'tje. In haar afgetobde gezicht zag ik ook welke tol dit had geëist, en dat was voordat ik de familietragedies kende die ze me later pas zou vertellen.

Wat Hawra betreft, die zat rustig naast haar grootmoeder zonder blijk te geven dat ze het gepraat over schadeloosstelling en zelfs de dood begreep, maar ze was wel duidelijk aangedaan door het verdriet dat werd uitgedrukt. Ze leek aan te voelen dat haar familie door verdriet werd gekweld, maar ze was nog te jong om te weten om wie het ging. Ik vroeg haar waar haar mama was en ze wees op haar grootmoeder. Ze woonden samen bij de twee overlevende zonen van de oude vrouw en Hawra noemde een van hen baba – het Arabisch voor papa.

Ik wilde Hawra graag gelukkig zien, dus bood ik haar mijn geschenken uit Londen aan. Er waren vier jurkjes, mouwloos omdat haar grootmoeder me had verteld dat ze die stijl het liefste had. En spijkerbroeken, bloesjes en ondergoed, allemaal in felle kleuren, ontworpen om een lach tevoorschijn te toveren op een klein meisjesgezichtje. En dat deden ze.

Op haar beurt vroeg grootmoeder haar om voor ons te zingen. Hawra was verlegen, maar na veel bidden en smeken van Steve en mij zuchtte ze, glimlachte weer en begon aan een levendige vertolking van een aantal kinderliedjes.

Net toen ik dacht dat we ons allemaal begonnen te ontspannen, zei grootmoeder iets waar mijn hart van oversloeg.

'Weet je nog dat je me vroeg of je de meisjes mocht adopteren?' vroeg ze. Hoe zou ik dat kunnen vergeten? Ik wapende mezelf, met het idee dat alles wat ze tot op dat moment had gezegd over de onzekere toekomst van het kind misschien bedoeld was om me te vertederen alvorens me te vragen om Hawra mee te nemen.

'Hala, ik heb je gezegd dat ik erover na zou denken,' zei ze, terwijl ik Hawra's haar streelde.

'Na Zahra's dood zou ik niet in staat zijn geweest om Hawra aan jou te geven. Ze is het enige wat mij rest van Ali en zijn vrouw. Als ik haar gezichtje elke dag zie, is het alsof ik mijn zoon zie. Ze is een voortdurende herinnering aan hem, en aan de kleinkinderen die ik heb verloren. Ik zou Hawra nu nooit meer kunnen weggeven. Haar voor mijn ogen zien opgroeien, zorgt dat ik het leven aankan. Het verzacht de pijn die ik nog altijd voel over mijn zoon.'

Ze zweeg even om haar emoties te bedwingen en haar gedachten te verzamelen.

'Maar,' zei ze, en ik hield mijn adem weer in. 'Ik moet zeker weten dat ze veilig is als ik doodga. Hala, Hawra is op heel veel manieren van jou, Hawra *be raqbatik*,' besloot ze – een Arabische uitdrukking die een mens aan een ander bindt. 'Ze zal altijd jouw verantwoordelijkheid zijn, en jij hebt de middelen om te zorgen dat ze een goed leven heeft.'

Grootmoeder bekeek me aandachtig om te zien hoe ik reageerde. Ze praatte langzaam om de ernst van de verplichting die mij werd opgelegd te benadrukken. Hawra zou vanaf volgend jaar naar school gaan, vertelde ze. Ze was vastbesloten om te zorgen dat haar kleindochter haar opleiding afmaakte, afstudeerde aan de universiteit en iets bijzonders maakte van het enige leven dat er nog restte van haar gezin.

'Ik wil dat ze vrij is, Hala. Ik wil dat ze onafhankelijk is. Ik wil dat ze keuzes heeft in haar leven. Maar om zo ver te komen heeft ze begeleiding nodig. Financiële steun. Dat is de verantwoordelijkheid die ik jou opdraag.'

Ze eindigde kortweg: 'Ik kan niet rekenen op de regeringen die haar ouders doodden en van haar een weeskind maakten. Zij hebben toen niets voor haar gedaan, en ze zullen nu niets voor haar doen. Dus moet jij deze last op je schouders nemen. Beloof me dat je die aanvaardt.'

Ondanks al mijn respect voor wat grootmoeder had gedaan en gezegd, had ik mezelf een plechtige eed gezworen: ik zou die dag geen grote beloftes meer doen wat Hawra betreft, zoals ik over Zahra had gedaan. De storm van gevoelens die in mij woedde nu ik Hawra zag, moest eerst gaan liggen voordat ik een verstandig besluit kon nemen dat in haar beste belang was. Ik wist dat ik mijn plicht jegens haar zou vervullen, maar ik had geen idee op welke manier. Ik moest met Steve praten, de zaken met mijn familie bespreken, misschien advies vragen van deskundigen, voordat ik een beslissing kon nemen. Dit moest niet overhaast worden.

'Ik wil Hawra echt helpen,' vertelde ik grootmoeder. 'Maar we hoeven dat niet vandaag te bespreken. Ik moet uitzoeken hoe ik haar het beste kan helpen.'

Dat was niet het antwoord dat grootmoeder wilde horen.

'Zul je het niet vergeten, Hala? Zul je niet weer verdwijnen na deze ontmoeting?'

'Nee, heus niet. Ik ben niet na al die tijd zo ver gekomen, om nu weer te verdwijnen.' Ik probeerde haar gerust te stellen, maar ik moest het nog vaak herhalen, want ze bleef het vragen.

Ik somde een paar problemen op – grootmoeder had geen bankrekening, Irak was niet de gemakkelijkste plek om iets gedaan te krijgen, ik moest een praktische oplossing vinden om Hawra te kunnen helpen. Terwijl ik erover praatte, schoten verschillende mogelijkheden me door het hoofd, elk met eigen complicaties.

Het was mijn beurt om van onderwerp te veranderen. Steve was bij Hawra gaan zitten om de cadeautjes met haar te bekijken, en in reactie op haar gespannen, ernstige gezichtje was hij uiteindelijk gekke bekken gaan trekken om haar aan het lachen te maken. Terwijl zij vriendschap sloten, nam ik de gelegenheid te baat om grootmoeder te vragen wat het kind wist over de dood van haar ouders, haar broers en haar zusjes. Grootmoeder antwoordde met een verhaal dat me deed huiveren.

Hawra's ouders waren begraven in de sjiitische heilige stad Najaf, legde ze uit. De laatste keer dat ze er was geweest, had ze Hawra meegenomen. Hawra zag haar huilen bij het graf van haar zoon. Ze hoorde grootmoeder weeklagen over Abu Hawra, wat 'vader van Hawra' betekent, en vroeg van wie de graven waren.

'Ik kon haar niet vertellen dat het haar ouders waren, dus zei ik dat het familieleden van mij waren,' zei grootmoeder.

Even later, toen grootmoeder aan het bidden was bij een van de graven waar de kinderen lagen, hoorde ze een meisje huilen. Toen ze opkeek, zag ze dat het Hawra was, ontroostbaar huilend met haar hoofd in haar handen. Ze stond gebogen over het graf van haar moeder.

'Misschien wilde ze mij nadoen, Hala, zoals alle kinderen doen,' zei ze. 'Maar van alle graven daar, werd zij aangetrokken tot het graf van haar moeder. Ik moest haar ervan wegdragen.'

Toen ik me dat tafereel voorstelde, moest ik naar Zahra vragen. De hele middag had ik al meer over haar willen weten. Ik vroeg of ze dicht bij haar ouders begraven lag. Dat antwoord was nog afschuwelijker dan het vorige.

'Maar Hala, weet je dat dan niet?' zei ze.

'Wat weet ik niet?'

'Ze hebben me Zahra's lichaam nooit teruggegeven. Ik kon het niet terugkrijgen.'

Het beeld van een huilende Hawra bij het graf van haar moeder had mijn bloed al verkild, maar bij het idee dat Zahra ver van haar familie op een eenzame plek lag, waar niemand haar kon bezoeken of haar graf kon verzorgen, stond mijn hart stil. Even kon ik niet ademhalen. Ik voelde tranen prikken in mijn ogen en ijskoud zweet in mijn handpalmen. Hoe was dit mogelijk? Ik probeerde me te herinneren wat Marla me had verteld. Ik herinnerde me dat ze had gezegd dat ze zou zorgen dat Zahra's stoffelijk overschot werd opgehaald, maar niet dat het niet gelukt was. Had ze mijn gevoelens willen sparen door me dat niet te vertellen?

Grootmoeder was overstuur. Ik probeerde haar te kalmeren door mijn eigen turbulente reactie te verbergen. Ik vroeg haar om uitleg.

Marla had geprobeerd om Zahra terug te krijgen, zei ze. Haar assistent, Faiz, was naar het veldhospitaal gegaan met een van haar familieleden, maar ze waren weggestuurd.

'Ze hebben me alleen een overlijdensakte gestuurd, maar niet haar lichaam,' zei grootmoeder, weer in tranen. 'Ik heb haar niet gezien, Hala. Ik heb mijn Zahra nooit teruggekregen en ik weet alleen wat zij me hebben verteld, dat ze dood is. En als ze nu eens niet dood is, als ze tegen me gelogen hebben?'

Het was moeilijk te bevatten waarom het lot had besloten dat een eenvoudige oude vrouw zoveel pijn moest doorstaan. Was het niet genoeg dat ze zeven familieleden had verloren bij de luchtaanval? Dat ze nog om hen rouwde toen Zahra stierf? Waarom moest ze dit alles ook nog doormaken?

'Als ze dood is, is ze alleen begraven,' ging grootmoeder verder. 'Ze is niet eens bij haar familie begraven in Najaf, waar ze zou moeten liggen. Ze is helemaal alleen heel ergens anders, en er gaat geen dag voorbij dat ik daar niet aan denk.'

Ik zweeg. Ik had niet verwacht dat deze eerste ontmoeting gemakkelijk zou zijn, maar zo moeilijk had ik het me niet voorgesteld. Ik moest de neiging onderdrukken om mezelf de schuld te geven. Als ik Zahra niet had gevonden, als ik me er niet mee had bemoeid, als ze gewoon was gestorven waar ze lag toen ik haar voor het eerst zag, zouden haar een lange doodsstrijd, het ontbreken van geliefden aan haar sterfbed en een begrafenis ver van haar familie bespaard zijn gebleven. Ik moest me grootmoeders overtuiging voor ogen houden, dat deze gebeurtenissen niet míjn schuld waren, maar door het lot waren bepaald. Daar moest ik me aan vasthouden. Grootmoeders volgende woorden brachten me met een schok terug in de werkelijkheid.

'Hala, je moet proberen Zahra's lichaam voor me terug te krijgen,' snikte ze. 'Nu je hier bent kun je dat doen.' Ze vroeg me om een wonder, net als ze vijf jaar geleden had gedaan toen ze had besloten dat ik haar kleindochter kon redden. Ik wist niet hoe ik moest reageren.

'Hala, je moet dit doen. Jij kunt het. We moeten Zahra terugvinden en fatsoenlijk begraven bij haar familie. Dat zijn we haar verschuldigd.'

Ze keek me in mijn ogen.

'Beloof me dat je het zult doen, Hala,' zei ze.

Nee, dacht ik, deze keer kan ik niets beloven. Hoe graag ik ook wilde helpen, ik wist niet waar ik zou moeten beginnen en ik had geen idee of ik zou slagen. Het zou gemakkelijk zijn om grootmoeder op dat moment gerust te stellen door haar te zeggen dat ik Zahra zou vinden, maar ik was wel zo verstandig om dat niet te doen.

'Laten we rustig aan doen,' zei ik. 'Stapje voor stapje,' ging ik verder, voordat ze kon protesteren. 'Dan kunnen we zien wat er wel en niet gedaan kan worden. Ik zal proberen te helpen maar ik weet niet waar het toe zal leiden. We zullen zien.'

Ik beloofde dat ik tegen het einde van de week bij haar op bezoek zou komen. Ik vroeg haar om kopieën te maken van alle papieren die ze had die betrekking hadden op Zahra's dood. Ik probeerde geen verwachtingen te wekken die ik niet zou kunnen vervullen.

Het was tijd voor grootmoeder en Hawra om naar huis te gaan. Onze bewakers reden ons naar de hoofdweg, riepen een taxi voor onze gasten en lieten de chauffeur beloven dat hij hen voor hun deur zou afleveren.

Toen we afscheid namen, keek grootmoeder me aan.

'Beloof me dan in elk geval één ding,' zei ze met een twinkeling in haar ogen. 'Beloof me dat je ons niet de rug zult toekeren, nu je ons vandaag hebt gezien. Hala, beloof me dat je terug zult komen.'

Ik sloeg mijn armen om haar heen en lachte voor het eerst die dag. Dit was een belofte waarvan ik wist dat ik me eraan zou kunnen houden.

'Grootmoeder, heus, ik ga voorlopig helemaal nergens heen. Eind van de week ben ik bij u.'

Ik boog me voorover om Hawra een dikke knuffel te geven en zette haar voorzichtig achter in de auto.

HOOFDSTUK ZESTIEN

Zahra vinden

De gevechten die ik in Sadr City had meegemaakt, waren een domper voor heel Bagdad. De angst vanwege het dreigement van het Mahdi-leger om het bloedvergieten uit te breiden naar andere stadsdelen was zo groot, dat onze beveiligingsadviseurs ons waarschuwden de stad niet in te gaan tenzij het echt nodig was. Toen we zeiden dat we van het veilige huis van onze gastheer in de welvarende wijk Mansour naar grootmoeders huis in de minder stabiele sjiitische buitenwijk Hay al-Shuhada moesten, was hun eerste reactie om de hulp van het Irakese leger in te roepen om ons te beschermen. Dat wezen we af, omdat we niet wilden dat grootmoeders straat werd afgesloten zodat wij een kopje thee bij haar konden drinken. Toen zeiden ze dat we in een konvooi van SUV's moesten rijden met voldoende bedreigend wapentuig om eventuele kidnappers af te schrikken. Wij zeiden dat we onopvallend wilden reizen in een gewone auto.

Het compromis van het beveiligingsteam was dat we te allen tijde vergezeld zouden worden door twee lijfwachten. Beiden zouden gewapend zijn, of dat ons nu aanstond of niet. Dat stond ons helemaal niet aan, maar met tegenzin accepteerden we dat het niet anders kon.

Het duurde een paar dagen om de regelingen te treffen en ik dacht aan weinig anders dan aan het verdriet van grootmoeder. Na onze vier uur durende familiereünie was ik uitgeput geweest, geschokt door de openbaringen van de oude vrouw, ontmoedigd door de nieuwe eisen die ze aan me stelde. De emoties waren hoog opgelopen, en ik wist dat ik moest kalmeren voordat ik op een verstandige manier kon besluiten wat mij te doen stond.

Nu ik Hawra had gezien, begreep ik een aantal van haar behoeften, maar ik wist niet hoe ik daaraan kon voldoen. Wat Zahra betreft, ik besefte dat ik heel weinig wist over wat er met haar gebeurd was. Ik moest meer te weten komen, voordat ik kon zeggen of ik haar zou kunnen helpen, nu nog, vijf jaar nadat ik er niet in was geslaagd om haar dood te voorkomen, door te ontdekken waar ze begraven lag.

'Tussen Zahra en mij is er zoveel niet afgemaakt,' vertelde ik Steve terwijl onze chauffeur zich vaardig een weg baande door het drukke verkeer van Bagdad om onze reis te versnellen en het gevaar van ontvoering te verminderen. De gespannenheid van de lijfwachten die ons waren opgedrongen door onze beveiligingsadviseurs maakte me nerveus en zwaarmoedig. Ik voelde dat Zahra's ziel geen rust had, dat ze nog om mij heen rondwaarde – niet uit kwaadwilligheid, maar om mij in een mysterieuze richting te leiden die ik nog moest ontdekken.

Ik wilde dat niet aan Steve vertellen, want hij heeft hele aardse ideeën over geesten en dolende zielen. Maar het viel niet te ontkennen dat Zahra me in aanraking had gebracht met grootmoeder. Zahra had me doen verlangen om Hawra te mogen bemoederen. Zahra had me de inspirerende Marla gebracht, die er op haar beurt tot op de dag dat ze stierf bij mij op had aangedrongen voor dit gezin te zorgen.

Was het Zahra die me op een of andere manier aanspoorde om mijn verplichtingen jegens haar zusje te vervullen, na al die tijd? Voor mij was dat niet zo'n onwerkelijk idee.

Wat ik wel zeker wist, was dat ik belachelijk kortzichtig was geweest met mijn idee dat ik dit verhaal tot een goed einde kon brengen door Hawra te vinden. Het enige wat ik had bereikt, was een nieuw hoofdstuk, in de vorm van een zoektocht naar Zahra. Alleen door de details over haar overlijden te ontdekken, kon ik een einde maken aan de kwellende achterdocht van de familie dat ze misschien nog in leven was. Ik vond dat ik het aan grootmoeder verschuldigd was om eerst het lot van Zahra vast te stellen, en dan de toekomst van Hawra.

Zahra's laatste dagen beheersten mijn gedachten toen onze auto stilhield voor het lage betonnen huisje waar grootmoeder en Hawra ons breed glimlachend opwachtten bij het hek. Terwijl onze lijfwachten dreigend de rustige straat afkeken, werd ik overstelpt door herinneringen aan mijn eerste bezoek hier, toen Zahra nog leefde. Toen ik de drempel overging naar een kleine woonkamer die tevens dienstdeed als slaapkamer voor grootmoeder en Hawra, zag ik vochtplekken op de muren. Elders bladderde de verf. Een eenvoudig gordijn scheidde de voorkant van het huis van de achterzijde, waar zich een schemerige keuken met een ouderwets fornuis en een wankel oud roestvrijstalen aanrecht bevond. Ik verborg mijn melancholie achter een grijns bij het aanbod van kardamomthee.

Twee grote foto's aan de muur trokken mijn aandacht. De ene was van Ali, de vader van Zahra en Hawra. De ander herkende ik niet. Er stond een knappe jongeman op, zichtbaar trots op zijn militaire uniform.

'Wie is dit?' vroeg ik grootmoeder toen ze met de thee binnenkwam.

'Mijn man,' zei ze, met evenveel trots als er van het portret afstraalde. 'Hij is in 1980 omgekomen in de oorlog tegen Iran.'

Even was ik verbijsterd. Dit was voor het eerst dat ik hoorde over een andere tragedie die grootmoeder had getroffen, in een vorige oorlog. Ik stelde me het verdriet voor dat ze geleden moest hebben, en de angst toen ze achterbleef met weinig geld om het gezin alleen groot te brengen – de jongste van haar drie zonen zou indertijd zes jaar oud zijn geweest. Ik dacht aan haar eenzaamheid als ze grote beslissingen moest nemen over haar kinderen zonder hun vader, en haar bezorgdheid over wat er van hen zou worden als haar iets overkwam.

Toen ze het verlies van Ali besefte en de verantwoordelijkheid voor de opvoeding van Hawra op zich nam, maakte ze zich geen illusies over de moeilijkheden: ze had het allemaal al eens eerder meegemaakt.

Grootmoeder wees Steve en mij naar een donkerrood met gele bank, zo fel van kleur dat hij niet leek te passen bij het verdriet dat binnen deze muren gedragen werd. Voordat ik grootmoeder kon vragen naar wijlen haar man, voegde haar oudste zoon Uday zich bij ons. Hij moest tien jaar oud zijn geweest toen zijn vader gedood werd. Nu was hij achtendertig en het hoofd van het gezin. Net als zijn moeder, wilde Uday graag mijn vragen beantwoorden om me te helpen bij mijn onderzoek naar de verdwijning van Zahra. Ik vroeg hem om te beginnen de dag te beschrijven waarop haar gezin getroffen werd door de luchtaanval. Gezeten op een andere bank, sportief gekleed in een joggingpak en slippers, verhaalde Uday een reeks gebeurtenissen die nog gruwelijker was dan ik me had kunnen voorstellen.

Hoewel het gezin sjiitisch was, woonden Ali, zijn vrouw Rasmiyeh en hun kinderen in de merendeels soennitische wijk Sunni al-Doura in het noordwesten van de stad, legde hij uit. Vroeg in de ochtend van 4 april 2003 waren de bombardementen op dat deel van de stad feller en dodelijker dan ooit. Tijdens een pauze in de explosies die hun straat troffen en elk gezin angst aanjoegen, raadpleegde Ali een vriend die in de buurt woonde. De mannen waren het erover eens dat ze hun vrouwen en kinderen zo ver mogelijk weg moesten zien te krijgen, en wel zo snel mogelijk. Ze waren het echter niet eens over de veiligste route uit de gevarenzone.

Terwijl ze elk de voordelen van hun eigen weg uiteenzetten, begon het bombardement weer en kwam steeds dichterbij, tot hun ramen sprongen en ze begrepen dat ze geen andere keuze hadden dan onmiddellijk te vertrekken. Ze besloten elk hun eigen weg te gaan.

Ali hielp zijn vrouw met hun zeven kinderen, waaronder Zahra en Hawra, die gedragen moesten worden. Samen zetten ze hun gezin in de taxi van Ali. Zijn vriend wenste hem geluk en Gods zegen, voordat hij zichzelf in veiligheid bracht. Ali nam de weg naar de hel.

Later die ochtend klopte die vriend op grootmoeders voordeur. Hij zag er geschokt uit, alsof hij een vreselijk ongeluk had gezien.

'Uday,' zei hij dringend. 'Kom alsjeblieft met mij mee. Je broer is gewond geraakt. Je moet naar hem toe in het ziekenhuis.'

Pas toen Uday buiten gehoorsafstand van grootmoeder in de auto zat vertelde de vriend hem voorzichtig dat Ali gedood was en dat zijn vrouw en een aantal van zijn kinderen gewond waren geraakt doordat een raket de auto verwoestte toen ze probeerden te vluchten naar het veilige al-Shuhada.

'Ik vroeg hem om me meteen naar de plaats van het ongeluk te brengen,' zei Uday.

Nooit zou hij vergeten wat hij daar aantrof. De taxi waarmee Ali in zijn levensbehoeften voorzag was een dodelijke val geworden voor de chauffeur en zijn passagiers. Hij was uitgebrand, het metaal vervormd door de explosieve impact van de raket en verkoold in het daaropvolgende hellevuur. Uday dacht dat het een wonder zou zijn als er iemand levend was ontsnapt uit het smeulende wrak dat hij voor zich zag.

Een paar getuigen kwamen naderbij met goed nieuws. Ze hadden gezien dat er een baby uit het raam werd gegooid door de vrouw op de passagiersstoel voorin, toen het voertuig in vlammen opging. Het kindje – Hawra – had een kleine hoofdwond maar door de manier waarop ze huilde en schopte en haar kleine vuistjes balde, was het iedereen duidelijk dat ze ongedeerd was en zou blijven leven. Een oudere vrouw was uit een huis in de buurt komen rennen om haar van de kant van de weg te pakken en bij de hitte weg te halen, voordat die haar huid kon schroeien. Ze had Hawra mee naar huis genomen om haar wond te verzorgen en te wachten tot haar familie verscheen.

Uday keek naar de getuigen en zag in hun gezichten dat degenen die in de auto klem hadden gezeten de foltering van verbranden hadden moeten doormaken, nog verergerd doordat ze degenen die ze het meest liefhadden smartelijk verteerd zagen worden door de vlammen. Hij voelde dat Ali niet het enige familielid zou zijn om wie hij vandaag zou rouwen.

'Ik wist dat Hawra voor het moment veilig was, maar ik moest op zoek naar de andere kinderen en de vrouw van mijn broer,' zei hij. Hij had zich weggehaast.

Met de vriend van Ali begon hij aan een systematische zoektocht langs de dichtstbijzijnde ziekenhuizen, en vroeg in elk daarvan of er een dode man was binnengebracht met zijn verbrande kinderen. Ten slotte vroeg een medewerker in een ziekenhuis hem om twee lichamen in het lijkenhuis te bekijken. De medewerker hoopte dat hij hen zou kunnen identificeren.

Het eerste lijk had geen gezicht, maar Uday wist meteen wie het was.

'Het hele bovenlijf van Ali ontbrak. Alleen zijn onderlichaam lag daar. Ik herkende hem aan zijn benen en aan de trainingsbroek die hij droeg,' zei Uday zacht.

Toen ik hem vroeg hoe hij er zeker van kon zijn, keek hij me aan alsof hij de stinkende, verkoolde overblijfselen weer voor zich zag die hij die dag zo nauwkeurig had moeten bekijken.

'Hij was mijn broer, madame Hala. Ik zou zijn benen overal hebben herkend.'

Het andere lichaam behoorde aan Ali's vrouw, Rasmiyeh. Ze was kort na aankomst in het ziekenhuis overleden. Ze was aan haar hoofd gewond en een scherf, waarschijnlijk van de bom, had haar hart doorboord.

Dit was pas het begin van de verschrikkingen die Uday op die eindeloze dag te wachten stonden.

In een ander ziekenhuis vond Uday de energieke vijftienjarige zoon van het echtpaar, Mohammed, en hun dochter Ghofran, een levendig meisje van zeven. Beiden waren bewusteloos en hadden ernstige brandwonden, en ze maakten weinig kans om de komende nacht te overleven.

Dichtbij lag Muntather, de zoon van achttien. Volgens de arts die mij het eerst had verteld over de luchtaanval, was dit de jongen die een achterdeur van de auto van zijn vader had opengeduwd en met brandende kleren uit de smeltende bekleding was gesprongen. Muntather was bij bewustzijn, maar zijn verschroeide huid was zo rood als gloeiende sintels. Hij vertelde Uday alles wat er was gebeurd. Zijn eigen vooruitzichten waren onduidelijk.

De volgende dag, op 5 april, begroef Uday zijn broer en diens vrouw in tijdelijke graven in Bagdad in afwachting van heropgraving en begrafenis in heilige grond in Najaf, zoals de religieuze traditie van de familie voorschreef. Er was geen tijd om te rouwen over hun verlies, om hun leven te prijzen of om grootmoeder of andere familieleden of vrienden te troosten, zoals normaal gesproken zou zijn gebeurd. Het echtpaar was nauwelijks neergedaald in de zanderige grond, toen het nieuws kwam dat de kinderen Mohammed en Ghofran waren gestorven zonder bij bewustzijn te zijn gekomen.

Uday haalde hun lichamen de volgende dag op en begroef hen meteen. Dat waren vier zielen voor wie hij in twee middagen had moeten bidden.

Tussen zijn gebeden door zorgde hij dat Hawra, met drie maanden de grote overlevende, opgehaald en geknuffeld en verzorgd werd. Hij bezocht ook Muntather, die verschrikkelijke pijnen leed onder zijn verband; zijn greep op het leven verzwakte, net nu zijn volwassen leven was begonnen. Uday's dringendste opdracht was de zoektocht naar de drie andere kinderen die hij nog niet had kunnen vinden.

Het kostte hem drie dagen om Zahra te vinden in het Karameh Ziekenhuis. Maar zijn blijdschap dat hij nog een overlevende ontdekte, was van korte duur. Niet alleen haar beklagenswaardige toestand raakte hem diep, hij was ook ontredderd omdat hij dezelfde dag vernam dat Muntather, die als oudste zoon zijn vaders trots en vreugde was geweest, ook dood was. De vijfde begrafenis was bijna meer dan Uday kon verdragen.

Grootmoeder werd naar Zahra gebracht en verzorgde haar toegewijd vierentwintig uur per dag met een veerkracht die iedereen verbaasde, na zoveel schokkende rampen. Ondertussen bleef Uday zoeken naar de twee overgebleven jongens. Hij doorzocht elk ziekenhuis, vertelde hij, met zijn ogen knipperend bij de herinnering aan zijn frustratie.

Uday vertelde zijn verhaal zakelijk, zonder verwijzing naar de impact die de verschrikkelijke dagen op hem hadden gehad. Ik herinnerde me de open wonden en de kreten van pijn bij mijn zoektocht door de ziekenhuizen naar Zahra, en ik wist wat hij moest hebben gezien en gehoord. Maar ik kon me niet voorstellen hoe hij zich moest hebben gevoeld, op zoek naar zijn eigen vlees en bloed tussen zoveel menselijke brokstukken.

Hij vond de kinderen nooit – Yunis van dertien en Leith van elf – maar zijn zoektocht leverde twee tegenstrijdige verslagen op van hun lot, en geen van beide bood enige hoop. Volgens de ene versie hadden beide jongens de eerste luchtaanval overleefd, maar waren door een tweede getroffen, dit keer in de ambulance die hen naar het ziekenhuis en de redding moest brengen. De andere versie was prozaïscher: ze waren tot as verbrand toen ze in de auto zaten en hun overblijfselen konden niet worden teruggevonden.

Voor Uday maakte het weinig uit welke versie de waarheid was, als er al een waar was. Het belangrijkste, vertelde hij, was dat niemand zeker kon weten waar de kinderen waren.

'Het enige wat zeker is dat zij, net zo min als Zahra, begraven zijn bij hun familie,' zei hij.

Het werd stil in de kamer toen Uday uitgepraat was. Zelfs onze lijfwachten waren verstomd. Toen snikte en huilde grootmoeder en ik greep haar hand.

'Ik kan ze nooit vergeten, Hala,' jammerde ze. 'Tot op de dag van vandaag rouw ik om hen. Ik ben ontredderd. Ik ben boos.'

Haar blik viel op Hawra, die ernstig bij ons zat, luisterend naar elk woord zonder het hele verhaal te begrijpen. De opgejaagde blik die ik bij ons thuis had gezien, lag weer op haar gezicht.

'Als ik haar zie, zie ik mijn zoon,' zei grootmoeder. 'Zij is het enige dat mij rest van zijn geur.'

Ik moest meer weten over Zahra, maar het was duidelijk dat mijn vragen even zouden moeten wachten. Iedereen had even pauze nodig, ook Hawra. Ik wendde me tot haar en vroeg of ze mij haar speelgoed wilde laten zien. Gehoorzaam zette ze alles op een rijtje op de bank zodat ze me ze een voor een kon voorstellen. Haar drie teddyberen en twee poppen die nog in hun plastic verpakking zaten, vielen in het niet bij de verzameling van een gemiddelde westerse vijfjarige, maar ze waren haar misschien nog liever omdat ze met zo weinig waren.

'Hebben ze ook namen?' vroeg ik.

Hawra wees ze een voor een aan. 'Teddybeer, teddybeer, pop, teddybeer, pop,' legde ze geduldig uit, alsof ze een kind toesprak dat zulke dingen nog nooit had gezien. Kennelijk had de westerse gewoonte om poppen te vernoemen naar vrienden, stripfiguren of de nieuwste popsterren deze uithoek van de wereld nog niet bereikt.

Toen ik haar vroeg om voor me te zingen, toonde Hawra niets van de verlegenheid die haar tijdens onze eerste ontmoeting had doen aarzelen. Ze begon enthousiast aan een goed ingestudeerd stukje zang en dans. Ze begon zich op haar gemak te voelen in mijn gezelschap, dacht ik met genoegen.

'Laat tante Hala je abaya maar eens zien,' zei grootmoeder. Terwijl Hawra het kledingstuk ging halen, legde grootmoeder uit dat het kind haar telkens als ze uitgingen, om een chador zoals de hare had gevraagd. Er was een piepkleintje voor haar gemaakt die Hawra droeg als ze samen weggingen, ook voor de bezoeken aan de graven in Najaf.

Even was ik ongerust. Een van mijn angsten onderweg naar Bagdad was dat ik Hawra zou aantreffen in een fundamentalistisch sjiitisch gezin, waar ze waarschijnlijk als meisje weinig opleiding zou krijgen en halverwege haar tienerjaren zou worden uitgehuwelijkt voor een leven van sombere vooruitzichten met te weinig vrijheid. De chador opdringen aan zo'n jong meisje zou kunnen wijzen op een zekere mate van conservatisme, dacht ik. Maar al snel werd duidelijk dat ik me daarover geen zorgen hoefde te maken. Grootmoeder vertelde me hoe verrukt de familie was geweest over de Londense kleren die ik Hawra cadeau had gegeven. Als er geen bezwaren waren opgeworpen tegen de mouwloze jurkjes en opvallende topjes, was dit zeer waarschijnlijk een familie die Hawra zou verwennen en haar weinig beperkingen zou opleggen.

De beveiligingsadviseurs hadden ons aangeraden om niet te lang te blijven voor het geval er in de buurt gefluisterd werd dat er een rijke Europeaan – wat Steve in hun ogen was – te plukken viel door elke passerende gangster op zoek naar losgeld, dus hervatte ik ons gesprek zo snel als dat met goed fatsoen kon.

Ik vroeg grootmoeder om me alles te vertellen wat ze wist over de dood van Zahra. Het was een onderwerp dat ons alle twee nerveus maakte, maar we wisten beiden dat we dit gesprek moesten voeren.

Op 29 april had Marla aan de deur van haar huis geklopt, vertelde grootmoeder. Ze had Faiz, haar assistent, bij zich.

'Ze waren allebei heel stil toen ze binnenkwamen,' zei ze. Marla keek naar Faiz en zei hem grootmoeder het nieuws te vertellen. Faiz kon het niet opbrengen. Toen omhelsde Marla grootmoeder innig en begon te huilen. Ze praatte zachtjes en Faiz vertaalde op gedempte toon. Ten slotte werden Marla's snikken luider en hoorde grootmoeder de woorden: 'Zahra is dood.'

'Het was letterlijk alsof iemand me geslagen had,' zei grootmoeder. Ze had Marla van zich afgeduwd en geroepen: 'Verdwijn! Ga weg, jullie allebei! Waarom? Waarom gebeurt dit?'

Grootmoeder keek een beetje beschaamd toen ze zich het tafereel herinnerde. Ze had wel geweten dat het niet de schuld van Marla was, zei ze. Het was alleen omdat ze het nieuws niet kon verdragen.

'Mijn hart was zo gebroken door de dood van de rest van het gezin,' zei ze ernstig. 'Ik had zo gehoopt dat Zahra zou blijven leven en dat zij en haar zusje elkaar gezelschap zouden houden. Ik wilde ze allebei hier hebben, niet maar eentje, zodat ze in de toekomst in elk geval elkaar zouden hebben, Hala.'

Grootmoeder was aangedaan toen ze zich de nare dingen herinnerde die ze tegen Marla had gezegd. 'Loop naar de hel!' had ze die barmhartige engel toegeroepen. 'Kom hier nooit meer terug. Ik wil zo lang als ik leef geen Amerikaan meer zien. De Amerikanen hebben mijn zoon en zijn kinderen vermoord. Ik wil jullie nooit meer zien.'

Marla was blijven staan, hulpeloos huilend terwijl haar collega probeerde om grootmoeder te kalmeren. 'Hadjia,' zei hij. 'Dit lag niet in Marla's handen. Zij kan er niets aan doen. Het was de wil van Allah.'

Mijn tranen vloeiden bij de gedachte aan Marla's verdriet.

'Hala, ik zei dat in de hitte van het moment. Mijn hart brandde. Ik had mijn oudste zoon verloren, degene die zijn vaders voetspoor volgde. Na de dood van zijn vader was hij onze rots in de branding, en nu was hij dood.'

Grootmoeder begon ook te huilen en ik deed mijn best om haar te troosten, haar ruwe handen tussen de mijne. 'Dat weet ik, ik begrijp het wel,' prevelde ik. Ik wist dat Marla het ook begrepen zou hebben. Ze zou grootmoeders uitbarsting niet persoonlijk hebben opgevat. Ze zou hebben beseft dat de woede die in grootmoeder oplaaide, te verwachten was en uiteindelijk zou bekoelen. En inderdaad, grootmoeder vertelde dat Marla de hele middag bij haar was gebleven, tot ze genoeg gekalmeerd was om alleen te worden gelaten.

Nu wist ze dat Zahra op 28 april was overleden, vierentwintig dagen na de dood van haar vader en moeder en een dag voor het bezoek van Marla, en ze begon zich te begraven in uitgebreide voorbereidingen voor de rouwperiode van de familie.

Marla was echter nog steeds aan het proberen om Zahra's lichaam terug te krijgen, maar haar inspanningen waren tevergeefs. Het kind was behandeld in een Combat Support (Field) Hospital in de stad Jurf al-Sakher. Op 11 mei had Marla de volgende brief meegegeven aan Faiz voor het veldhospitaal:

L.S.,
Mijn naam is Marla Ruzicka van de groep CIVIC. *Ik heb samen met de sergeanten Farishon en Watkins in Bagdad de coördinatie gevoerd inzake de patiënte Zahra Ali, het meisje dat per luchtbrug naar u is vervoerd op 19 april. Ik wil u bedanken voor de moeite die u hebt gedaan om haar te redden. Faiz, die met mij samenwerkt, is hier om haar stoffelijk overschot te halen en de begrafenis te regelen. Ik verzoek u hem te helpen; hij zal het lichaam meenemen. Sergeant Farishon heeft me verteld dat hij u zou berichten over het ophalen. Als er problemen zijn kunt u mij proberen te bereiken op 00 88 216 6322 5770.*
Hartelijk dank voor uw hulp bij deze moeilijke kwestie,
Marla Ruzicka

Toen Faiz echter bij het veldhospitaal aankwam met grootmoeders derde zoon, Firas, bleek de brief onvoldoende. De twee mannen moesten zo lang wachten bij de ingang van de militaire basis, dat ze zonder Zahra moesten vertrekken om Bagdad te bereiken voor het vallen van de nacht.

Firas vertelde dat hij een tweede poging had gedaan om Zahra te halen, maar dat was uitgelopen op een angstaanjagend incident toen hij het veldhospitaal naderde. Volgens Firas hadden Amerikaanse soldaten die het bewaakten op hem geschoten, en hem gedwongen om te keren en voor zijn leven te vluchten. Hij keerde nooit terug. Faiz had het kennelijk te druk met zijn werk voor Marla om steeds terug te gaan naar Jurf al-Sakher. De familie was te bevreesd om de Amerikanen te benaderen. Zahra bleef waar ze was, misschien in een lijkenhuis tot elke hoop werd opgegeven dat familieleden haar zouden komen halen, of misschien in een graf dat nooit was bedoeld als laatste rustplaats.

Grootmoeder, die ervan droomde het uiteengerukte gezin te herenigen in de heilige grond van Najaf, moest leven met de realiteit dat drie van de kinderen van haar zoon van de aardbodem verdwenen waren. Het kwelde haar ziel. Ze zocht troost bij verschillende geestelijken, die haar verzekerden dat ze geen zonde had begaan door Zahra en haar twee vermiste broers niet in de heilige stad te begraven. Ze raadden haar aan hun onschuldige zielen te laten rusten. Dus keerde zij haar doden de rug toe en besteedde haar energie aan het opvoeden van baby Hawra.

Naarmate het jaar zich voortsleepte en de korte afname van het geweld na de invasie gevolgd werd door het meedogenloze bloedvergieten van de opstand, werd de stad steeds gevaarlijker. De eerste ontvoeringen van westerlingen betekenden ook het einde van Marla's bezoeken. Ze zag zich gedwongen haar tochten in de stad te beperken tot de hoogstnoodzakelijke.

Tegen de tijd dat ik zo ver was dat ik de familie wilde bezoeken, ontdekte ik ook dat de sektarische oorlogvoering de rit naar al-Shuhada vrijwel onmogelijk maakte. Zolang de koppensnellers en de moordlustige folteraars met hun drilboren de donkere straten van Bagdad beheersten, was er geen plaats voor een barmhartig gebaar dat grootmoeders lijden had kunnen verlichten. Ze voelde zich in de steek gelaten door zowel Marla als mij, de twee vrouwen die hadden beloofd om Hawra te helpen.

Twee jaar na de dood van Ali en zijn gezin kreeg grootmoeder bericht van Faiz dat Marla terug was in Irak en vroeg om haar te mogen bezoeken. Wilde grootmoeder misschien naar Marla's hotel komen, aangezien Marla niet naar haar huis toe kon?

Ze aanvaardde de uitnodiging bereidwillig.

En zo arriveerde grootmoeder bij de betonnen, gebarricadeerde lobby van een ooit zorgeloos hotel met de bijna drie jaar oude Hawra in haar armen, blij om te kunnen laten zien hoe haar mooie kleindochter gegroeid was. Marla vond het heerlijk om hen te zien en op de foto's die in de tuin van het hotel werden genomen lachen ze blij, ook al was Marla bitter teleurgesteld omdat ze nog steeds geen schadevergoeding voor Hawra had kunnen bemachtigen bij de Amerikaanse autoriteiten.

'Marla huilde toen ze me vertelde dat ze nog steeds bezig was om van de Amerikanen schadevergoeding te krijgen voor Hawra,' herinnerde grootmoeder zich. '"Ik zal het u laten weten", zei ze tegen me.'

Maar vier dagen later was Marla dood.

Bijna een jaar later zag een van grootmoeders buren een van de foto's die in de tuin van het hotel waren genomen in een marktkraampje op de voorpagina van een oude krant staan. Het was een Amerikaanse krant en de buurvrouw begreep het bijgaande artikel niet, maar ze nam het mee naar huis om het grootmoeder te laten zien, en vroeg of zij dat was op die foto met de buitenlandse vrouw.

Grootmoeder herkende de foto maar kon het artikel niet lezen. Pas toen ze het in het Arabisch had laten vertalen werd de ontstellende inhoud duidelijk: Marla was opgeblazen en verbrand in haar auto, net als haar zoon.

Toen ze hersteld was van de schok, werden ook de consequenties voor haar familie duidelijk. Het was een zware slag te weten dat haar laatste hoop op zekerheid voor Hawra ten onder was gegaan met de barmhartige Amerikaanse engel op de snelweg van de dood in Bagdad.

❧

Er was een tijd dat mijn humeur verbeterde bij het vooruitzicht uit Bagdad weg te vliegen. Deze keer werd ik echter steeds neerslachtiger naarmate ons vertrek naderde. Mijn opgewektheid sinds mijn hereniging met de familie werd vervangen door de druk van de twee nieuwe lasten die zo zwaar op mij wogen. Eerst moest ik uitvinden wat er van Zahra geworden was. Daarna moest ik beslissen hoe ik Hawra het beste kon helpen. Ik voelde me bedrukt onder de verantwoordelijkheid van twee zulke moeilijke taken.

Ik bladerde door de papieren die grootmoeder me gegeven had over Zahra, en zag dat de overlijdensakte die ze me beloofd had, ontbrak. Ik belde haar op om te vragen of ze zeker wist dat ze me alle documenten had gegeven.

'Ja, natuurlijk, Hala,' antwoordde ze.

'Maar waar is de overlijdensakte van Zahra dan?' vroeg ik.

'Die zit erbij – dat papier in het Engels.'

O, grootmoeder, dacht ik. Ik moest haar uitleggen dat dit geen overlijdensakte was, maar alleen een kopie van de brief die Marla aan het militaire ziekenhuis had gestuurd. Eerst weigerde ze te accepteren wat ik zei. Toen begreep ze de implicaties van het ontbreken van de akte.

'Maar dat is alles wat ik heb, Hala – bedoel je dat ik niet eens een overlijdensakte heb van mijn kleinkind?'

'Ja, ik denk dat ik dat bedoel, als dit alles is wat u heeft,' zei ik voorzichtig. Het bleef lang stil aan de andere kant van de lijn.

‘En als ze nu eens niet dood is, Hala? Als ze haar ergens heen hebben gebracht en tegen mij hebben gelogen dat ze dood was?’

Voordat ik antwoord kon geven, voegde ze eraan toe: ‘Misschien hebben ze haar gestolen, Hala. Misschien hebben die mensen die haar hebben meegenomen naar Saoedi-Arabië haar daar gehouden.’

Saoedi-Arabië? Waar kwam dat ineens vandaan? Daar had ik nog niet eerder over gehoord. Ik dacht even na. Marla had gezegd dat een Saudische arts belangstelling had om Zahra mee te nemen voor behandeling. Maar ik was er altijd zeker van geweest dat ze overleden was voor er iets gedaan kon worden.

Ik zei tegen grootmoeder dat ik het uit zou zoeken.

❧

Steve en ik gingen er voor zitten en stelden met de paar feiten die we hadden een lijst op met de titel ‘Uitzoeken wat er met Zahra gebeurd is’:

1) Marla regelt Zahra’s evacuatie op 19 april 2003.
2) Iets meer dan een week later krijgt ze te horen dat Zahra is overleden.
3) Marla’s assistent en de oom van Zahra gaan samen naar de Amerikaanse basis in Jurf al-Sakher om haar lichaam te halen.
4) Het stoffelijk overschot is nooit teruggehaald.
5) Grootmoeder heeft de indruk dat Zahra naar Saoedi-Arabië is gevlogen voor behandeling.
6) Er is geen overlijdensakte.

We hadden weinig houvast.

‘Hier heb ik een Sherlock Holmes bij nodig,’ zei ik bedroefd tegen Steve.

Mijn echtgenoot nam manmoedig de rol van Holmes op zich. Hij werd een internetdetective, het net afspeurend naar de namen van Amerikaanse veldhospitalen in Irak in 2003. Uiteindelijk bleek dat wij zochten naar het 28th Combat Support Hospital. Het was de eerste doorbraak in onze pogingen om het mysterie op te lossen.

Ik e-mailde onze gegevens naar het Amerikaanse leger in Bagdad, met de verklaring dat de grootmoeder van Zahra wanhopig op zoek was naar haar stoffelijk overschot en hulp nodig had bij het opsporen van gegevens over waar ze begraven zou kunnen zijn. Het antwoord kwam snel maar ik werd er nog moedelozer van.

'Hi Hala,' schreef een Amerikaanse militair die alleen Raoul als naam opgaf. 'Gezien het betreffende tijdsbestek zijn er waarschijnlijk geen gegevens beschikbaar om een samenhangend onderzoek te doen in deze kwestie.'

Raoul had zijn e-mail ook naar kapitein Kay E. McKinnie gestuurd, die antwoordde dat 'zelfs in 2008 medische gegevens maandelijks worden verwijderd'. Ze voegde er ook nog aan toe: 'Het is geen protocol van het leger van de Verenigde Staten om stoffelijke overschotten van plaatselijke bewoners te begraven.'

Ik nam aan dat het onpersoonlijke taalgebruik betekende dat zelfs als kapitein McKinnie de hand wist te leggen op de Amerikaanse gegevens van Zahra, daar niet op te vinden zou zijn waar mijn kleine meisje ter aarde was besteld. Het was niet de schuld van de kapitein. Uit het feit dat ze aan het slot van haar e-mail het officiële jargon liet varen, bleek dat ze ons had willen helpen als ze had gekund: 'Het spijt me dat ik niet meer kan doen, maar dit is echt een kwestie van een hele kleine naald in een hele grote hooiberg,' schreef ze.

We konden nog twee dingen toevoegen aan onze lijst:

7) Het Amerikaanse leger zegt geen gegevens te hebben die tot 2003 teruggaan om vast te stellen wat er met Zahra gebeurd is.
8) Het Amerikaanse leger verklaart stellig geen niet-Amerikanen te begraven; stoffelijke overschotten worden overgedragen aan familieleden en/of plaatselijke autoriteiten.

Hoe vaak ik ook naar de lijst van Sherlock keek tijdens onze laatste dagen in Bagdad, ik vond er geen enkele aanwijzing voor wat we verder moesten doen. We konden ons niet vrij verplaatsen in de stad, laat staan naar Jurf al-Sakher rijden. Zelfs als we daar wel heen konden, wat moesten we er dan doen? We konden nergens langer dan een kwartier blijven uit angst voor kidnapbendes. Het zou dagen of weken duren om de plaatselijke begraafplaatsen af te zoeken naar een spoor van Zahra. Bovendien, hoe wisten we of ze niet begraven was in een graf zonder naam?

Terug in het hotel na wederom een bezoek aan grootmoeder waar we geen bewijs konden vinden van een vlucht naar Saoedi-Arabië, was ik uitgeput, depressief en wanhopig. Toen ik onderweg naar onze kamer een blik opving van mijn spiegelbeeld, herkende ik de magere, spookachtige vrouw die me aankeek nauwelijks. Innerlijk bouwden de spanningen zich op en toen ik de deur opendeed, onderging Steve de volle kracht van de uitbarsting.

Hij keek op van zijn laptop toen ik binnenkwam. Hij grijnsde. Grote vergissing.

'Ik weet niet wat jij te grijnzen hebt,' snauwde ik. En daar ging ik. 'Ik ben doodop. Ik ben overstuur. Ik ben depressief. Ik ben een mislukkeling. Ik weet niet meer wat ik moet doen. Ik draai in kringetjes rond. Elke keer als ik grootmoeder zie, voel ik me meer bezwaard omdat ik de antwoorden niet heb die ze nodig heeft. God... waarom overkomt me dit?'

Steve probeerde antwoord te geven, maar aangezien hij God niet was, had ik geen zin om te luisteren.

'Het enige wat ik wilde was hen vinden, hen zien en dit zwarte hoofdstuk van mijn leven afsluiten en nu ben ik overbelast met nieuwe zorgen,' riep ik, in elkaar gezakt op de bank en weer opspringend toen ik merkte dat ik niet stil kon zitten.

'Ik bedoel, wat moet dit allemaal voorstellen?' gilde ik terwijl ik heen en weer beende door de kamer. 'Vertel me dat eens. Is dit een uithoudingsproef voor grootmoeder en mij? Je zou toch denken dat we allebei op onze eigen manier genoeg hebben geleden waar het familie en kinderen betreft. Wat moeten we God nog meer bewijzen?'

De stem van Steve leek van ver weg te komen.

'Hala, hou eens op. Als je even stil bent, vertel ik je iets geweldigs. Kalmeer nou even en luister naar me.'

'Prima!' schreeuwde ik. 'Vertel maar! Wat is er dan zo belangrijk?'

'Ik denk dat we de sleutel hebben,' zei hij, de glimlach weer op zijn gezicht. 'Ik denk dat we eindelijk te weten kunnen komen wat er met Zahra is gebeurd.'

HOOFDSTUK ZEVENTIEN

De liefde van een arts

En zo zat ik in september 2008 in een vliegtuig naar de Verenigde Staten en bedacht hoeveel geluk ik had dat ik met zo'n scrupuleuze onderzoeker was getrouwd. Terwijl ik moeizaam probeerde om alle informatie die ook maar iets waard was uit grootmoeder te halen, hadden de zoektochten van Steve op internet een onbetaalbare verwijzing opgeleverd naar een boek dat zowel op papier als online beschikbaar was, geschreven door een arts die in het veldhospitaal had gewerkt. Het was onze grootste doorbraak op het spoor waarvan wij hoopten dat het naar de waarheid over de dood van Zahra zou leiden.

De arts heette Michael A. Hodges. Op bladzijde veertig van zijn boek *A Doctor Looks at War: My Year in Iraq* (De kijk van een arts op oorlog: mijn jaar in Irak), stond een korte paragraaf over een meisje van ongeveer vier jaar oud. Ze was op 19 april 2003 in het ziekenhuis opgenomen met brandwonden aan haar hoofd, gezicht, armen en voeten. Haar ouders waren omgekomen bij de explosie die de verwondingen had veroorzaakt.

Kon dat Zahra zijn, vroegen wij ons af. Steve bekeek zijn foto's van Zahra in het Karameh Ziekenhuis. Inderdaad, de brandwonden waren precies zoals de arts beschreef.

Volgens het verslag van de arts had het kind het militaire ziekenhuispersoneel zo bekoord, dat een verpleegkundige had aangeboden haar te adopteren. Het geval was kennelijk helemaal bij Donald Rumsfeld aangeland, de minister van Defensie.

Ik herinnerde me een van Marla's berichten. 'Iedereen is verliefd op haar, van artsen tot verpleegkundigen,' had ze me een paar dagen na de aankomst van Zahra verteld. 'Ze schijnen je kleine meisje allemaal te willen adopteren, Hala. Ze is een ster, meid!'

Dat niet alleen, maar de arts beschreef dat een Saoedische plastisch chirurg haar een bezoek had gebracht. Die chirurg zei dat zijn regering bereid was om een langdurige behandeling voor het meisje te betalen. Kon Marla daarover gehoord hebben en het aan grootmoeder hebben verteld? Dacht grootmoeder daarom dat Zahra naar Saoedi-Arabië was overgevlogen?

Het was in elk geval nergens op uitgelopen. In het boek van de arts stond dat het meisje dat hij behandelde in het veldhospitaal was overleden om 6.46 uur op 28 april. Ik huiverde toen ik dat las. Ik stelde me voor hoe Zahra nog een laatste nacht vocht voor haar leven. Ik kwelde me met de gedachte dat ze die strijd misschien had kunnen winnen als ik bij haar was geweest om haar te troosten en te bemoedigen.

Maar was het kind in het boek echt Zahra? Ik kon niet rusten tot we dat wisten. Een e-mail naar de uitgever leverde al snel een reactie op van de auteur: hoe kon hij ons helpen? We stuurden hem foto's van Zahra. Ja, zei hij uiteindelijk. Dat was het meisje dat hij had behandeld.

Ik wilde zoveel meer weten. Ik wilde alles weten over haar tijd in het ziekenhuis – waarom het personeel zo dol was op Zahra, hoe ze haar hadden behandeld en of ze zachtjes tegen 'mijn' kindje hadden gepraat toen ze stervende was. Wat was er gedaan om haar te redden in het Amerikaanse ziekenhuis? Waarom was ze niet overgebracht naar het Saudische ziekenhuis? Wat was er aan het eind verkeerd gegaan? Ik snakte naar antwoorden op honderd vragen.

Dokter Hodges klonk eerst behoedzaam aan de telefoon. Hij liet me weten dat hij trots was op de Amerikaanse missie in Irak. Hij benadrukte dat hij geen enkele journalist zou helpen om de missie in diskrediet te brengen. Het was duidelijk dat hij mijn motieven wantrouwde. Daarom vertelde ik deze onbekende het verhaal van mijn onvruchtbaarheid, mijn besluit om me te begraven in mijn verslaggeving vanuit Irak, het opnieuw ontwaken van mijn moederinstincten door een oorlogsweesje, en mijn verlangen om haar zusje te helpen op een of andere, nog nader te bepalen manier.

'Ik ben niet geïnteresseerd in politiek,' zei ik. 'Dit is persoonlijk.'

Daarop stemde hij ermee in om mij te ontvangen.

Als het lot gevoel voor humor had, was ik het doelwit, want de antwoorden op mijn vragen bevonden zich in Fayetteville, North Carolina, niet alleen de woonplaats van dokter Hodges, maar ook de thuishaven van de 82e Airborne Divisie van het Amerikaanse leger, die een prominente rol had gespeeld in Operation Iraqi Freedom, vijf jaar eerder. De operatie had Irak bevrijd van de dictatuur, maar ontelbare burgers waren omgekomen voordat ze de wankele stappen van hun land naar de vrijheid konden meemaken. Ik had te veel rampspoed gezien in die oorlog om respect te hebben voor het leger dat de aanval had ingezet.

Terwijl mijn vliegtuig North Carolina naderde, dacht ik aan dokter Hodges en vroeg me af welke arts zulk lijden kon aanzien en toch trots kon blijven op de missie die het had veroorzaakt. Ik besefte dat ik me misschien zou moeten inhouden om mijn gastheer niet te beledigen.

Ik probeerde me op Zahra en de redenen voor mijn lange reis te concentreren. Eindelijk zou ik antwoorden krijgen op de vragen waar ik al vijf jaar lang over piekerde. Was ze wakker geworden tijdens haar laatste nacht op aarde? Had ze om haar 'mama en baba' geroepen, zoals ze had gedaan toen ik bij haar was, of had ze alle hoop om haar ouders weer te zien opgegeven en zich in slaap gehuild, zoals de verweesde Ali Abbas?

Ik moest het in mijn hoofd allemaal herconstrueren om ooit te kunnen aanvaarden wat er was gebeurd. Was Zahra snel en pijnloos gestorven? Of had haar sterven pijnlijk lang geduurd? En het allerbelangrijkste: wist dokter Hodges waar ze begraven was?

Misschien was het vanwege dit gepieker dat ik zo terneergeslagen was toen het vliegtuig de grond raakte. Waarom strafte ik mezelf met deze morbide reis? Ik wenste vanuit de grond van mijn hart dat ik niet alleen gekomen was. Als ik iemand bij me had gehad, dacht ik, zou ik niet zo uitgeput zijn door een afmattende combinatie van angst en vermoeidheid. Een grapje, een glimlach, een knuffel hadden me mijn energie en mijn goede humeur kunnen teruggeven.

Meer dan naar wie ook verlangde ik naar mijn zus Rana. Maar zij werkte ver weg in Afrika en ik was zo moe dat ik niet eens het tijdverschil kon uitrekenen. Zou het te laat zijn om haar te bellen in Kenia?

'Het komt allemaal goed, Hala,' vertelde ik mezelf namens mijn zus, en zuchtte. Zij zou me overtuigd hebben, maar ik kon mezelf niet overreden.

In elk geval was ik in een mooie stad aangekomen, zag ik terwijl de taxi snel naar het hotel reed. Fayetteville was een van de groenste steden die ik ooit had gezien. De weelderigheid van de talloze bomen waarvan de toppen elkaar raakten langs de ene goedverzorgde laan na de andere, vormden een treffend contrast met de afgehakte stronken langs de weg naar de luchthaven van Bagdad, maar North Carolina, een staat die ik nooit eerder had bezocht, had iets dat mij deed denken aan mijn eigen land. Overal waar ik keek, leek wel een ceder te staan, een nationaal symbool in Libanon, maar ook hier een inheemse boomsoort. Ik kon alleen maar hopen dat ik ook iets gemeen zou blijken te hebben met de mensen hier.

Mijn hoop dat ik een band zou krijgen met de inwoners van Fayetteville leek geen gunstig lot beschoren. Omdat zich een lege middag uitstrekte voor mijn ontmoeting met dokter Hodges die avond, volgde ik het advies op van de hotelreceptioniste en wandelde naar het dichtstbijzijnde winkelcentrum voor een lome lunch en om naar de mensen te kijken. Het eerste wat ik zag toen ik opkeek van mijn bord was een jongeman met scherpe trekken die doelbewust langs beende in zijn legeruniform. Mijn maag verkrampte. Ik herkende het uniform uit Bagdad en vroeg me af of de drager daar gelegerd was geweest. Toen zag ik er nog een, en nog een. Ik was omsingeld. Ik heb geen idee waarom ik zo geschokt was, aangezien ik me op nog geen uur rijden bevond van Fort Bragg, waar George W. Bush ooit de bevrijding van Irak had beschreven als een groots keerpunt in de geschiedenis van de vrijheid. Maar er was nog iets dat me verbaasde.

Een van deze jongemannen liep hand in hand met zijn vriendin, zijn hoofd naar haar toe gebogen en fluisterde glimlachend iets vertrouwelijks in haar oor, waarna hij lachte om haar reactie. In Bagdad had ik deze geharde strijders in een vreemd land nooit gezien als minnaars die verlangend uitkeken naar een vreugdevolle thuiskomst. In Fayetteville werd ik plotseling getroffen door hun menselijkheid. Sommigen droegen vermoeide peuters, anderen wezen hun grotere kinderen op speelgoed in etalages.

De vrouwen die zich alleen moesten redden als hun mannen zes maanden of langer weg waren, leken blij om als gezin uit winkelen te zijn. Ik staarde naar die vrouwen en vroeg me af hoe ze het aankonden om hun man uit te zwaaien die naar de oorlog vertrok, in de wetenschap dat hij misschien niet zou terugkeren, dat dit voor hun jonge kinderen de laatste herinnering zou kunnen zijn aan een omhelzing in de gespierde armen van vaders, die zich met moeite van hen losrukten.

Even mijmerde ik over de moeilijkheden van het soldatenleven. Toen dacht ik aan Hawra, die nooit de kans had gehad om met haar vader te spelen, de vader die haar nooit mee uit winkelen zou nemen om haar te verwennen, vanwege de daden van mannen zoals in dit winkelcentrum.

'Hou eens op, Hala,' prevelde ik. 'Je weet niets over hen.'

Ik herinnerde mezelf eraan dat ik van dit land hield, dat sommige Amerikaanse steden mijn favoriete plaatsen ter wereld waren, dat wat mijn mening ook was over het leed van Irak, de wrede gevolgen van de oorlog ook hier waren gevoeld door duizenden gezinnen die geliefde vaders, zonen en minnaars hadden verloren in het leger. Ik nam me voor om respectvol en hoffelijk te zijn tegen de legerarts die ik van zo ver was komen opzoeken.

❧

Ik weet niet waarom ik had verwacht dat Michael A. Hodges ouder en strenger was dan hij was, maar mijn opluchting toen hij me met een brede glimlach en een warme handdruk begroette in de lobby van het hotel moet voelbaar zijn geweest. Ik was zo nerveus over mijn ontmoeting met Zahra's arts en alles wat hij me over haar zou kunnen vertellen dat ik stond te trillen. Zijn ontspannen houding stelde me meteen op mijn gemak.

'Het is zo fijn om je eindelijk te ontmoeten,' zei ik, en ik meende het.

Dokter Hodges was een jeugdige man van vijfenveertig, gladgeschoren, kortgeknipt en sportief gekleed in poloshirt en broek. Als hij zich nog steeds zorgen maakte over mijn beweegredenen om met hem te komen praten, wist hij dat goed te verbergen. Hij verwelkomde mij even hartelijk in zijn stad, als ik hem in mijn eigen stad zou hopen te ontvangen. Het was belangrijk voor me om te weten dat Zahra in vriendelijke handen was geweest en ik was opgelucht dat elke twijfel daaraan onmiddellijk verdween. Ik ben geneigd om mijn oordeel over mensen in de eerste paar seconden na een ontmoeting te vellen, en op dat moment in de hotellobby besloot ik dat dokter Hodges een zorgzame, meelevende man was, die een bron van troost moest zijn geweest voor 'mijn' meisje.

'Zullen we ergens wat gaan drinken?' vroeg hij.

Het restaurant dat hij had uitgezocht – een Italiaan, beheerd door een Griek – lag op een paar minuten rijden door straten badend in helder neonlicht en tegen de tijd dat we aankwamen had ik de droefgeestigheid van mijn sombere dag al achter me gelaten.

'De manier waarop alles hier 's nachts verlicht wordt verbaast me nog steeds,' zei ik, in een poging om een luchtig gesprek te voeren terwijl we elkaar wat beter leerden kennen. 'Soms zou ik in de Verenigde Staten willen wonen.'

'Hala,' zei hij, even ongerust. 'Mijn vrouw Anna zei dat je misschien niet dronk en dat ben ik je vergeten te vragen.'

'Maak je geen zorgen,' zei ik grinnikend. 'Ik drink wel, ook al ben ik moslim. Een zonde, dat wel, maar een zonde waarvan ik heb besloten dat ik ermee kan leven.'

Ik was verbaasd dat het restaurant ook aan mijn andere zonde tegemoetkwam. Als inwoner van Londen was ik niet gewend aan asbakken op tafel en ik dacht dat de antirookmaatregelen zich over heel Amerika verspreid hadden.

'Niet in Fayetteville,' zei dokter Hodges met een grijns. 'Dit is het land van de tabak, Hala. Er liggen veel tabaksplantages in North Carolina, dus het rookverbod heeft ons nog niet bereikt.'

Ik vroeg of hij er bezwaar tegen had als ik een sigaret opstak.

'Helemaal niet,' zei hij plagend. 'Rokers zijn goed voor mijn handel.' Dit was een man waar ik het mee zou kunnen vinden, ook al verdedigde hij de aanval op Irak.

We doopten brood in olijfolie en balsamicoazijn terwijl ik zijn vragen beantwoordde voordat ik de mijne stelde. Hij wilde weten wat mijn achtergrond was, hoe ik journalist geworden was en wat ik had gedaan in Irak. Ik probeerde zijn steun voor de oorlog te begrijpen. Ik vroeg hem hoe hij dat verenigde met het christelijke geloof dat hij beschreef in zijn boek en ik hoorde mezelf vertellen over mijn worstelingen met de onbuigzame eisen van de islam.

Er was geen twijfel aan dat wij van tegengestelde kanten van het menselijk spectrum kwamen. Ik droeg mijn 'Arabische bagage' met me mee in de vorm van teleurstelling over vele jaren Amerikaans beleid in het Midden-Oosten. Hij hield met trotse vaderlandsliefde staande dat zijn president het recht had om tirannie te bestrijden in een conflict waar ik van gruwde. Toch zaten we hier samen wijn te drinken, te lachen en te praten als oude vrienden, terwijl de enige band tussen ons een kind was dat wij beiden tevergeefs hadden geprobeerd te redden. Ik voelde Zahra's aanwezigheid die avond. Het was alsof ze me liet weten dat deze man zijn best voor haar had gedaan toen zij vocht om haar greep op het leven te behouden en er uiteindelijk uit wegglipte.

Ik vroeg hem me alles te vertellen, van begin tot eind, en het verhaal ontvouwde zich.

Zahra was met twee andere vrouwelijke patiënten in het ziekenhuis aangekomen, maar zonder medische gegevens. Ze was om 15.28 uur op 19 april 2003 opgenomen, en was direct naar de intensivecareafdeling gebracht als patiënt nummer 41.

Omdat ze geen duidelijke gegevens hadden, veronderstelde het ziekenhuispersoneel dat een van de vrouwen die tegelijkertijd met het kind binnengebracht werden, haar moeder was, of in elk geval familie. Toen de vrouw al snel daarna stierf, leek er geen manier te zijn om iets over het meisje te weten te komen behalve haar naam, die op het registratieformulier stond als 'Zara'. Misschien was dat het enige wat zij hen zelf had kunnen vertellen.

Dokter Hodges vertelde me drie dingen die me verbaasden. Het eerste was dat het veldhospitaal waar Zahra lag nooit bedoeld was geweest om burgers te behandelen. Het was haastig opgezet voor Amerikaanse militaire slachtoffers. Zodra het af was, smeekten Irakese artsen de Amerikanen om de onschuldige slachtoffers van wapens die hun militaire doelen hadden gemist, op te nemen. De Amerikanen openden onmiddellijk de deuren van hun legerhospitaal om gewone Irakese mannen, vrouwen en kinderen te behandelen, vlogen ze per helikopter binnen als dat nodig was. Dit waren ongepubliceerde daden van mededogen waar ik mij tot dan toe niet van bewust was geweest.

De tweede verrassing was dat het ziekenhuis niet alleen geen specialist had met de ervaring en de deskundigheid om een kind met kritieke verwondingen te behandelen, maar dat alles wat ze wel hadden – van verfijnde beademingsapparatuur tot gewone medicijnen – bestemd was voor volwassen patiënten. Zelfs om Zahra een infuus toe te dienen moesten de verpleegkundigen improviseren met buisjes en katheters die veel te groot waren voor een klein lijfje. Toen er besloten moest worden welke medicijnen ze nodig had en hoe hoog de doses moesten zijn, vertrouwde dokter Hodges op zijn vrouw Anna, die toevallig kinderarts was. Als hij het haar niet rechtstreeks kon vragen, bladerde hij door een handboek voor kindergeneeskunde dat ze in zijn koffer had gegooid voor het geval hij een ziek kind zou tegenkomen op zijn reizen.

'Dat boek werd een bijbel in ons ziekenhuis,' zei hij. 'We namen kinderen op en geen van ons was kinderarts. Iedereen gebruikte het.'

De derde openbaring van dokter Hodges was de meest schokkende. Toen Zahra in het ziekenhuis was aangekomen, vertelde hij, waren haar overlevingskansen veel minder dan de vijftig procent die een paar dagen eerder waren berekend door JB, de arts van Merlin die ik naar het Karameh Ziekenhuis had gebracht. Ik sidderde in zelfverwijt. Als ik geweten had hoe hard ze achteruit was gegaan in de vierentwintig uur voor de evacuatie, zou ik nooit zo stom zijn geweest om grootmoeder te beloven dat ze zou blijven leven.

Toen dokter Hodges de gebeurtenissen van vijf jaar geleden ophaalde, leek hij te worden teruggevoerd naar Irak, naar de spanning en de stress van de scheiding van zijn eigen gezin, en de worsteling van de wanhopige gezinnen om hem heen om de oorlog ongeschonden te overleven. Ik ken artsen die instinctief afstand houden van hun patiënten – net zoals journalisten niet worden geacht emotioneel betrokken te raken bij de mensen in hun artikelen – en ik had aangenomen dat een legerarts, met alle machismo en discipline die dat leven met zich meebrengt, net zo klinisch zou zijn. Daarin vergiste ik me. Deze militaire arts miste zijn eigen drie kinderen thuis zo erg, dat hij zich onweerstaanbaar aangetrokken voelde tot de jongste patiëntjes in het ziekenhuis.

'De eerste paar dagen dat ik kinderen behandelde, trok ik een muur op om me heen: ik wilde niet betrokken raken, niet gehecht raken aan de kinderen die opgenomen werden,' zei hij. 'Ik wilde geen kinderen zien lijden, daarom ben ik ook geen kinderarts geworden – ik kon niet tegen chronisch zieke kinderen.'

Hij had niet lang afstandelijk kunnen blijven. 'Je trekt barrières op, maar uiteindelijk moet je erachter vandaan komen,' was zijn beschrijving. 'Ten slotte herinnerde elk kind dat ik behandelde me aan mijn eigen kinderen.'

Daar was Zahra een voorbeeld van. 'Haar leeftijd en haar lichaamsbouw waren ongeveer hetzelfde als die van mijn eigen dochter Caroline. Ik bleef maar denken: "Stel je voor dat dit mijn dochter was, mijn Caroline?" en tegelijkertijd moest ik professioneel zijn en evenwichtig blijven.' De tranen in zijn ogen bewezen dat evenwicht bewaren een verloren strijd was geweest.

Misschien had het hem kunnen helpen als hij in zijn gedachten de inwoners van Irak had kunnen onderscheiden van zijn landgenoten, maar ook die strijd verloor hij. 'De reactie van de ouders op hun gewonde kinderen was hetzelfde als die van ons,' ging hij verder. 'Ik weet niet waarom ik verwachtte dat die anders zou zijn.'

Hoe meer de dokter mij vertelde, hoe sneller de barrières tussen ons afbrokkelden. Nu we zo openhartig met elkaar praatten, vroeg ik hem om nog meer over Zahra te vertellen. Hij haalde diep adem.

'Zahra was er zo ernstig aan toe dat je je moet realiseren dat haar verwondingen heel pijnlijk waren,' zei hij. Ik kromp ineen.

'Een volwassene die ernstig verbrand en bij bewustzijn is, zal zorgen dat je weet dat het pijnlijk is, maar ik kan me niet herinneren dat Zahra ooit verbaal iets heeft laten merken. Ik meen dat ze al vrij snel nadat ze bij ons kwam via de beademingsapparatuur moest ademen, omdat er problemen waren met haar luchtwegen. Op de meeste foto's die ik van haar heb, ademt het apparaat voor haar. Ze praatte niet veel, maar voor zover ik me kan herinneren klaagde ze ook niet, en dat zou je wel verwachten van iemand die zo jong was als zij.'

Ik slikte moeizaam, probeerde me voor te stellen hoe het kind dat om haar vader en moeder had geroepen tot zwijgen was gebracht door dikke slangen in haar keel.

'Het was een ongelooflijke combinatie van schoonheid en lelijkheid,' zei dokter Hodges teder, alsof hij het beeld had gezien dat mij voor ogen stond. 'Lelijkheid vanwege de brandwonden... maar schoonheid en vreedzaamheid in haar ogen. Ik weet niet of aanvaarding het juiste woord is, maar er was geen blijk van die worsteling die je zou verwachten bij zo'n jong kind. Ze bezat een soort tevredenheid, waardoor ze opgewassen leek tegen de wonden die in onze ogen zo verschrikkelijk waren. Op de een of andere manier wist ze de pijn te dragen.'

Ik mocht misschien troost vinden in de wetenschap dat Zahra niet met haar armen had gezwaaid en gekrijst zoals in mijn ergste nachtmerries, maar de beschrijving van de medische procedures die ze verdragen moest, had niets opbeurends. Ik had me voorgesteld dat Zahra's behandeling gericht zou zijn op het verzachten van de pijn. Het tegendeel was waar. Nu bleek dat haar beste kans had gelegen in het chirurgisch verwijderen van beschadigde huid. Die was zodanig beschadigd dat ze deze procedure – bekend als *debridement* – niet een of twee keer, maar meerdere keren had moeten ondergaan. Ik vroeg de arts waarom.

'Bij brandwonden gaat het erom hoe uitgestrekt en hoe diep de wonden zijn,' zei hij, alsof hij de basisbegrippen uitlegde aan de moeder van een patiënt. 'Hoe dieper de brandwonden, hoe dieper het weefsel vernietigd is. De huid is het grootste orgaan van het lichaam. De voornaamste functie ervan is bescherming en dat betekent ook dat het functioneert als een barrière tegen dingen die ons lichaam willen binnendringen. De huid helpt ook om de lichaamstemperatuur te regelen. Dus als je huid is weggebrand, ben je vatbaarder voor infecties en problemen met de temperatuurregeling en vloeistoffen en elektrolyten die zo belangrijk zijn om ons lichaam correct te laten functioneren.'

Zahra had al die problemen gehad, legde hij uit. Keer op keer hadden de chirurgen haar naar de operatiekamer gebracht, haar verdoofd en haar afgestorven huid afgeschraapt tot ze 'gezond bloedend weefsel' bereikten. Het doel was om nieuwe huidgroei te stimuleren op de plaats van de brandwonden, maar het was niet gemakkelijk geweest, zei hij.

'Het debrideren van brandwonden is pijnlijk, zelfs met medicijnen om het ergste leed te verzachten,' vertelde dokter Hodges me kort.

Toen ik dat hoorde, veranderde mijn diepe schuldbesef omdat ik Zahra niet had kunnen vinden, niet bij haar had gezeten om haar te troosten, in schaamte. Hoe kon ik zo weinig moeite hebben gedaan om uit te vinden waar ze heen was gebracht, en of er een familielid of een vriend van de familie op bezoek kon komen? Ik had me voorgesteld dat ze elke dag sterker werd in een afgelegen grenskamp, terwijl ze in werkelijkheid steeds verder verzwakte op nog geen uur rijden van Bagdad.

Was ze weggekwijnd vanwege gebrek aan tedere liefde en zorg van haar naasten? Ik kon me er niet van weerhouden om dokter Hodges te vragen of het enig verschil zou hebben gemaakt voor haar vooruitzichten als ik – of haar grootmoeder – in de buurt was geweest om een beetje tovenarij te bedrijven, visioenen op te roepen van een mooie toekomst, om haar des te harder te doen vechten om in leven te blijven.

'Dat is moeilijk met zekerheid te zeggen, Hala. Het zou kunnen,' zei de arts. 'Maar aan de andere kant schatte ik haar overlevingskansen bij opname op niet meer dan twintig of dertig procent.'

Het was aardig van hem om te benadrukken dat ik waarschijnlijk niets had kunnen doen. Maar ik kon niet langer betwijfelen dat ik misschien een essentiële bijdrage had kunnen leveren aan de zorg voor 'mijn' dochter in Irak, als ik niet zo'n haast had gehad om mijn moeder te bezoeken in Egypte.

Zahra's toestand was eventjes verbeterd, net als Marla had gezegd, ondanks een ernstig gebrek aan medische bevoorrading. Ook daar was dokter Hodges openhartig over. Het ontbrak het veldhospitaal aan bepaalde essentiële materialen, waaronder medicijnen om de bloeddruk te regelen, en het was tevens slecht uitgerust voor de vele verschillende patiënten die werden binnengebracht. De artsen hadden daarover een formele klacht ingediend. Maar het ziekenhuispersoneel was vastbesloten om geen enkele patiënt af te wijzen, wat hun leeftijd, nationaliteit of status ook was.

'Wat wij voor haar konden doen in ons ziekenhuis dat ze in een ziekenhuis in Bagdad niet hadden kunnen doen, was haar antibiotica geven om haar te beschermen tegen infecties die sowieso zouden ontstaan – en vloeistoffen toedienen. Als de barrière die je huid vormt verdwenen is, verlies je alleen al door verdamping veel vocht, dus heb je nog meer nodig dan anders. Als je niet drinkt, is de intraveneuze katheter de ideale manier om het vocht dat verloren wordt weer aan te vullen.

Het ging beter met haar. Hoe langer ze in leven bleef, hoe langer ze kon overleven. Als een brandwondenpatiënt het eerste gevaar van infectie overleeft, maakt ze een kans. We gingen vooruit. En toen kwam die hele kwestie van een transfer naar Saoedi-Arabië.'

Eindelijk zou het mysterie van de Saudi-connectie worden opgehelderd.

'Ik zag haar voor mijn ogen achteruitgaan op die reis,' zei dokter Hodges op diepbedroefde toon.

Welke reis? Was Zahra inderdaad naar Saoedi-Arabië gebracht? Het verhaal dat volgde vervulde me van wanhoop.

Op 24 april, vijf dagen nadat Zahra was opgenomen in het veldhospitaal, arriveerde er een Saudische plastisch chirurg die uitgebreide ervaring had met huidtransplantaties, vergezeld van een filmploeg. Hij gaf aan dat Saudische autoriteiten het kind graag wilden helpen. Binnen twee dagen was alles geregeld. De commandant van het veldhospitaal stemde ermee in dat de Saudi's Zahra, die ondertussen publieke belangstelling had getrokken in het koninkrijk, daarheen zou worden vervoerd voor de specialistische zorg die ze nodig had om de onvermijdelijke littekens te verminderen en haar kansen op een normaal leven te vergroten. De taak om haar naar de internationale luchthaven van Bagdad te brengen werd aan dokter Hodges toevertrouwd.

Zahra en een vrouw die ook geschikt werd geacht voor behandeling in Saoedi-Arabië zouden met een helikopter naar het vliegveld worden vervoerd, maar helaas stak de *shamal* op, een felle noordelijke zomerwind die woestijnzand opzuigt en Irak en Saoedi-Arabië overweldigt met een storm die verblindt, steekt en verstikt. De shamal slaat zelden toe, dus het was wel bijzonder ongelukkig voor Zahra dat alle Amerikaanse helikopters op die ene dag dat zij ze zo nodig had, door de storm gedwongen waren aan de grond te blijven.

Onvervaard bestelde dokter Hodges twee ambulances, een voor Zahra en een voor de andere patiënte. Hij reed met Zahra mee en verzorgde haar met de hulp van een verpleegkundige van de intensive care en een beademingstherapeut. Maar ze liepen vertraging op door de storm die om hen heen woedde en miljoenen zandkorrels tegen hun voorruit wierp zodat het onmogelijk werd om meer dan een paar meter vooruit te kijken. Toen raakten ze vast in het verkeer dat door de wervelstorm kroop op weg naar de luchthaven. Telkens wanneer de ambulance wat snelheid begon te maken, kwam hij na een paar meter weer tot stilstand.

De batterij die Zahra's intraveneuze pomp aandreef viel het eerst uit, en daarmee haar vochttoevoer. Toen flakkerde haar hartmonitor en vervaagde. De hitte in het voertuig werd even verstikkend als het kolkende zand erbuiten. Vliegen vulden de weinige lucht die overbleef en zetten zich op oogleden en verband. Een reis van vijfentwintig kilometer werd een beproeving die vier uur duurde. Tegen de tijd dat ze het vliegveld bereikten, hadden ze gemiddeld voetstaps gereden en Zahra's ventilator en zuurstofmonitor waren de enige apparaten die nog functioneerden. Haar bloeddruk daalde. Haar verband moest verschoond worden. Het was tijd voor haar medicijnen. Maar in ieder geval hadden ze het gehaald.

De namiddag sleepte zich traag voort en Zahra's behoefte aan intraveneuze vloeistoffen werd steeds dringender. Van het vliegtuig dat haar naar Saoedi-Arabië moest brengen kwam taal noch teken. Om zes uur 's avonds kreeg dokter Hodges te horen dat het vanwege de storm nooit naar Bagdad was vertrokken. Gelukkig nam de shamal wel af, zoals gewoonlijk na het vallen van de avond. In het besef dat zijn patiënten nog eens vier uur in hun respectievelijke ambulances misschien niet zouden overleven, beval dokter Hodges een noodluchtbrug voor een Black Hawk en dwong de belofte af dat de helikopter de volgende ochtend vroeg beschikbaar zou zijn om Zahra naar de luchthaven te brengen.

Toen de ochtend aanbrak, was mijn Zahra echter niet gezond genoeg om te vliegen. Ze had vierentwintig dagen vol angst en pijn doorstaan, hortende reizen over de weg en door de lucht, verdovingen en operaties zonder haar vader of moeder om haar bemoedigend toe te fluisteren als ze bij bewustzijn kwam. Nu was de levenskracht die haar overeind had gehouden, aan het wegglippen. De artsen vochten de hele dag om de achteruitgang van haar toestand een halt toe te roepen. Zahra streed de hele nacht. Maar om veertien minuten voor zeven de volgende ochtend eindigde het gevecht om haar leven. De inspanningen van Merlin, Marla, Michael Hodges en mij waren allemaal tevergeefs gebleken. Zahra stierf alleen.

❧

Alsof dat nog niet pijnlijk genoeg was, volgde er nog een klap.

'Weet je wat er daarna met Zahra is gebeurd?' vroeg ik ongerust. 'Weet jij, of iemand anders, waar ze begraven zou kunnen zijn?'

Dokter Hodges keek me verbaasd aan. 'Nee,' zei hij effen. 'Waarom vraag je dat?'

Ik vertelde van alle moeite die de familie van Zahra had gedaan om haar stoffelijk overschot terug te krijgen. Ik beschreef de smart van haar grootmoeder dat ze tot op de dag van vandaag niet wist waar het lichaam was. Ik vertelde hem van mijn wanhopige verlangen om te helpen.

De dokter dacht diep na. Na de dood van Zahra hadden de artsen korte tijd getreurd en waren toen weer levens gaan redden, legde hij voorzichtig uit. Het was aan de bestuurders van het ziekenhuis om te besluiten wat er met de doden moest gebeuren.

Ik legde uit dat de legerfunctionarissen met wie ik contact had opgenomen, zeiden dat er geen gegevens te vinden waren.

'Hoe zit het met de verpleegkundige die haar wilde adopteren? Hij zou toch zeker moeten weten wat er met het meisje gebeurde dat hij mee naar huis had willen nemen?'

Dokter Hodges keek onbegrijpend. Het speet hem erg: hij kon zich zelfs de naam van de verpleger niet herinneren.

'Ik zal het proberen na te vragen bij de aalmoezenier,' voegde hij eraan toe. 'Misschien weet hij iets, Hala. Ik doe mijn best om te zien of we iets kunnen vinden.'

Het was het einde van een lange avond en ik zag dat de arts even vermoeid was als ik. We besloten afscheid te nemen.

De volgende dag nodigde ik de hele familie Hodges uit om te gaan eten in een plaatselijk steakhouse. Anna, de kinderarts, had lang blond haar. Ze was zeventien jaar getrouwd met Michael en deelde zijn sterke christelijke geloofsovertuiging.

De jongens, Logan van veertien en Noah van tien, vroegen me naar Libanon en de ceders waar het om bekend staat. Ik legde uit dat mijn land er weliswaar veel drukte over maakte, maar er niet zo heel veel had vergeleken met Fayetteville.

'Ja, mevrouw,' zei een van hen. 'Maar in Libanon zijn de ceders heel erg oud, en daarom zijn ze zo bijzonder!' Ik glimlachte en knikte instemmend.

Toen liet Caroline zich horen, het mooie kleine meisje dat even oud was geweest als Zahra toen haar vader in Irak was, met een stemmetje waarin het zelfvertrouwen doorklonk van een geliefde achtjarige die eraan gewend was zich boven het lawaai van haar broertjes uit te laten gelden. Zij wilde geen dokter worden zoals haar ouders als ze groot was, kondigde ze plechtig aan: 'Ik wil onderwijzeres worden.' Ze zei het zo vastberaden dat ik er niet aan twijfelde dat ze haar ambitie zou verwezenlijken.

Het gezin babbelde zoals gezinnen dat doen, over de kerk,

voetbal en vrienden. Het was duidelijk dat ze niet alleen uitzonderlijk aan elkaar gehecht waren, maar dat Michael Hodges dol was op hen allemaal. Zelfs toen het gesprek over de oorlog ging en Michael het opnam voor zijn president met de opmerking dat hij in goed vertrouwen had gehandeld en niet had kunnen weten dat de beweringen over massavernietigingswapens leugens waren, kon ik niet boos op hem zijn. Ik wist dat dit een goed mens was, die zijn best had gedaan om Zahra in leven te houden. Hij en zijn vrouw, die de details van Zahra's dood kende, waren maar al te goed bekend met de vreselijke gevolgen van het conflict en waren er gevoeliger voor dan de meeste mensen.

Na de maaltijd werd ik bij hen thuis uitgenodigd voor de koffie. De tuin was helder verlicht toen we de oprijlaan opreden. Vanuit de hal werd ik naar een studeerkamer gebracht waar Michael me een geschilderd portret wilde laten zien van Anna met haar moeder en haar dochter. Het mooie van het schilderij was de sereniteit van de geportretteerden en de zichtbaar liefdevolle band tussen de drie generaties. Ik moest wel denken aan Hawra en haar grootmoeder, en hoezeer Hawra haar moeder zou missen naarmate ze opgroeide. Het versterkte mijn vastbeslotenheid om een klein stukje te vullen van het grote gat dat haar moeders dood in Hawra's leven achterliet.

'Jullie hebben een prachtig huis,' zei ik, zonder mijn gedachten te verwoorden.

'Ja, we zijn gezegend, Hala.'

Maar ook Michaels eigen gedachten dwaalden naar Irak. Hij wees me een stoel aan de eettafel terwijl hij een laptop ging halen en opende zijn eerste aantekeningen over Zahra:

Zara
Registratienummer: 12775
Verzekeringsnummer: 0000
Irakees burger, Zara (Brandwonden Kind)

Opgenomen: 15.28 uur, 19 april 2003
ICU (Intensive Care Unit)

Toen zijn foto's op het scherm verschenen, hapte ik onwillekeurig naar adem. Met haar ventilator en haar infuus zag Zahra er zo klein uit, zo tenger. Terwijl de arts de brandwonden op haar wenkbrauwen en wimpers aanwees, keek ik naar haar gesloten ogen.

'Vertel me over haar dood,' zei ik, op zoek naar nog meer antwoorden op vragen die me de hele nacht wakker hadden gehouden. 'Wat denk je dat de oorzaak was?'

Voor zover de artsen konden bepalen, zag het ernaar uit dat er een bloedprop van haar been naar haar longen was getrokken en daar ernstige problemen had veroorzaakt in haar ademhaling en haar bloeddruk. Daarbij kwamen echter complicerende factoren. Katheters bedoeld voor volwassenen waren in de aderen van een klein kind aangebracht. Naast een antistollingsmiddel om andere bloedklonters te voorkomen waren er ook 'zeer krachtige chemicaliën' gebruikt om Zahra's bloeddruk omhoog te krijgen.

'Dat wil niet zeggen dat die haar dood hebben veroorzaakt, maar ze kunnen eraan bijgedragen hebben, Hala. Ik ben naar mijn commandant gegaan om te eisen dat er iets aan gedaan zou worden. Hij vroeg me om een incidentverslag in te dienen – een protocol van het leger waarin staat dat er misschien iets is misgegaan, bijvoorbeeld dat het gebrek aan kinderartsen (en op kinderen afgestemde apparatuur) haar dood verhaast zou kunnen hebben.

Ik was ontzettend verdrietig en erg boos. Ze deed me zo aan Caroline denken. Ik heb een tijd gehuild, maar toen moest ik verder – andere patiënten hadden ons nodig.'

We zwegen even en dachten elk op onze eigen manier terug aan Zahra. Voor mijn geestesoog zag ik haar rillen. Het idee dat ze aan het einde moest vechten om adem te halen met niemand naast haar bed was ondraaglijk. Met tranen in mijn ogen keek ik op naar de arts en wilde uitleggen hoe boos ik op mezelf was, toen ik zag dat zijn ogen ook vol tranen stonden. Hij moest zijn verdriet bedwingen bij de herinnering aan zijn rouw en frustratie om Zahra's dood. Op dat moment wist ik zeker dat geen enkele arts beter voor haar gezorgd kon hebben. De wrok die ik tegen het leger koesterde, werd vervangen door dankbaarheid voor deze militair die zo'n verdriet had over het lijden van een weeskind, net als ik.

'Ik weet dat jij je best gedaan hebt, Michael,' vertelde ik hem. 'En daar ben ik je eeuwig dankbaar voor.'

'Hala,' antwoordde hij. 'Weet je nog dat je me vertelde dat je zo boos was op jezelf omdat je had beloofd dat Zahra zou blijven leven?'

Ik knikte.

'Dit moet je weten. Ik heb steeds nagedacht over wat je vertelde, en om eerlijk te zijn is jouw stellige verklaring tegen de grootmoeder dat alles goed zou komen niet veel anders dan wat artsen dagelijks doen. Ik vond dat je het goed verwoordde. Je zei het niet onoprecht – je geloofde het. Ik heb dat ook tegen families gezegd. Ik geloof dat het voor mij juist is om dat te zeggen, omdat het tegendeel helemaal geen kans biedt voor hoop. Wij doen het aldoor, en soms kunnen we ons aan ons gedeelte van de afspraak houden en herstelt de patiënt, en soms niet. Voor zover ik me kan herinneren, is er nooit iemand boos op me geweest omdat ik ze die hoop had gegeven.

Wees niet boos op jezelf, Hala. Je deed precies wat ik gedaan zou hebben. Je hebt niets verkeerd gedaan.'

Ik had de grootste moeite om niet in tranen uit te barsten aan die tafel. Dit te horen van een arts, vooral een arts die zo innig betrokken was bij Zahra, betekende meer dan ik me had kunnen voorstellen. Ook al had haar grootmoeder me vergeven, nu pas voelde ik dat ik mezelf kon vergeven. Ik had absolutie gekregen, en mijn opluchting was overweldigend.

HOOFDSTUK ACHTTIEN

Een band van ringen

Als buitenlands correspondent heb ik bij terugkeer van mijn reizen altijd gemengde gevoelens. Aan de ene kant zijn er de genoegens van thuis – eenvoudige gerechten naar mijn eigen smaak kunnen koken, vreedzaam in een tuin zitten die ik zelf heb aangelegd, en vooral tussen frisse katoenen lakens kruipen en 's nachts in mijn eigen bed slapen. Als het een turbulente reis is geweest, kalmeert de vertrouwde omgeving mijn zintuigen.

Aan de andere kant zijn er de huishoudelijke zaken die zich hebben opgestapeld in mijn afwezigheid – achterstallige rekeningen, telefoontjes op het antwoordapparaat, kasten die schoongemaakt moeten worden. De beroepsmatige spanning die het vertrek met zich meebrengt, wordt gecompenseerd door de ontsnapping die een exotische opdracht biedt. Thuiskomen betekent niet alleen een confrontatie met gewone verantwoordelijkheden, maar ook met de moeizame werkelijkheid van mijn persoonlijk leven. Soms moeten er belangrijke beslissingen worden genomen. En de belangrijkste betrof Hawra.

Ik was van plan geweest om twee oorlogswezen te redden. Zo veel mogelijk te weten te komen over hoe de ene gestorven was voordat ik besloot hoe de andere zou kunnen leven, was voor mij belangrijk geweest. Zahra was weggenomen door een roofzuchtige oorlog, en ook al voelde ik haar soms nog naast me, ik wist dat zij echt tot het verleden behoorde. Hawra, de enige overlevende van het gezin en de zonnigste persoonlijkheid die ik in heel Bagdad had ontmoet, vertegenwoordigde veerkracht en optimisme over de toekomst. Maar hoe kon ik er zeker van zijn dat ik haar vooruitzichten verbeterde in een land waarvan de beloften verduisterd werden door zoveel onzekerheden?

❦

'Ik wilde maar dat je besloot om Hawra te adopteren,' was het antwoord van Steve toen we dit alles op een avond bespraken bij een fles wijn. We zaten elk aan een kant van de bank waarop we al onze belangrijke gesprekken voeren, met onze gezichten naar elkaar toegewend; op de achtergrond klonk de levendige muziek van mijn land op een Arabische televisiezender.

Zijn woorden verbaasden me, maar zijn gevoelens verbijsterden me. Steve en ik hadden niet meer over adoptie gepraat sinds we het idee vijf jaar geleden aan grootmoeder hadden voorgelegd. Toen Zahra stierf en ik vond dat ik Hawra niet waard was, leek mijn laatste kans op het moederschap te zijn verdwenen. Steve had nooit vraagtekens gezet bij die veronderstelling.

Noch had hij ooit, in al die jaren dat we moeite deden om zelf een kind te krijgen, voorgesteld om te adopteren. Het onderwerp werd alleen aangeroerd door vrienden in Londen en Beiroet. Zij vertelden me hoe ik in Groot-Brittannië een aanvraag kon indienen, maar waarschuwden me dat ik door maatschappelijk werkers afgewezen zou kunnen worden als te oud, te druk of te verslaafd aan sigaretten. Bevriende artsen in Libanon zeiden dat zij gemakkelijk een ongewenste pasgeborene zouden kunnen vinden in een van hun ziekenhuizen. Bevriende advocaten zeiden dat het moeilijk zou zijn om een Libanese rechtbank ervan te overtuigen zo'n kind over te dragen aan de vrouw van een buitenlander.

Tijdens deze omslachtige gesprekken was het enige commentaar van Steve – sowieso al een man van weinig woorden – een kort: 'Wat jij wilt.' Ik stond versteld van het feit dat hij nu een verlangen naar adoptie uitsprak. Waarom had hij dat niet tien jaar eerder gedaan?

'Ik ben in de loop der jaren verschillende keren van plan geweest om adoptie te opperen,' antwoordde hij. 'Maar ik wist dat jij je innerlijk nog niet had verzoend met de feiten.' Met andere woorden, ik droomde er nog steeds van om in verwachting te raken.

'Ik was bang dat het de laatste klap zou zijn als ik over adoptie begon – een klap die ik je dan zou hebben toegebracht. Dat kon ik niet. Ik moest geduld hebben.' Dus hij had gedacht dat ik niet zou kunnen verdragen dat hij kinderen wilde, zelfs al waren ze van iemand anders.

Een tijdlang zei ik niets. Ik keek onze woonkamer rond, en herinnerde me hoe die eruitzag toen ik nog dacht dat we kinderen zouden krijgen. Er had ooit een kindbestendige groene leunstoel gestaan, en lege schoorsteenmantels in afwachting van fotolijstjes vol baby's op stranden en verjaarsfeestjes. Nu werden we omringd door authentieke oosterse meubels en in plaats van familiefoto's stonden mijn journalistieke prijzen en mijn uitnodigingen voor denktankseminars en diplomatenborrels boven het haardvuur. De fraaie cederhouten eettafel, waarvan ik me had voorgesteld dat we onze zonen of dochters eraan te eten zouden geven, lag vol laptops, kranten en boeken. Ons huis was nu het huis van een welvarend, professioneel, uiterst kinderloos echtpaar.

Mijn man zei: 'Er werd veel gezegd, maar er bleef ook veel onuitgesproken. Ik zei tegen mezelf dat onze liefde voor elkaar ons erdoorheen zou slepen. Maar sinds ik jou en Hawra samen heb gezien, stel ik me voor dat ze deel uitmaakt van ons leven. Ik kan me zelfs voorstellen dat ik elke ochtend met haar naar school wandel.'

Mijn god, dacht ik, terwijl ik mijn man uitdrukkingsloos aankeek. Van hoeveel tranen zijn deze muren getuige geweest. En al die tijd heb je me nooit gezegd wat ik zo wanhopig graag wilde horen: dat jij ook die behoefte had aan een kind, zelfs als het niet ons eigen kind kon zijn.

Ik bedwong mijn emoties voordat ik iets hardop zei. Ik besefte dat ik al die jaren het gevoel had gehad dat het Steve niet genoeg kon schelen of wij kinderen kregen, en dat hij al die tijd evenzeer had geleden onder het gemis ervan als ik. Maar de mogelijkheden die voor ons hadden opengestaan, waren ondertussen afgesloten. Nu was het te laat.

'Steve,' zei ik rustig terwijl ik zijn glas bijvulde. 'Adoptie zou een prachtige gebeurtenis zijn geweest in ons leven, maar ik weet nu zekerder dan ooit dat het voor mij, of voor ons, niet langer een optie is. Misschien zou ik het vijf jaar geleden hebben gedaan, maar nu zou ik er niet eens van dromen.' Hij zat heel stil, en luisterde uitdrukkingsloos.

'Het is niet meer het beste voor Hawra – of voor mij. Ik ben er tot in het diepst van mijn hart van overtuigd dat Hawra beter af is bij haar grootmoeder. Wat mij betreft, ik snak niet meer zo krankzinnig naar kinderen. In de loop der jaren heb ik geleerd om de pijn te onderdrukken. Ik ben er ook in geslaagd om een leven en een carrière voor mezelf op te bouwen waarin ik geen verantwoordelijkheid draag voor kinderen. Ik heb ervoor gekozen om mezelf te beschermen, door verder te gaan met mijn leven.

Ik zal niet tegen je liegen door te doen alsof er geen momenten zijn waarop ik brand van verlangen om ze te hebben, waarop het zien van een kind of een zwangere vrouw mijn hart doet overslaan, maar die momenten zijn vluchtig en zeldzaam. Ik ben niet meer zo geobsedeerd.'

Ik sprak met een overtuiging waarvan ik niet had geweten dat ik die bezat. Ik besefte dat mijn gevoelens mij duidelijker werden naarmate ik ze onder woorden bracht. Ik had me erbij neergelegd dat er altijd momenten zouden zijn waarop mijn verlangen naar kinderen me zou overweldigen, maar ik had met die pijn leren leven. Ik rende niet langer naar huis om me in slaap te huilen als ik een kind zag dat ik wilde bemoederen. Ik had mezelf de kunst van berusting geleerd.

Ik hield van deze nieuwe Hala, die dapper genoeg was om naar de frontlinies te gaan, en sterk genoeg om alle smart te doorstaan die een oorlog verslaan met zich meebrengt. Dat niet alleen, maar ik had leren omgaan met mijn onvruchtbaarheid op een manier die ik niet voor mogelijk had gehouden voordat ik naar Bagdad ging. Ik had nieuwe prioriteiten. Waaronder een kind, maar dat hoefde geen kind te zijn dat ik zelf opvoedde. Zelfs als ik niet de moeder kon zijn die Hawra elke ochtend uit bed haalde en haar 's avonds een nachtzoen gaf, kon ik een beschermengel zijn die zou toezien op haar ontwikkeling en haar kansen kon bieden die andere kinderen misschien nooit zouden krijgen. Het enige wat ik hoefde te doen, was besluiten op welke manier ik dat zou doen.

❧

In het vliegtuig naar Beiroet herinnerde ik me dat gesprek, en voelde me meteen weer verzwakken.

Was het waar wat ik mijn man had verteld, dat ik Hawra niet dicht bij me hoefde te houden? Dat het belangrijkste was om een kracht ten goede te zijn in haar leven, en dat ik haar het beste van een afstand zou kunnen helpen?

Steve kende me te goed om dat zomaar aan te nemen. 'Weet je het zeker, Hala? Is dat echt wat je wilt?'

Nu ik hoog boven de wolken aan mijn vliegtuigkoffie nipte, merkte ik dat ik alles vanuit een ander gezichtspunt bekeek.

'Ik hoef niet door de buitenwereld als haar moeder te worden beschouwd om moederlijke gevoelens voor haar te koesteren,' had ik tegen Steve gezegd.

'Maar weet je zeker dat Hawra beter af is in Irak, Hala? God weet hoeveel je kunt doen om haar een beter leven te geven als ze hier komt.'

De waarheid was dat ik daar niet zeker van kon zijn. Ik was ervan overtuigd dat het een vergissing zou zijn om het kind van huis weg te halen, zelfs als Hawra's grootmoeder zou willen dat ik haar meenam. Er zou een zware emotionele prijs moeten worden betaald voor de materiële voordelen die ze in Londen zou genieten. Alle liefde die Steve en ik haar konden geven, zou in het niet zinken vergeleken met de echte familiebanden die Hawra met Bagdad verbonden.

Maar kon er dan geen middenweg zijn?

Ik stond mezelf toe om een andere mogelijkheid te overwegen. Als we haar nu eens in Londen op school deden en haar in de korte vakanties bij ons hielden, maar in de langere vakanties met haar naar Bagdad gingen? Dan zou ze deel blijven van haar eigen familie, en ik zou de kans krijgen om mijn eigen gezin te vormen. Dat niet alleen, maar ze zou tweetalig opgroeien en twee culturen overbruggen, net als ik had gedaan. Daarmee zouden er in de toekomst veel mogelijkheden voor haar openstaan – in zaken, misschien, als ze niet net als ik de mediawereld in zou willen.

Ik wist dat mijn nichtje Lara haar zou aanbidden. Zodra ik haar via e-mail een foto had gestuurd na onze hereniging, was mijn nichtje verliefd geworden op Hawra. Lara had nog nooit iemand gezien die zo mooi was en toch zo bedroefd.

'Ze is zo schattig, Lollie,' had ze me gezegd. 'Breng haar alsjeblieft mee terug.'

En toch waren er veel praktische problemen te overwegen. Niet de minste daarvan was de impact die het hebben van twee woonplaatsen voor Hawra met zich mee zou brengen, en al het reizen dat er tussen die twee plaatsen nodig zou zijn. Ik dacht aan mijn eigen kindertijd en de vele vliegreizen die ik had moeten maken tussen kostscholen in Engeland en Libanon en het huis van mijn ouders in Sierra Leone. Het was moeilijk geweest om zo ver weg te zijn, vooral toen ik zo jong was als Hawra. Zou ik willen dat zij dezelfde pijnlijke scheidingen doormaakte als ik had gedaan, datzelfde eeuwige verlangen om duizenden kilometers verderop bij mijn familie te zijn? Ik moest met mijn ouders praten.

❧

De dag daarop nam ik mijn ouders mee om te lunchen bij een van hun lievelingsrestaurants in Beiroet. Het was een zonnige dag en de biefstuk met friet van Le Relais de l'Entrecôte ging vergezeld van een heerlijke saus, maar ik was te afwezig om het genoegen van mijn ouders te delen, zoals mijn moeder al snel opmerkte. Vriendelijk vroeg ze of het wel goed met me ging.

Ik keek eerst naar haar, en toen naar mijn vader.

'Ik moet jullie een verhaal vertellen,' verzuchtte ik.

Ze keken me ongerust aan vanaf de andere kant van de tafel.

'Mama, weet je nog dat ik je jaren geleden vertelde over twee meisjes die ik misschien wilde adopteren?'

Ze knikte; ik glimlachte haar toe en bedacht hoe elegant ze eruitzag, ondanks haar zeventig jaar.

'Nou, het gaat over die meisjes,' zei ik. Mijn vader, die ouder was geworden door operaties in de afgelopen jaren en het huis nooit verliet zonder wandelstok, wierp een blik op mijn moeder, kennelijk in de hoop dat zij zou uitleggen waar zijn dwaze dochter het over had. Ik had hem mijn hoop op adoptie nooit toevertrouwd.

'Het gaat om twee kleine meisjes, baba,' begon ik. 'Twee weeskinderen die ik had gevonden en over wie ik schreef voor mijn krant toen ik de oorlog versloeg. Het waren niet zomaar meisjes,' zei ik langzaam, na een slokje wijn. 'Baba, binnen een tel hadden ze iedereen en alles verloren – een heel gezin van zeven mensen, van vader en moeder tot broers en zusje.

Zahra trof ik in een ziekenhuis aan; ze was zo tenger en zo zwaargewond en zo alleen, dat niemand op aarde naar haar had kunnen kijken zonder iets voor haar te willen doen. Na veel piekeren besloot ik te proberen om de meisjes te adopteren. Ik weet het niet, baba, binnen in mij zei iets me dat dat het beste zou zijn wat ik kon doen, en ik volgde mijn instinct zonder vragen te stellen, omdat ik zonder een spoor van twijfel wist dat het juist was.

Wat ik jou in de loop der jaren niet heb verteld, is hoeveel verdriet ik heb gehad over mijn verlangen naar kinderen die ik niet kon krijgen.'

Ik legde mijn vader uit dat er een paar persoonlijke kwesties waren die mijn moeder en ik voor hem verborgen hadden gehouden, omdat we wisten hoe gevoelig hij kon zijn. Ik vertelde hem dat ik, toen ik niet in verwachting bleek te kunnen raken, had besloten een ander levenspad te bewandelen.

'Ik kon de pijn niet langer dragen, dus veranderde ik mijn leven; ik weet dat je me in de loop der jaren gevraagd hebt wat er aan de hand was, en dat ik altijd zei dat alles prima ging, maar dat was niet zo, baba. Ik heb hard moeten werken om uit het dal te klimmen waar ik in verzonken was. Het kostte me veel tijd om eruit te kruipen, stukje voor stukje, tot ik vond dat het beter ging. Maar toen vond ik Zahra en Hawra.'

'Wat is er dan gebeurd, Hala? Waarom heb je ze niet geadopteerd?' Ik zag dat de tranen hem al in de ogen stonden.

'Eerst moest ik Zahra helpen en haar daar weghalen; ik deed al het mogelijke om te zorgen dat ze werd overgebracht naar een plaats waar ze haar een betere behandeling konden geven.'

'God zegene je, mijn kind,' zei hij teder. 'Maar wat gebeurde er toen?'

Ik legde uit dat ik met mama had gepraat toen ik het land verliet, en dat zij had gezegd dat de familie het zou goedkeuren als ik hen adopteerde.

'Maar natuurlijk keuren we dat goed, Hala. Waarom heb je het niet gedaan?'

'Omdat Zahra stierf en ik indertijd vond dat het mijn schuld was. Omdat je dochter zoiets verkeerds heeft gedaan, baba, dat het heel lang heeft geduurd voordat ze zichzelf kon vergeven.'

Ik vertelde van mijn belofte aan grootmoeder dat Zahra zou blijven leven, van mijn wanhoop toen ze kwam te overlijden en van de zware last van schuldbesef, die ik had meegetorst tot ik er bijna onder bezweek. Daarop barstte mijn vader plotseling in tranen uit. Hij huilde als een kind. Mijn moeder keek snel naar de naburige tafels om te zien of er niemand in het restaurant was die hen kende. Ze beval baba om zich te beheersen.

'O, Hala,' stamelde mijn vader met moeite. 'Je had niet meer kunnen doen, mijn kind. Je hebt jezelf al veel te lang gekweld met iets dat nooit in jouw handen lag.' Hij veegde zijn ogen droog, maar tot mijn moeders schaamte bleven de tranen stromen.

'Het was geen kwaadwilligheid van je,' zei hij. 'Ik maak me zorgen over je, mijn dochter. Ik maak me zorgen over je schuldgevoel over de kleinste dingen, laat staan over grote kwesties. Je zult jezelf nog ernstig beschadigen als je zo doorgaat.'

Mijn vader was diepbedroefd, niet alleen over de dood van Zahra en het verlies van Hawra, maar door het besef hoeveel verdriet ik had gehad vanwege mijn onvermogen om zwanger te worden in de jaren voor de oorlog. Mijn moeder had mijn smart gezien maar we hadden het voor hem verborgen. We wilden hem de wanhoop besparen die hij ongetwijfeld met mij zou hebben meegevoeld, zozeer was hij afgestemd op mijn gevoelens.

Als kind was ik altijd meer gehecht geweest aan baba dan aan mijn moeder. Als vrouw had ik me tot mijn moeder gewend, telkens weer. Haar kracht om met gebeurtenissen om te gaan die mij verzwakten, was voor mij een voortdurende bron van verbazing.

'Hala,' onderbrak ze ons nu. 'Uit de manier waarop je hierover praat en de gevoelens waar je nog steeds mee strijdt, blijkt duidelijk dat de kwestie van kinderen voor jou nog niet voorbij is. Vrouwen kunnen op latere leeftijd nog kinderen krijgen. Je kunt het nog steeds proberen, als je wilt.'

Lieve God. Ze zou me de volgende ochtend vroeg alsnog bij de gynaecoloog hebben neergezet, als ik haar de kans had gegeven.

'Nee, mama. Daar ben ik klaar mee. Maar ook al is dat zo, dan betekent dat nog niet dat ik niet af en toe emotioneel kan worden over baby's.'

Ik bracht het gesprek op Hawra. Voor haar toekomstplannen had ik de raad van mijn ouders nodig. Ik vertelde hun hoe ik het kind had gevonden, hoe mooi ze was en hoeveel ik van de oude grootmoeder hield, die zoveel verloren had maar nog steeds de moed vond om door te gaan.

'Waarom breng je Hawra niet naar Beiroet, Hala?' Mijn moeder zat die dag vol ideeën. 'Adopteer haar niet, maar overreed haar familie om haar hier te laten komen. Je zou haar op een goede kostschool kunnen doen. Wij houden wel een oogje op haar als jij weg bent.'

Mijn moeder zweeg en verzamelde in gedachten razendsnel haar argumenten. Toen somde ze die langzaam op, rustig en bedachtzaam.

'Beiroet is jouw thuis, Hala. Het is beter bereikbaar voor je dan Bagdad. Je bent hier vaak. Je kunt haar altijd komen bezoeken en je ervan verzekeren dat het goed met haar gaat en tijd met haar doorbrengen. En in de vakanties kun je haar naar haar familie sturen of haar grootmoeder hier halen om bij haar te zijn.'

Zo wijs klonk mijn moeder en zo enthousiast instemmend knikte mijn vader, dat ik heel even bijna overtuigd werd. Maar toen ik erover nadacht, schudde ik mijn hoofd.

'Waarom niet?' vroegen ze tegelijkertijd. Mijn moeder vond dat ze de eenvoudigste oplossing had gevonden. Het frustreerde haar dat haar lastige dochter beslist alles ingewikkeld leek te willen maken.

'Hawra bij haar familie weghalen zou al moeilijk genoeg zijn, maar om haar op zo jonge leeftijd op kostschool te plaatsen... ik moet er niet aan denken,' zei ik.

Ik wist dat mijn moeder dat zou begrijpen, omdat zij het zo verdrietig had gevonden om haar eigen dochters in Beiroet naar kostschool te laten gaan. Tot op de dag van vandaag huilt ze wanneer ze zich herinnert hoe ze ons gedag zwaaide en in het vliegtuig stapte naar haar idyllische, maar lege huis in Afrika. Als ze in Freetown aankwam, slikte ze wekenlang kalmerende middelen, tot ze zich had aangepast aan het leven zonder ons. Ze weigerde onze lievelingsgerechten te koken, zelfs als mijn vader erom vroeg, omdat ze haar eraan herinnerden dat wij niet waren waar we hoorden te zijn – bij haar. Maar ze had die onschatbare tijd met ons opgeofferd voor onze opleiding. Veertig jaar later begreep ze nog steeds niet waarom ik niet inzag dat er niets belangrijker was dan de opleiding van Hawra.

Ik weerstond de verleiding om mijn moeder te vertellen hoe moeilijk het voor mij als meisje van vier was geweest om te begrijpen waarom ik op kostschool moest en wat ik zou winnen bij de pijn van zo ver bij haar vandaan te moeten leven. In plaats daarvan herinnerde ik haar eraan hoeveel Hawra al verloren had. Ik vertelde dat ze meer van de liefde van haar grootmoeder afhankelijk was, dan de meeste kinderen van de liefde van hun ouders. Ik legde uit dat Hawra zich beslist eenzaam en verlaten zou voelen als ze haar enige bron van veiligheid kwijtraakte en verplaatst werd naar een ver land, waar zelfs het gesproken Arabisch anders was. Haar van grootmoeder weghalen zou een gapende leegte achterlaten die mijn ouders nooit zouden kunnen vullen, hoeveel aandacht ze haar ook gaven.

'Wat zou ik haar dan voor goeds hebben gebracht?' vroeg ik.

'Ik zou haar op de korte termijn niet helpen. En op de lange termijn zou ik haar schade toebrengen.'

❧

Door met mijn ouders te praten, al was het maar om hun ideeën af te wijzen, werden de weinige opties die mij overbleven duidelijker. Ook mijn zus Rana in Kenia en mijn broer Zu in Amerika vroeg ik om raad. We mochten dan ver van elkaar verwijderd zijn, mijn lastige probleem bracht ons bij elkaar – al was het maar via Skype – voor dagelijkse gesprekken. Deze ontmoeting van geesten op drie continenten was telkens zo gecompliceerd dat we ze spottend 'conferenties' noemden. De gezichtspunten van Afrika, de Verenigde Staten en het Midden-Oosten kwamen niet altijd overeen, maar we waren unaniem in onze vastbeslotenheid om Hawra de beste kansen te bieden in het leven. Ik had mijn broer en zus via e-mail een foto gestuurd en beiden hadden er een grote afdruk van gemaakt die ze in een lijst naast de foto van Lara op hun schoorsteenmantel hadden gezet. Voor zover het ons drieën betrof, was Hawra al familie.

De opties moesten financieel worden begroot, en zowel Rana als Zu wilden graag bijdragen.

'Wat jij ook beslist, wij zullen je ermee helpen,' zei Rana. 'Lara is bijna afgestudeerd en gaat daarna haar eigen weg in de wereld. Samen kunnen jij en ik het ons veroorloven om met Hawra te beginnen en te zorgen dat ze krijgt wat ze nodig heeft.'

Zu kwam met zijn eigen alternatief.

'Luister eens, zusje,' zei hij. 'Maak je geen zorgen over het geld. Ik heb hier een paar goede vrienden die bereid zijn je te helpen. Veel van mijn Amerikaanse vrienden zijn getroffen door het verhaal van dit meisje en zij hebben me gezegd dat ze zullen bijspringen als het nodig is. Misschien moeten we een fonds opzetten om haar toekomst te verzekeren.'

Bij zulke woorden voelde ik me slecht op mijn gemak. Ik was niet op zoek naar liefdadigheid voor Hawra. Aangezien ze mijn verantwoordelijkheid was, zag ik niet in waarom anderen zich daarmee zouden belasten. Ik bereidde me voor op een levenslange betrokkenheid en ik kon alleen maar hopen dat ik in de positie zou zijn om twintig jaar lang rekeningen te betalen. Maar ik was vastbesloten dat ik al het mogelijke zou doen om zelf te zorgen dat ze alle hulp kreeg die ze nodig had.

Tegen de tijd dat we onze laatste conferentie hadden, hield ik meer dan ooit van mijn broer en mijn zus – niet omdat ze geld aanboden, maar omdat ze accepteerden dat Hawra belangrijk voor me was en nooit aan mijn plicht jegens haar twijfelden.

Mijn hele familie wist hoe diep mijn gevoelens gingen, en ze begrepen waarom. Ze respecteerden mijn doelstellingen en moedigden me aan om die te bereiken.

'Heb je al besloten wat je gaat doen?' vroeg mijn vader toen ik me voorbereidde om grootmoeder te bezoeken in Bagdad.

'Er blijven me maar twee opties over, baba,' zei ik met een diepe zucht. 'Ik ben er niet van overtuigd dat ze geweldig zijn, maar meer is er niet.'

'Allah zal je leiden, habibi,' zei mijn moeder, en vertelde me dat ik goed moest eten op mijn reizen en voorzichtig moest zijn. 'Groet Hawra van mij, en vertel haar dat ze hier nog een *teta* (grootmoeder) heeft.'

Baba omhelsde me en zei: 'Ik ben altijd trots op je geweest, Hala. Ik weet dat je een wijs besluit zult nemen. Wat het ook is, weet dat we achter je staan.'

❧

Vanuit Londen voegde Steve zich bij me in het huis van een vriend in Bagdad, net op tijd om me op het beslissende moment te zien afglijden in twijfel aan mezelf.

'Steve, heb ik het recht om te proberen Hawra te veranderen?' vroeg ik hem dringend. 'Hoeveel invloed kan ik trouwens op haar leven hebben?'

Ondanks zijn verzekering dat wij samen haar vooruitzichten konden veranderen, was ik nog steeds ten prooi aan twijfel toen we samen met onze gastheer aan tafel gingen.

Dat Hawra te jong, te breekbaar, te kwetsbaar was om van haar familie gescheiden te worden wist ik zeker toen ik terugkeerde naar Irak. Maar toen ik de vernielde hoofdstad terugzag, herinnerde ik me waarom ik haar daar weg had willen halen. Op wat voor soort opleiding kon ze hopen in een arme buitenwijk? Hoeveel vrijheid zou ze hebben als jonge vrouw in een gepolariseerde maatschappij, overheerst door conservatieve mannen? Zou een weesmeisje dat haar ooms tot last werd in haar tienerjaren worden uitgehuwelijkt aan de eerste de beste, ongeacht of hij haar gelukkig kon maken?

En bovendien zou dat conservatisme van het naoorlogse Irak het voor haar moeilijk maken om zich aan te passen aan de liberale zeden van andere landen. Zou ze zich daar een buitenstaander voelen, na zo'n traditionele opvoeding? Zou het niet beter zijn om haar met rust te laten?

Onze gastheer verergerde mijn onzekerheid.

'Vertel eens, Hala,' zei hij toen we na een verrukkelijke maaltijd op de bank zaten en van sterke koffie genoten. 'Waarom wil je dit kind helpen? Wat maakt het voor jou uit? Er zijn er nog veel meer zoals zij.'

'Omdat ik haar een kans wil geven in het leven, omdat ik haar een kans in het leven verschuldigd ben, en omdat ze na alles wat ze heeft doorgemaakt een kans in het leven verdient.'

'Maar waarom denk je dat een opleiding in het buitenland de oplossing is voor haar problemen? Waarom denk je dat Beiroet of Londen betere opties voor haar zijn?'

Ik was verontwaardigd. Onze gastheer had een welvarend leven geleid. Zijn opleiding was hem goed te pas gekomen in zijn bloeiende zakencarrière, en toch twijfelde hij of het wel de moeite waard was om dergelijke kansen te bieden aan een jong meisje.

'Kijk eens naar jezelf en de kansen die jij hebt gekregen in je leven,' zei ik, driftiger dan beleefd was. 'Kijk eens naar mij. Ik ben opgegroeid met keuzes en ruimte. Natuurlijk heb ik onze tradities geleerd en ben ik conservatief opgevoed in Libanon, maar in Engeland kon ik vrij ademen. Ik heb beide werelden meegemaakt, en ik vind dat ik daar baat bij heb gehad.'

Mijn gastheer was niet overtuigd. 'Tot op zekere hoogte, Hala, maar jij en ik hebben in hetzelfde schuitje gezeten. We hadden soms het gevoel dat we noch hier, noch daar thuishoorden. In beide werelden moesten we twee keer zoveel moeite doen om erbij te horen. Hawra zou dat nog moeilijker vinden, met haar achtergrond.'

Hij leunde voorover in zijn stoel en maakte een gebaar met zijn vuist in de lucht om zijn woorden kracht bij te zetten. 'Hawra is niet zoals jij,' zei hij. 'Ze komt niet uit dezelfde sociale klasse. Wat voor jou goed uitpakte, zou voor haar schadelijk kunnen zijn. Je bedoelt het wel goed, maar denk eens na. Omdat zij is wie ze is, kunnen jouw ideeën haar uiteindelijk vervreemden van de gemeenschap waarvan jij beweert dat je haar er niet van wilt scheiden.'

Ik wist niet wat ik moest antwoorden.

'Maak het dit meisje niet moeilijk,' zei hij ten slotte. 'Ga er niet vanuit dat jouw westerse denkwijze goed is voor haar.'

❧

Wat kon ik uiteindelijk anders doen dan de beslissing aan grootmoeder overlaten? Toen ik de auto waarin ik hen had laten ophalen door het hek van het huis van mijn gastheer zag rijden, was mijn opwinding vermengd met verwarring. Nerveus betastte ik de twee ringen die ik had gekocht op de dag van Zahra's overlijden en vroeg me af hoe ik het leven van haar zusje zou kunnen vormgeven. Maar de reactie van Hawra toen ze me zag, verjoeg elke gedachte aan dilemma's en beslissingen. Ze deed zelf het portier open met een extatische grijns op haar gezicht en rende rechtstreeks mijn armen in, waar ze me steeds opnieuw kuste, net als ik mijn moeder vroeger kuste aan het eind van een lange kostschoolperiode. Grootmoeder kwam langzamer tevoorschijn, maar toen ze onze omhelzing zag, glimlachte ze breed. Het was voor het eerst dat Hawra spontaan haar gevoelens voor mij toonde.

'Ze had tijd nodig om zeker te zijn, Hala,' legde grootmoeder uit toen ik haar omhelsde. 'Maar ze vraagt voortdurend naar je en wie je was, sinds de dag dat je haar hebt ontmoet. Ik heb haar verteld dat je mijn nichtje bent. Ze heeft je duidelijk in haar leven geaccepteerd als een lid van de familie.'

Er waren geen woorden die me meer plezier hadden kunnen doen. Ik hield grootmoeder even dicht tegen me aan.

Terwijl we bij elkaar zaten, wenste ik dat ik gewoon kon genieten van het gezelschap van mijn bezoek, maar er waren belangrijke zaken te regelen. Het enige probleem was dat Hawra, telkens als ik over haar toekomst wilde beginnen, op mijn schoot sprong om me nog een knuffel te geven. Ze kuste me zo hard dat mijn wangen er pijn van deden. De adem werd me benomen.

'Wij moeten praten, grootmoeder,' zei ik ernstig, maar barstte toen weer in lachen uit omdat ik Hawra zag poseren met mijn Chanel-zonnebril op haar neus.

'Over Hawra? Wat ga je voor haar doen?' vroeg grootmoeder, maar ze zag dat ik meegesleept werd naar de badkamer voordat ik haar antwoord kon geven, omdat het kind wilde dat ik de knoopjes van haar broek losmaakte.

Net toen ik dacht dat we eindelijk serieus konden praten, kletste Hawra met haar handpalmen tegen de mijne. Dat bleek het voorspel te zijn voor een langdurig spelletje handjeklap dat ik kennelijk niet op het vereiste niveau wist uit te voeren.

'Harder, tante Hala!' schetterde Hawra. 'Harder! Je slaat me niet hard genoeg!'

Daarop volgde een kietelspelletje dat ik won omdat zij uiteindelijk hysterischer was dan ik (al scheelde het weinig), gymoefeningen geïnspireerd op de rek- en strekoefeningen die ze op televisie had gezien die eindigden in gelijkspel (zij was leniger maar mijn evenwicht was beter), en een zingspel dat zij met gemak won (ik kan niet zingen).

De eerste keer dat ik haar had gezien, leek Hawra gekweld door eenzaamheid. Nu was ze zo vrolijk als elke vijfjarige op een uitje en het was een voorrecht om haar speelkameraadje te mogen zijn.

Toen ze eindelijk uitgeput achter een bord rijst met stoofvlees zat, haalde ik diep adem en wendde me tot grootmoeder.

'U vraagt me immers altijd "Wat ga je voor Hawra doen"?' begon ik.

'Ja. En, wat ga je voor Hawra doen?'

Ik vond dat ik alle opties met haar moest doornemen, ook de mogelijkheden die ik afgewezen had. Ik vertelde dat ik weliswaar vijf jaar geleden had aangeboden om Hawra en Zahra in Londen op te voeden, maar dat ik er nu van overtuigd was dat adoptie niet de beste keuze was. Met drie maanden, zei ik, had het goed kunnen gaan. Nu ze bijna zes was, was het uitgesloten.

'Ik zou haar nooit weggeven, Hala,' zei ze op haar kenmerkende directe manier.

'Dat weet ik, grootmoeder,' zei ik met een glimlach, 'en ik zou u dat ook nooit vragen.'

Ik legde uit dat ik had overwogen om Hawra in Beiroet of in Londen naar school te laten gaan en in alle schoolvakanties naar Bagdad te brengen. Aan haar gezicht te zien was grootmoeder daar bepaald niet van onder de indruk en ze zei niets.

'Dus, grootmoeder, misschien is het de beste oplossing om u en

Hawra samen naar Beiroet te laten verhuizen.'

Ze keek me scherp aan maar ik kon niet zien wat ze dacht. 'Ik huur een appartement voor jullie beiden. Ik zorg dat Hawra naar een goede school gaat. En ik zorg dat jullie een maandgeld hebben om van te leven.'

Ik beschreef haar de bergen, de stranden en de kermissen waar Hawra zou kunnen skiën, zwemmen en plezier maken, en de nabijheid van mijn ouders, die een oogje op hen zouden houden als ik er niet was. Toen keek ik haar recht in haar ogen zoals ze zo vaak bij mij had gedaan.

'Wees alstublieft niet bang dat ik u uw kleindochter wil afpakken,' zei ik. 'Wees er alstublieft van overtuigd dat ik vind dat ze beter af is bij u, en dat ik daarom deze optie voor jullie samen aanbied. Maar begrijp alstublieft ook dat ze om vele redenen heel veel voor mij betekent, en dat ik daarom graag betrokken wil zijn bij haar opvoeding, bij haar leven.'

Grootmoeder bewaarde een bedachtzame stilte. Ze leek meer te willen horen.

'Ik wil Hawra helpen,' zei ik terwijl ik grootmoeders hand pakte. 'Dat hebt u me gevraagd. U hebt het zelfs tot mijn plicht gemaakt. Ik probeer de beste oplossing voor haar te vinden. Hawra komt hierbij op de eerste plaats en ik zal alles doen wat in mijn macht ligt om te zorgen dat ze haar kans krijgt in het leven.'

Ik wist natuurlijk dat er maar een kleine kans was dat ze uit het enige thuis dat ze kende zou verhuizen naar een vreemd land, al wilde ze nog zo graag bij Hawra blijven. Vooral haar twee zonen, haar dochter en haar andere kleinkinderen achterlaten zou verschrikkelijk zijn. Desondanks meende ik dat deze frêle maar opmerkelijke dame het recht had om te kiezen.

Ten slotte sprak ze.

'Dit is een grote beslissing, Hala. Ik heb tijd nodig om erover na te denken.'

❧

Uit beleefdheid was ik van plan geweest om grootmoeders beslissing in haar eigen huis aan te horen, maar de beveiliging bleek zo ingewikkeld dat ik haar vroeg of ze weer met Hawra bij mij wilde komen. Weer wachtte ik bij het raam op hun auto, aan mijn sieraden frunnikend en me zorgen makend over een reservering voor de lunch bij de Hunting Club aan de overkant. Deze keer had ik echter een nieuw voorstel voor grootmoeder, en een geschenk om mijn band met Hawra te bezegelen.

Ik begroette hen hartelijk, maar Hawra had hoge koorts en alle energie van haar vorige bezoek leek te zijn verdampt. Toen ik haar knuffelde, knuffelde ze me niet terug. Ze zat slapjes op mijn schoot in de club waar ik een lichte rijstschotel en een koude 7-Up voor haar bestelde, en er bij grootmoeder op aandrong haar veel te laten drinken. Toen herinnerde ik me dat grootmoeder tamelijk veel ervaring had met koortsige kinderen, meer dan ik. Ze knikte geamuseerd en ik besefte dat ik belachelijk moest lijken, zo bezorgd voor Hawra als een moeder voor haar eerste baby.

Ik had mezelf willen uitlachen, maar mijn hart werd ineens heel zwaar. Ik was terneergeslagen door de ernst van wat we gingen beslissen en ontmoedigd bij het idee dat ik algauw naar Londen zou terugkeren en Hawra moest achterlaten. Hoe dit bezoek ook afliep, ik wist dat ik in de jaren die zich voor ons uitstrekten zo'n groot deel en zoveel mijlpalen van Hawra's leven zou moeten missen.

'Grootmoeder,' zei ik. 'Hebt u nagedacht over het aanbod dat ik u laatst heb gedaan?'

'Ja, Hala,' antwoordde ze langzaam. Ik kreeg een knoop in mijn maag.

'Ik denk niet dat ik hier weg zou kunnen om met Hawra in Beiroet te gaan wonen. Ik zou mijn twee zonen en mijn dochter Sahar missen,' zei ze, en al was ik niet verbaasd, het deed me wel verdriet dat er nog maar één laatste mogelijkheid overbleef.

'En dan is er bovendien Najaf, en Ali en de graven van zijn gezin,' legde ze uit. 'Die kan ik niet achterlaten.' Ik knikte meelevend.

'Ik zou de weg niet weten in Beiroet. Lichamelijk ben ik niet sterk. Ik kan me niet goed bewegen, zoals je ziet. Er is heel veel dat ik niet zou kunnen doen zonder mijn kinderen.'

'Dat weet ik,' zei ik terwijl ik haar hand pakte. 'Dat begrijp ik heus. Maar ik wilde u de keuze geven en de kans om zelf te beslissen en ik wil dat u weet dat het mogelijk is, als u het ooit wilt. Wie weet, grootmoeder? Misschien kunnen we in de toekomst, als ze wat ouder is en u mij beter kent, praten over een school ergens anders.'

'*Insjallah*, Hala,' zei ze aarzelend, en ik zag aan haar gespannen gezicht dat ze bang was dat ik hen in de steek zou laten nu ze mijn voorstel had afgewezen.

'Wees er in elk geval zeker van dat ik hoe dan ook zal proberen om Hawra te helpen,' zei ik om haar gerust te stellen. En toen vertelde ik haar het laatste idee dat mij restte.

'Grootmoeder, ik heb nog maar één optie en dat is dat ik u een maandelijks inkomen stuur om te zorgen dat het Hawra aan niets ontbreekt. Ik ben niet rijk, maar ik zal mijn best doen om in haar behoeften te voorzien.'

Ik wist dat dit was wat grootmoeder het liefste wilde. Ze kwam uit een familie waar opleiding belangrijk was – haar dochter was immers afgestudeerd als lerares – maar mensen reisden niet ver om die te krijgen. In haar wereld was een kans in het leven een vaag concept en ambitieus gepraat over toekomstige vooruitzichten was vrijwel onbekend. Baar geld was het middel dat voor grootmoeder van waarde was. Geld betekende zekerheid in een door oorlog verarmde stad. Geld betekende dat Hawra goed gevoed, gekleed, geschoeid en geschoold zou worden.

Grootmoeder keek me met vochtige ogen aan, in de wetenschap dat het lot van haar familie afhing van mijn plechtige belofte.

'Luister, grootmoeder,' zei ik, nog steeds in de hoop haar aan te moedigen om haar horizon op een dag te verbreden, in Hawra's belang. 'Er is een ding dat ik graag zou willen dat u deed, als dat mogelijk is. Misschien kunt u volgend jaar samen met Hawra een weekje of twee bij mij op bezoek komen in Beiroet. Dan zijn jullie er even uit, en ziet Hawra hoe het leven buiten Bagdad is.'

'Hala,' zei ze verrukt. 'Dat is het beste idee tot nog toe. Ik beloof je dat we zullen komen.'

Toch vervaagde haar glimlach en beefden haar vingers. Het leek alsof ze probeerde om nog een geruststelling te krijgen om haar gemoedsrust te geven.

'Ik vertrouw je, Hala. Hoe kan ik ook anders? Je bent immers teruggekomen,' zei ze. Maar ik merkte dat ze zich herinnerde dat ik in 2003 mijn belofte om haar te helpen niet was nagekomen.

Het was tijd om een belofte te vervullen die ik mezelf in mijn donkerste uren had gedaan.

'Ik wil u een verhaal vertellen,' zei ik. 'Ik hoop dat het u zal laten zien dat ik vandaag een verbintenis aanga die ik verplicht ben te houden. Weet u nog dat ik Irak verliet, vijf jaar geleden, nadat we hadden geregeld dat Zahra overgeplaatst zou worden?'

'Natuurlijk,' zei ze.

'Welnu, nadat ik u had verlaten, ging ik naar mijn moeder in Caïro. U weet het misschien niet, maar ik ontving indertijd al het nieuws over Zahra; net zoals Marla u op de hoogte hield, deed ze dat voor mij ook. Ik had de indruk dat Zahra goed herstelde, en op een dag gingen mijn moeder en ik de stad in en besloot ik om mezelf te verwennen met een sieraad. U weet dat wij Arabische meisjes er graag mooi uitzien, en hoeveel we van zulke spulletjes houden.'

'Ja, Hala. Sieraden zijn een investering en een meisje kan niet zonder,' antwoordde ze met een veelbetekenende glimlach.

'Het punt is dat ik op de dag dat ik sieraden aan het kopen was – deze twee ringen aan mijn vinger – gebeld werd door een vriend van Marla die me vertelde dat Zahra overleden was. Ik weet dat het een niets met het ander te maken had, maar ik voelde me desondanks verschrikkelijk schuldig dat ik zoiets frivools aan het doen was toen Zahra doodging.'

Grootmoeder luisterde met een ernstig gezicht. Ik had moeite om mijn tranen te bedwingen.

'Maar Hala, ik heb je al eerder gezegd, Zahra's leven lag niet in jouw handen. Jij kon het lot niet veranderen, of je nu sieraden kocht of niet.'

'Dat weet ik wel, hadjia, maar ik vond het toch erg, ik vond dat ik bij haar had moeten zijn. Wat ik u wil vertellen is dat ik die nacht erg gehuild heb om Zahra en erg boos was op mezelf en dat ik toen een eed gezworen heb, waar ik me de afgelopen vijf jaar aan heb vastgehouden. Nu is het tijd om die eed na te komen.'

'Wat bedoel je, Hala?' vroeg ze verbaasd.

Ik haalde de witgouden ringen van mijn rechterhand en legde ze in haar handpalm. De diamanten fonkelden onder haar blik.

'Ze zijn erg mooi, Hala,' zei ze, en reikte ze mij weer aan om ze terug te geven.

'Nee, hadjia,' zei ik, zachtjes haar hand wegduwend. 'Dat bedoelde ik met mijn eed. Die nacht heb ik gezworen dat ik ze pas weer af zou doen als ik u weer had gevonden, en u om vergiffenis had gevraagd. Ik beloofde dat ik, als alles tussen ons opgelost was, de ringen aan Hawra zou geven als de nalatenschap van haar zusje. Het zou heel veel voor mij betekenen als u ze voor haar wilt bewaren.'

Grootmoeder keek van de ringen naar mij en weer terug terwijl de tranen begonnen te druppelen.

'Weet je het zeker, Hala?'

'Ja, daar ben ik altijd zeker van geweest,' zei ik met een blik op de blote vinger waar de ringen een voortdurende herinnering hadden gevormd aan mijn missie om deze familie te vinden als de ergste strijd voorbij was. 'Ik heb ze nu niet meer nodig. Ze zijn nu van Hawra.'

Het meisje hoorde haar naam maar was te lusteloos om belangstelling te tonen voor ons gesprek of voor het goud dat op een dag van haar zou zijn.

'Hala, ik zal ze bij de sieraden van haar moeder bewaren. Als ze haar moeders trouwring, oorbellen en hanger krijgt – het enige wat er van haar over was – krijgt ze deze twee ringen ook. Dat beloof ik je.'

Daarop vouwde ze de ringen in een stukje zacht papier en stopte ze in haar boezem, op de ouderwetse manier die Arabische grootmoeders nog steeds in ere houden. Dat ze niet langer twijfelde aan mijn oprechte betrokkenheid, was te zien aan haar serene gezichtsuitdrukking. Het was alsof generaties geldzorgen plotseling vervangen waren door vertrouwen in een stabiele toekomst.

En toen was het tijd om afscheid te nemen van Hawra.

'Weet je wat, kleintje?' zei ik terwijl ik haar omhelsde. 'Ik ga je verschrikkelijk missen. Van nu af aan ben je mijn kleine meisje. Ik beloof je dat ik je een cadeau zal sturen voor je verjaardag als ik zelf niet kan komen.'

Ze glimlachte voor het eerst die dag en ineens realiseerde ik me iets overweldigends. Vanaf de eerste keer dat ik haar zag, wist ik dat ik van dit meisje hield. En nu, na al ons gepraat over Hawra in Londen of in Beiroet, begreep ik dat ik genoeg van haar hield om haar in Bagdad bij haar familie te laten.

Wat mij betreft, de afgelopen paar maanden hadden me de ogen geopend voor het wonderbaarlijke van mijn eigen familie: mijn ouders, die zoveel voor ons hadden opgeofferd, mijn broer Zu en mijn zus Rana met hun grenzeloze toewijding, en mijn nichtje Lara, die altijd als een dochter voor me was geweest. Ze hielden onvoorwaardelijk van mij, met al mijn tekortkomingen, en toch had ik lange tijd niet begrepen hoeveel vervulling een kinderloze vrouw kan vinden in de familie die ze al had. Mijn zoektocht naar Zahra had me ook dichter bij hen gebracht, en me bovendien een nieuwe band geschonken met een kind dat mijn verantwoordelijkheid zou blijven zolang ik leefde.

Ik droeg Hawra naar buiten en kuste haar keer op keer ten afscheid, voordat ik haar voorzichtig in de auto zette. Grootmoeder stak haar armen naar me uit en begon te huilen. Ik legde mijn hoofd op haar schouder en zag mijn tranen op haar abaya druppelen.

'Dank u wel,' fluisterde ik.

'Waarvoor, Hala?' vroeg ze, mijn gezicht strelend.

'Omdat u me zoveel hebt leren begrijpen,' zei ik. 'Maar vooral omdat u Hawra met mij wilt delen.'

Ik bleef staan kijken en wuiven toen de auto wegreed met mijn kindje erin, en hoewel het pijnlijk was om haar weg te zien gaan, glimlachte ik verwonderd, omdat ik eindelijk, na een levenlang strijden tegen Gods wil, in staat was mijn lot te aanvaarden.

DANKWOORD

Twee jaar lang heeft mijn agent en vriend, Kevin Conroy Scott, me aangespoord om dit boek te schrijven, terwijl ik weifelde en me verschool achter allerlei excuses om dat niet te doen. Vanwege de kleine dingen die ik hem ooit had verteld over Zahra werd 'Knappe K' zoals ik hem in de loop der jaren ben gaan noemen, gegrepen door het trieste verhaal van mijn kleine meisje, op dezelfde magische wijze als wij die haar hadden gekend. Kevin wist instinctief dat er meer achter zat dan ik hem had onthuld, en twee jaar lang drong hij voorzichtig aan zonder me onder druk te zetten, spoorde me aan zonder te dwingen, en geloofde eenvoudigweg dat dit een verhaal was dat verteld en gedeeld moest worden; toch wachtte hij geduldig tot ik mijn demonen eindelijk ter ruste had gelegd en bereid was om mijn ziel bloot te geven.

Voor zijn vriendschap en aanmoediging, zijn geduld en zijn goede raad in al die jaren ben ik hem veel dank verschuldigd. Ik wil hem echter vooral bedanken omdat hij nooit twijfelde, zelfs als ik aan mijzelf twijfelde. Dit boek zou nooit tot stand zijn gekomen zonder het genie van Kevin en daarvoor zal ik hem eeuwig dankbaar zijn, wat het resultaat ook moge zijn.

Mijn hartelijke dank gaat ook uit naar Sean Ryan, mijn buitenlandredacteur bij de *Sunday Times*, mijn collega en mijn vriend. Dit boek zou niet zo goed of zo mooi zijn geweest zonder zijn harde werk en redactionele deskundigheid. Al mijn woorden zijn aangeraakt door zijn toverkunst, en daar ben ik hem oprecht dankbaar voor. Bijzondere dank gaat ook uit naar zijn beide kinderen, Alastair en Charlotte Campbell Ryan, voor hun nauwgezette en grondige onderzoek en proeflezen.

Dank ook aan mijn geweldige redacteuren, George Morley bij Macmillan en Sara McGrath bij Riverhead, voor de steun en bemoediging die ze me gaven, maar vooral voor hun ongebreidelde enthousiasme. Hun teams in Londen en New York waren een plezier om mee te werken.

Bij mijn gastheren in Irak sta ik levenslang in de schuld. Zonder hen zou mijn hereniging met mijn verloren meisje en haar familie misschien nooit mogelijk zijn geweest. Ik bedank hen voor hun gulle gastvrijheid en hun bescherming gedurende de afgelopen twee jaar en voor hun onvoorwaardelijke steun voor mijn verhaal en mijn doelstelling.

Aan Steve, mijn man, mijn speciale dank omdat je altijd achter me staat en me altijd aanmoedigt om achter mijn dromen aan te jagen; ik weet dat dit voor jou ook niet gemakkelijk is geweest. Zonder jouw nauwgezette en lastige research hadden wij niet zoveel leemtes in het verhaal kunnen vullen, om niet te spreken van je volharding als ik het soms wilde opgeven.

Hoe moet ik beginnen met mijn familieleden te bedanken, die een achtbaan van emoties hebben verdragen terwijl ik naar antwoorden zocht in mijn ziel en mijn geweten. De onvoorwaardelijke liefde van mijn ouders heeft me door dik en dun bijgestaan. Bedankt dat jullie er altijd voor me zijn. Voor mijn zus Rana: woorden van dank kunnen de liefde die ik voor je voel nooit tot uitdrukking brengen. Ik bewonder je onzelfzuchtigheid, en ik dank je voor het delen van de dierbaarste schat in je leven. Zu, jouw steun, bemoediging en wijsheid hebben door de jaren heen meer voor me betekend dan je ooit zult weten.

Aan al mijn vrienden in Libanon en in de rest van de wereld – en de lijst is eindeloos – dank voor jullie hulp, goede raad en vriendschap. Ik zal nooit de keren vergeten dat jullie met mij huilden als ik pijn leed, of de keren dat we samen lachten en het leven vierden. Jullie vriendschap is onbetaalbaar geweest.

Als laatstgenoemde, maar zeker niet de minst belangrijke, Lara, mijn lieve nichtje. Twijfel nooit aan mijn liefde voor jou. Je bent de dochter die ik nooit heb gehad, maar je bent alles wat ik in een dochter kan wensen. Je vervult me van trots, prinses.

En ten slotte mijn dank aan grootmoeder en Hawra. Dank jullie beiden dat jullie mij in jullie leven hebben aanvaard, en dank voor jullie vergiffenis en liefde. De reis die voor ons ligt is lang en vol moeilijkheden, maar ik heb alle hoop dat wij samen de hindernissen en de geografische afstand die ons scheiden kunnen overwinnen. Ik zal er altijd voor jullie zijn.